Ole Kyed

Hochbegabt

Ole Kyed

Hochbegabt

Der Ratgeber für Eltern

Aus dem Dänischen von Sabine Küster

FREIBURG · BASEL · WIEN

www.herder.de

Umschlaggestaltung: Agentur IDee
Umschlagmotiv: © Tatyana Tomsickova/istock
Satz: de·te·pe, Aalen
Herstellung: CPI books GmbH, Leck

Printed in Germany

ISBN 978-3-451-60050-0

Inhalt

Meine Bank auf dem Schulhof

Wenn man in meine Schule kommt, geht es dort lebhaft zu. In den Pausen vor allem! Auf dem Fußballplatz ist eine Menge los und auch auf dem Spielplatz, aber da dürfen wir leider nicht mehr hin, weil wir Fünftklässler dafür zu groß sind. Das finde ich ärgerlich, denn dort konnte man in aller Ruhe sitzen und hatte dabei alles im Blick. Manchmal spiele ich in den Pausen, manchmal gehe ich herum. Aber meistens kann man mich auf einer Bank in der hinteren Ecke beim Eingang B finden. Meine Bank! Aber warum ich dort sitze? Ja, seht ihr, es ist einfach gut, seine Gedanken zu sammeln. Für mich jedenfalls. Und außerdem brauche ich unbedingt auch meine Ruhe. Während des Unterrichts kann es mit dem Nachdenken schwierig sein, weil der Lärm manchmal so stark ist, dass man davon fast hinausgeblasen wird. Leider! Zeitweise kommt es mir so vor, als würden einige Kinder vergessen, dass wir wegen der Schulstunden hier sind und nicht wegen der Pausen!!! Wir sind hier, um etwas zu lernen!!

Mir macht es Spaß, Neues zu erfahren. Es macht auch Spaß, Dinge auszuprobieren, so dass man sieht, was das eigentlich ist, wofür wir sitzen und lernen. Da muss es jemanden geben, der das nicht so sieht, weil (leider) oft jemand im Unterricht lääääääärmt. Ich mag das nicht, denn ich finde, man soll so viel wie möglich aus dem Unterricht herausholen. Darum soll ein guter Lehrer die Schüler im Griff haben und den Lärm kontrollieren können. Obwohl es grob gesagt natürlich der Schüler ist, der die Verantwortung dafür hat, seine Klappe zu halten.

Beim Spielen ist es am besten, wenn alle das Spiel mögen. Meistens sind das alte Spiele wie »Fangen« oder »Verstecken«. In den Stunden ist es am besten, wenn auch andere da sind, die Lust haben, etwas zu tun. Besonders bei einer Gruppenarbeit ist es nicht witzig, wenn kein anderer Lust dazu hat. Dann verschleißt man sich selber mit Dilemma-Gedanken, und davon habe ich viele – das kann ich bei dieser Gelegenheit mal anmerken. Darum: Mit so vielen Gedanken im Kopf ist es gut, eine Bank zu haben. Meine Bank!!

»Meine Bank auf dem Schulhof« ist ein Aufsatz, den ein kleiner Junge schrieb, als er in die 5. Klasse ging. Heute ist er 19 Jahre alt und studiert Philosophie.

Einleitung

Dieses Buch ist aufgrund eines hektischen Arbeitsalltags nur langsam auf den Weg gekommen. Es ist nicht zuletzt einer beharrlichen Lektorin und einigen engagierten, hoch motivierten Eltern zu verdanken, dass es nun in dieser Form erscheinen kann. Einige der Eltern hatten schon zuvor damit begonnen, Erfahrungen aufzuschreiben, die sie mit ihren Kindern gemacht hatten. Ziel dieser authentischen Berichte war es, anderen Eltern zu helfen, denen das ungewöhnliche Verhalten ihrer Kinder Sorge bereitet, und ihnen Anregungen zu geben, wie man mit diesen schwierigen Situationen umgehen kann.

Die Geschichten für dieses Buch sind so ausgewählt, dass andere Eltern sich darin wiederfinden können. Fachleute werden ähnliche Berichte aus ihrem Berufsalltag kennen. Entsprechend habe ich mich in meinen Textbeiträgen darum bemüht, forschungsbasierte und theoretische Informationen in einer leicht verständlichen Sprache zu vermitteln. Ich beziehe mich auf aktuelle internationale Erfahrungen und Forschungsergebnisse, denn weltweit interessieren sich Fachleute und Eltern für die Erziehung und die schulische Bildung intelligenter Kinder. Diese Themen stehen zudem im politischen Fokus.

Der rote Faden des Buches sind die individuellen Lebensläufe und Lebenswirklichkeiten der Kinder. Deutlich treten hier die Schwierigkeiten hervor, die sie als eine Randgruppe erleben: Es sind Kinder, von denen man in den nordeuropäischen Ländern lange angenommen hat, dass sie in unserem gut ausgebildeten Unterrichtssystem zu ihrem Recht kämen. Doch die Sicht der Kinder ist eine andere. Kinder leben im Hier und Jetzt und sind davon abhängig, dass wir, Eltern und Fachleute, ihre Entwicklung unterstützen. Ihrerseits können diese Kinder uns vieles erzählen, das wir aufgreifen können. Ziel muss es sein, ihnen zu helfen und ihre sprudelnde Energie in eine für sie selbst fruchtbare Richtung zu lenken.

Trotz gutem Willen und gut gemeinten Überzeugungen haben fehlendes Verständnis und Vorurteile verhindert, dass wir diese Kinder wirkungsvoll unterstützt haben. Doch sie haben ein Recht darauf, dass wir ihnen weiterhelfen, wenn sie Fragen haben, wenn sie unsicher und traurig sind. Fachwissen über die intelligenten Kinder kann viele Schwierigkeiten abfangen oder diesen sogar vorbeugen. Viel Wissenswertes hierzu können uns diese Kinder selber vermitteln.

Es ist nicht möglich, in diesem Buch sämtliche Herausforderungen anzusprechen, vor denen intelligente Kinder und die Erwachsenen aus ihrem unmittelbaren Umfeld – Eltern, Lehrer und Pädagogen – stehen. Das Buch richtet sich vor allem an Eltern, soll aber ebenso auch pädagogische Fachleute informieren, die mit Kindern arbeiten und somit in engem Kontakt zu den Eltern stehen.

Die authentischen Fallbeispiele sollen für sich sprechen. Sie bilden das Gerüst dieses Buches und zeigen, wie aktuell die Problemstellung und wie notwendig ihre Behandlung ist. Die Fallbeispiele dokumentieren zugleich den Bedarf an zusätzlichem Wissen und an Informationen.

Auf die konkreten schulpädagogischen Möglichkeiten, wie beispielsweise differenzierenden Unterricht, Veranstaltungen für hochbegabte Kinder auf regionaler Ebene oder private Initiativen in Form von speziellen Schulen, bin ich in diesem Buch nur am Rande eingegangen. Im Hinblick auf diese pädagogischen Perspektiven verweise ich auf die beiden Bücher »Talent i Skolen« und »Dygtig, dygtigere, dygtigst«, die ich mit zwei Kollegen herausgegeben habe.

Ein weiteres Thema, das ich ausspare (obwohl es umfassend diskutiert wird und Eltern wie Fachleuten Sorgen bereitet), ist der IT-Umgang vieler Kinder, für die der Umgang mit Computerspielen, iPads und Smartphones zum Alltag gehört. Gerade im Zusammenhang mit Hochbegabung hat dieses Thema zwar Bedeutung, es handelt sich jedoch um ein eigenes Arbeitsgebiet, auf dem glücklicherweise umfassende Forschungen stattfinden.

Denjenigen Eltern, die hier so offen über ihre Erfahrungen berichtet haben, möchte ich danken. Ich hoffe, dass ihre Berichte zusammen mit den allgemeineren Informationen ein größeres Verständnis dafür schaffen, was es heißt, ein »Kind mit besonderen Voraussetzungen« zu sein bzw. als Eltern Verantwortung für ein solches Kind zu übernehmen. Ebenso hoffe ich, Lehrern und Pädagogen einen Einblick in den Alltag der Kinder und ihrer Eltern geben zu können und sie hieraus Anregungen für ihre eigene Arbeit gewinnen zu lassen.

Die Namen der Kinder sind anonymisiert und in einer alphabetischen Reihenfolge angeordnet. Die erste Ausgabe des Buchs erschien 2007; in der überarbeiteten Ausgabe von 2015 haben die meisten Eltern ihre Berichte über die Entwicklung ihrer Kinder um die Texte ergänzt, die stets mit »Epilog« überschrieben sind und daher die vorherigen Beobachtungen nochmals aus einer doppelten Distanz beleuchten. Denn einerseits kann man zu einer neuen Einschätzung dieses Älteren gelangen, andererseits aber wird auch erkennbar, wie sich die jungen Menschen weiterentwickelt haben. Für viele Eltern war es ein schmerzhafter, vielleicht aber auch hilfreicher Prozess, noch einmal mit den frustrierenden Situationen konfrontiert zu werden, die sie gemeinsam mit ihrem Kind durchgestanden haben.

Doch insgesamt bieten die Erlebnisse dieser Kinder auch konkrete Anknüpfungspunkte für eine optimistische Sicht. Das Buch soll denjenigen Eltern Hoffnung geben, denen die Entwicklung und die Zukunft ihres Kindes Sorgen bereiten.

Sheelagh Bisgaard danke ich für ihren Beitrag und die Überarbeitung des Manuskripts, bei der sie im Kontakt mit den beteiligten Familien stand. Und nicht zuletzt war mir meine Frau Grethe Kyed, die das Manuskript kommentiert und mit kritischem Blick gelesen hat, eine große Hilfe.

Kongens Lyngby, März 2015 Ole Kyed

Die intelligenten Kinder

Signe ist 7 Jahre alt – sie unterscheidet sich von den anderen. Ihre Mutter schreibt:

Wir hatten sehr früh sprachlichen und sozialen Kontakt zu ihr. Sie begann zu sprechen, als sie sechs Monate alt war. Mit drei Jahren konnte sie lesen, ihr sprachlicher IQ liegt bei 149. Sie ist über alle Maßen wissbegierig und brannte immer schon für abstrakte und komplexe Themen. Außerdem hat sie sich schon sehr früh mit existenziellen Fragen beschäftigt, ihr Wissen kategorisiert und in Systemen geordnet, die sie auf andere Zusammenhänge übertragen konnte.

ABER – sie ist in sozialer Hinsicht nicht begabt und hat sich nie für gleichaltrige Kinder interessiert. Einen guten Draht hatte sie dagegen immer zu Erwachsenen, deren Signale sie besser versteht; mit ihnen kann sie über Themen sprechen, die sie faszinieren. Sie spielt gerne und hat sich schon immer in Phantasiespiele vertiefen können, vor allem wenn sie alleine ist. Wenn sie mit anderen Kindern spielt, entwickelt sich das Spiel in ihrer Phantasie so schnell weiter, dass die anderen Kinder nicht mehr folgen können. Denn wenn ihr etwas einfällt, führt diese eine Idee blitzschnell zu einer nächsten usw. Und da sie mehr mit ihren eigenen Ideen beschäftigt ist als mit einem Ideenaustausch, verliert sie schnell den Kontakt zu ihren Spielgefährten.

Sie besucht eine Grundschule, an der sie sich einigermaßen wohlfühlt, aber es geht ihr nicht richtig gut. Sie hat dort einige wenige Freunde (die sie sehr gerne mag). Die Lehrkräfte sind ihr gegenüber im Allgemeinen sehr aufgeschlossen und fürsorglich. Aber fachlich bietet ihr der Unterricht nichts, was sie im Entferntesten interessiert. Ihr Wissensniveau liegt deutlich über dem, das man für ihr Alter voraussetzt, und so lebt sie zwei Leben parallel: ein Leben in der Schule, das primär darin besteht, Regeln sozialen Miteinanders zu erfüllen, die ihr selber wohl nie etwas bedeuten werden; und ein Leben zu Hause, wo sie ihren

Wissensdurst stillen kann und sich gleichzeitig von dem sozialen Druck erholen kann.

Mich beschäftigt die Frage: Wohin gehört Signe?

Es ist ganz natürlich, wenn Eltern sich über Auffälligkeiten in der Entwicklung ihrer Kinder wundern. Es bereitet uns Sorge, wenn wir ein Verhalten beobachten, das wir nicht verstehen oder das wir nicht aus der konkreten Lebenssituation des Kindes heraus erklären können. Oft haben wir den Eindruck, dass sich das Kind anders als die Gleichaltrigen entwickelt. Wir beobachten das Verhalten aufmerksam und versuchen zu klären, ob es zu einer gesunden und guten Entwicklung gehört. Oder besteht Handlungsbedarf?

Vielleicht führen auch Reaktionen aus unserem Umfeld dazu, dass unsere Sorgen größer werden, und wir beginnen uns Gedanken zu machen, welches Problem wohl als nächstes kommen mag. Der Klärungsbedarf wird immer dringender, und wir suchen Rat. Aber nicht selten führt auch dies nicht weiter, und wir fühlen uns dann noch unsicherer als zuvor. Diese Unsicherheit überträgt sich leicht auf die ganze Familie. Zu den Ersten, die sie wahrnehmen, gehört das empfindsame, aufgeweckte Kind, das mit seiner nur begrenzten Lebenserfahrung darauf reagiert. Damit kann die gesamte Entwicklung einen ungünstigen Verlauf nehmen.

Wissen und Sachkenntnis können dabei helfen, vorschnelle Urteile oder auch belastende Traditionen abzustreifen. Beispiele für irrtümliche bzw. falsche Annahmen über diese Kinder sind:

»Sie werden schon zurechtkommen, die sind ja so intelligent.« »Die haben alles in die Wiege gelegt bekommen – jetzt müssen sie selber sehen, dass sie etwas daraus machen.« »Wenn sie Fehler machen, fehlt ihnen Disziplin und Erziehung. Gerade sie sollten es besser wissen.« »Sie müssen dauernd gefordert werden, sonst werden sie faul.« »Die Phasen ihrer physischen, sozialen und persönlichen Entwicklung verlaufen ungefähr im selben Takt wie die der anderen Kinder.« »Sie sollten vor allem wegen ihrer hohen Begabung wertgeschätzt werden.« »Sie brauchen sich nicht nach den üblichen Regeln und Standards des sozialen Miteinanders zu richten.«

> ***»Ich wünsche mir überhaupt nicht, ein Genie zu sein, denn es ist für mich schon schwer genug, ein Mensch zu sein.«***
> *Albert Camus*

Auch heute noch hört man bisweilen, hochbegabte Menschen seien merkwürdig oder sonderbar – oder dass eine hohe Begabung mehr ein Problem als etwas Positives sei. Forscher haben sich seit Jahrhunderten für den Zusammenhang zwischen hoher Begabung und mentalen oder emotionalen Problemen interessiert. 1872 erschien das Buch *Genio e follia* (dt. *Genie und Irrsinn*, 1887) des italienischen Arztes Cesare Lombroso. Er meinte Parallelen sowie erbliche Übereinstimmungen zwischen Menschen feststellen zu können, die er als geisteskrank bezeichnete (beispielsweise Menschen, die versucht hatten, Selbstmord zu begehen), und solchen, die als Genies gesehen wurden.

Diesen Sichtweisen trat der amerikanische Intelligenzforscher Lewis Terman entgegen, allerdings in eine ganz andere Richtung zielend. In einer großangelegten Langzeitstudie sammelte er Daten, um u. a. zu belegen, dass hochbegabte Menschen psychisch stabiler seien als die übrige Bevölkerung (*Genetic Studies of Genius*, 1926–1959). Wenn Hochbegabte einen Mangel an psychischer Stabilität zeigten, sah er die Ursache dafür viel eher in äußeren Einflüssen als in ihrer hohen Begabung.

In jedem Fall sollten Untersuchungen dazu, ob kreative Menschen überdurchschnittlich oft an psychischen Störungen leiden, immer von den Lebensumständen dieser Menschen ausgehen. Die meisten kreativen Personen, die Stimmungsschwankungen erleben, zeigen keinerlei Anzeichen für psychische Krankheiten. Vielleicht hängen Schwierigkeiten dieser Menschen eher damit zusammen, dass die Gesellschaft ihre speziellen Eigenschaften und Persönlichkeitsmerkmale nicht respektiert. Eine solche Perspektive vertritt etwa der Psychiater Peter Oswald in seinem Buch *The Inner Voices of a Musical Genius* (1985, Neuauflage 2010): Mit Blick auf die letzten Lebensjahre Robert Schumanns spricht er davon, dass die Probleme, denen sich kreative und talentierte Menschen mitunter gegenübergestellt sehen, in Zusammenhang mit ihren Frustrationen und Depressionen gesehen werden könnten.

Ein weiterer jener nicht belegbaren Mythen heißt: »Je früher reif, je früher faul.« Wer also einen Entwicklungsstand sehr früh erreiche, werde schon in jungen Jahren ausgebrannt sein. Doch schon Termans Forschungen haben dazu beigetragen, dieses Vorurteil zu entkräften.

Wie auch immer die Probleme Begabter traditionell gewertet worden sind, kann es für Eltern intelligenter Kinder gute Gründe dafür geben, sich über das Verhalten ihres Kindes zu wundern: wenn sie konstant mit Fragen gelöchert werden oder das Kind sich an Dinge erinnert, von denen man sich wünschte, es habe sie vergessen, oder wenn es einen größeren Wortschatz als Gleichaltrige hat und sich voller Begeisterung und großer Intensität neuen Ideen widmet. Zu den Fragen, die sich für Eltern hochbegabter Kinder ergeben, können folgende gehören:

- Warum sucht mein Kind ständig Antworten auf Fragen, die kaum zu beantworten sind – zumindest in seinem Alter?
- Warum zieht mein Kind die Gesellschaft Erwachsener gegenüber Gleichaltrigen vor?
- Warum hat mein Kind einen so speziellen Humor?
- Warum meint mein Kind, alles Mögliche unter Kontrolle haben zu müssen: Warum denkt es sich Aufgaben aus und erklärt mir und anderen, auf welche Weise sie gelöst werden sollen?
- Warum testet mein Kind ständig Grenzen aus, tut sich schwer damit, ein »Nein« zu akzeptieren, und hält stattdessen mit logischen Argumenten dagegen?
- Warum hat mein Kind so ausgefallene Interessen, die sich von denen anderer Kinder unterscheiden?

- Warum vertieft mein Kind sich so sehr in eine Beschäftigung, dass es die Welt um sich herum vergisst?

Begriffserklärung

In Dänemark wird von »Kindern mit besonderen Voraussetzungen« gesprochen, denn es ist schwierig, eine Entsprechung für die englischen Wörter »gifted« oder »highly able« zu finden, ohne dabei belastete Vorstellungen wie »elitär« zu berühren. Mit der etwas umständlichen Beschreibung, »besondere Voraussetzungen« (im Sinne von besonderem Potenzial) möchte ich zugleich das Bewusstsein auf die Konsequenzen lenken: Es ist natürlich und keineswegs widersprüchlich, dass ein Mensch solche »besonderen Voraussetzungen« mitbringt und daher einer besonderen Unterstützung bedarf.

Die Begriffe Intelligenz, Begabung und »besondere Voraussetzungen« werden oft synonym verwendet. Intelligenz ist ausgehend vom heutigen Stand der Forschung so zu verstehen, dass wir Menschen uns im Zusammenspiel mit unserer Umwelt entwickeln, also im Wechselspiel zwischen unseren angeborenen, individuellen Anlagen und der sozialen Umgebung. In diesem Sinne werden im Alltag Formulierungen wie »Das war intelligent« verwendet. »Intelligent« wird dann auf eine Leistung bezogen, die in einer bestimmten Situation erbracht worden ist. Der Begriff Begabung bezieht sich dagegen eher auf Fähigkeiten und Entwicklungsmöglichkeiten, mit denen jemand ausgestattet ist. Man kann Begabung auch so verstehen, dass jemand ein gutes Entwicklungspotenzial erkennen lasse und zugleich günstige äußere Bedingungen erlebe.

Es ist also das lebenslang andauernde und dynamische Zusammenspiel zwischen Umgebung, dem angeborenen Potenzial und/oder den individuellen besonderen Voraussetzungen, das den Grad der Begabung und die aktuelle Intelligenz bestimmt. Der soziale Kontext hat dabei für die Entwicklung sowohl von Begabung als auch Intelligenz große Bedeutung.

Der Begriff Talent wiederum wird traditionell auf Fähigkeiten in kreativen Bereichen wie Kunst und Musik oder auch Sport angewandt, wohingegen die Begriffe Begabung und Intelligenz mehr für akademische oder intellektuelle Fähigkeiten verwendet werden. »Talent« kann auch auf ein begrenztes Fachgebiet bezogen sein, beispielsweise auf Sprachen oder Mathematik, und es kann auch als das Potenzial einer Person definiert werden, die etwas gut kann bzw. zu den Besten gehören könnte, wenn dieses Potenzial stimuliert und entwickelt wird.

Wie nehmen wir diese Kinder wahr?

Für alle Eltern ist das eigene Kind etwas Besonderes. Viele Eltern von »Kindern mit besonderen Voraussetzungen« müssen heute aber feststellen, dass ein Allgemeinwissen darüber, was es eigentlich bedeutet, ein intelligentes Kind großzuziehen, kaum verbreitet ist. Andere Familien, Freunde oder auch Fachleute können daher die Situation dieser Eltern oft nicht nachvollziehen – warum sollte es problematisch sein, ein intelligentes Kind zu haben?

Den Eltern intelligenter Kinder stellen sich andere Fragen: Warum langweilt sich mein Kind im Kindergarten oder in der Schule und warum geht es ihm schlecht? Viele erwarten, dass intelligente Kinder auf allen Gebieten brillant sein müssten und außerdem überdurchschnittlich reif und überlegen reagierten. Generell macht man sich in vielen Ländern kaum bewusst, wie herausfordernd es für Eltern ist, ein »Kind mit besonderen Voraussetzungen« zu haben.

Im Grunde sind »Kinder mit besonderen Voraussetzungen« nicht anders als andere Kinder mit speziellen Bedürfnissen; ihre Individualität muss verstanden werden. In jedem Jahrgang gibt es nur eine kleine Anzahl von »Kindern mit besonderen Voraussetzungen«. Sie fallen oft als andersartig auf, weil die Regeln des Zusammenseins an den Bedürfnissen der Mehrheit ausgerichtet sind. So kann es leicht sein, dass die Kinder sich selber als eine Randgruppe wahrnehmen. Fehlendes Zugehörigkeitsgefühl kann zu Einsamkeit und Frustration führen.

Kinder suchen Verständnis und Sinn, nicht einfach nur Wissen. *Jedes einzelne Kind versucht auf seine Weise, in seiner aktuellen Lebenssituation einen Sinn zu finden und Unstimmigkeiten zu kompensieren.* Das kann zum Beispiel durch intensive Beschäftigung mit einer Sache geschehen. Oder durch den Kontakt zu älteren Kindern oder Erwachsenen, deren Feedback ihnen brauchbar vorkommt und die ihnen Sicherheit geben.

Normal intelligente Kinder können sich ein großes Detailwissen aneignen, ohne die tieferliegenden Zusammenhänge eines Themas zu durchschauen. Nicht selten kann man beobachten, dass intelligente Kinder sehr individuell denken und alternative Ideen entwickeln können. Sie können sich selber auf kreative Weise komplexe Aufgaben und Zusammenhänge erschließen und logische Zusammenhänge herstellen. Diese andere Art zu denken kommt oft auch in einer speziellen Form von Humor zum Ausdruck, der auf andere, »normal« Begabte eigenartig wirken kann.

Oft profitieren diese Kinder davon, dass in der Erziehung einerseits nachvollziehbare Regeln, Strukturen und Ziele vorgegeben werden, gleichzeitig aber auch Freiräume und Unterstützung gegeben sind, so dass sich ihre individuellen Stärken entfalten können. Diese Kinder werden sich innerhalb eines aufgezwungenen, pädagogischen Regelwerks kaum entwickeln können; auch Ansätze gut gemeinter pädagogischer Modeströmungen sind wenig hilfreich. *Wenn wir einem intelligenten Kind jedoch zuhören und es einbeziehen, wird es uns Lösungsansätze liefern, die uns oft durch eine ausweglos erscheinende Situation lotsen können.*

»Wenn ein Mann nicht mit den anderen Schritt hält, dann vielleicht deshalb, weil er einen anderen Trommelschlag hört.«

Henry David Thoreau

Die amerikanische Schriftstellerin Stephanie S. Tolan (1985) beschreibt dies so:

»Diese Kinder sind wie Kletterpflanzen. Sie brauchen Rankhilfen, um zu wachsen, mit losen Bändern, wo es notwendig ist, um ihr natürliches Wachstum zu unterstützen, statt als Spalierpflanzen an einer Mauer nach einem künstlichen Muster geführt zu werden, das jemand anderes entworfen hat.«

Nicht nur in Dänemark ist der Entwicklung der intelligenten, talentierten Kinder und nicht zuletzt ihrer Ausbildung wenig Beachtung geschenkt worden. Die Forschung zeigt, dass man in vielen Ländern weltweit zwar auf die Bedürfnisse einer Mehrheit und auf intellektuell schwächer begabte oder behinderte Kinder eingegangen ist. Dieser Einsatz ist mit vollem Recht erfolgt. Für die Gruppe der intelligenten Kinder hat man sich aber nicht entsprechend eingesetzt. Sie müssen ihr Verhalten und ihre intellektuellen Bedürfnisse, von einzelnen, sporadischen Zugeständnissen abgesehen, dem Durchschnitt anpassen.

Kreatives Denken wird nicht von allen verstanden und kann Missverständnisse und Probleme nach sich ziehen, nicht nur bei Eltern und in den Familien, sondern auch bei Lehrern und Psychologen. Die Kinder befinden sich dann in einem Niemandsland, in dem ihre Gefühlswelt und ihre Bedürfnisse nicht wahrgenommen werden: eine Situation, die ein Kind nicht selten als grausam erlebt.

Auch wenn inzwischen bildungspolitisch ein milderer Wind weht und Talententwicklung und schulischen Höchstleistungen mehr Aufmerksamkeit geschenkt werden, bedeutet dies nicht, dass sich im Ausbildungssystem generell eine andere Haltung gegenüber hochbegabten Kindern etabliert habe.

In Dänemark haben die Gemeinden seit Anfang des 21. Jahrhunderts reiche Erfahrungen damit gesammelt, auf welche Weise diese Gruppe von Kindern unterrichtet werden kann (Baltzer, Kyed & Nissen, 2014). Erfahrungen aus den USA, wo begabten Kindern bereits mehrere Jahrzehnte zuvor gezielt Aufmerksamkeit geschenkt worden ist, zeigten, dass hochbegabte und talentierte Kinder in der Schule stark an Unterforderung leiden und dadurch emotional Schaden nehmen können – mit schwerwiegendem Einfluss auf ihre

Entwicklung sowie auch auf ihre Möglichkeiten, ihren Platz in der Gesellschaft auszufüllen (Marland Rapport, 1972).

Diese schon älteren Beobachtungen sind in jüngerer Zeit durch die Ergebnisse der Studie »A Nation Deceived« (2005, Folgestudie »A Nation Empowered«, 2015) bestätigt worden. Sie basiert auf umfassenden Untersuchungen: Welche Folgen hat es, wenn Schüler, deren fachliche Kenntnisse bereits weit fortgeschritten sind, eine Klasse überspringen dürfen? Eines der Ergebnisse der Studie lautet: »Amerikanische Schulen bremsen das Lerntempo der intelligenten Schüler aus, obwohl Akzeleration der einfachste und effektivste Weg ist, diese Schüler zu fördern.« Während gemeinhin angenommen wird, dass ein Kind in der sozialen Entwicklung Schaden nimmt, wenn es eine Klasse überspringt, zeigen inzwischen über 50 Jahre Forschung, dass intelligente Kinder dadurch oft zufriedener werden. Tendenziell sind sie leistungsbereiter und bekommen verglichen mit anderen Schülern bessere Noten. Erwachsene berichten rückblickend, dass das Überspringen einer Klasse für sie eine gute Erfahrung war.

Dies deckt sich mit den Erfahrungen, die ich in meiner Arbeit mit jungen Menschen gemacht habe. Sie berichteten davon, dass das Überspringen große Bedeutung sowohl für ihre Motivation und Selbstwahrnehmung als auch für ihre fachliche Entwicklung und ihre spätere Ausbildung gehabt habe. Die Ergebnisse eines 4-jährigen Pilotprojekts in der Gemeinde Lyngby-Taarbæk im Norden Kopenhagens weisen in dieselbe Richtung. Die Befragung der am Projekt beteiligten Schüler anhand von Fragebögen zeigte, dass sich über 40 % von ihnen vor dem Klassenwechsel sozial nicht angenommen fühlten und fachliche Herausforderungen vermissten. Gleichzeitig zeigte sich, dass einzelne Schüler, die eine Klasse überspringen durften, fachlich und sozial aufblühten (Lyngby Taarbæk Kommune, Skolens møde med elever med særlige forudsætninger, 2006).

Die Erfahrungen anderer Bildungssysteme werden durch einen fruchtbaren internationalen Austausch pädagogischer und psychologischer Erfahrungen zugänglich. So können wir erkennen, dass in den USA schon 1972 Geld für die Entwicklung von differenzierenden Unterrichtsangeboten für die erfolgreichsten Schüler bereitgestellt wurde. Mehr und mehr private Institutionen entwickelten Unterrichtsmaterialien und Kursangebote für »Kinder mit besonderen Voraussetzungen«. Diese Angebote, darunter Sommercamps, wurden vor allem von gutsituierten Familien angenommen. Daher weitete die Regierung den Einsatz in den 1990er-Jahren aus: Begabung und Talent bei Kindern und Jugendlichen aller kulturellen Gruppen sollte angesprochen werden – über alle ökonomischen Grenzen hinweg und innerhalb aller Bereiche menschlicher Aktivität.

Manche asiatischen Staaten haben sich aus gesellschaftsökonomischen und politischen Gründen schon seit Langem der Förderung intelligenter Kinder zugewendet. Um als wichtige Akteure innerhalb globaler Zusammenhänge bestehen zu können, wird dort auf Leistungs- und Kompetenzentwicklung Wert gelegt.

Mittlerweile haben europäische Staaten sowohl auf offizieller als auch privater Ebene aufgeholt. Zu den Letzten, die das Thema aufgegriffen haben, gehörten die skandinavischen Länder. Vielleicht hatte man sich hier zu sehr darauf verlassen, ein hoch entwickeltes Ausbildungssystem zu haben.

Dänemark ist klein und daher in hohem Maße davon abhängig, gezielt Kompetenzen seiner Bevölkerung zu entwickeln. Die dänische Regierung ließ daher 2005 vom »Globalisierungsrat« eine Strategie erarbeiten. Schlüsselwörter dieser Strategie waren Fortschritt, Erneuerung und Sicherheit; das Ziel war es, »die beste Schule der Welt« zu schaffen. Mit diesem Ansatz wurde weitergearbeitet. Verschiedene schulische Maßnahmen wurden eingeleitet, beispielsweise die fortlaufende Überprüfung des Wissensstands der Schüler und die Verabschiedung einer Reform der »Folkeskole« (Klasse 1 bis 9) im Jahr 2014. Es macht Sinn, in der schulischen Ausbildung sowie in der weiteren Ausbildung in die potenziell Tüchtigsten zu investieren. Viele dänische Gemeinden entwickeln derzeit Leitfäden für die Förderung dieser Kinder und Jugendlichen.

Doch es reicht nicht aus, allein das intellektuelle Potenzial dieser Kinder in den Blick zu nehmen, auch ihre emotionalen Bedürfnisse müssen gesehen und ernst genommen werden. Für die Kinder ist es wichtig, dass wir mit allen nur erdenklichen Mitteln ihre besonderen Fähigkeiten unterstützen und sie beim Aufbau von Strategien zur Selbsthilfe fördern. Auch die Familie spielt dabei eine wichtige Rolle. Für das Wohlbefinden und die Entwicklung der emotionalen Fähigkeiten eines Kindes ist eine funktionierende Familienstruktur wichtig; und eine Familie kann nicht ohne Verständnis für die emotionalen Bedürfnisse des hochbegabten Kindes funktionieren.

Antons Geschichte

Anton kam drei Monate zu früh auf die Welt. Er war winzig klein und wog 512 Gramm. Die Ärzte sagten uns, dass wir, wenn er überlebe, damit rechnen müssten, dass er Hirnschäden und eventuell Seh- und Hörschäden haben werde. Wegen seiner schwachen Lunge lag er über einen Monat an einer Beatmungsmaschine, und uns wurde gesagt, dass er wohl nie mit anderen Kindern spielen und toben werde. Falls er ohne Hirnschäden davonkomme, sei davon auszugehen, dass er in seiner Entwicklung zurück sein werde. Tatsächlich sei ein Entwicklungsrückstand von einem halben Jahr zu erwarten – wegen seiner so frühen Geburt sogar deutlich mehr. Frühgeborene hätten gewissermaßen zwei »Geburtstage«, den Tag, an dem sie geboren seien, und den errechneten Geburtstermin. Denn das Kind entwickele sich ja nicht schneller, nur weil es früher geboren sei, eher im Gegenteil. Statt unseren Sohn als ein Mai-Kind zu sehen, sollten wir uns seinen Geburtstag eher in der Zeit zwischen August und November vorstellen.

Nach acht Monaten im Krankenhaus kamen wir mit einem fröhlichen und neugierigen Jungen nach Hause, der uns alle Ängste vergessen ließ. Und dann kamen die Überraschungen. Er zeigte nämlich in keiner Weise einen Entwicklungsrückstand, ganz im Gegenteil. Als er ein Jahr alt war, wurde uns gesagt, dass er in seiner Entwicklung seinem Alter voraus sei, etwas, das für ein frühgeborenes Kind absolut ungewöhnlich sei. Über seinen Entwicklungsstand haben wir nicht weiter nachgedacht; wir waren einfach nur glücklich, dass es ihm gut ging. Erst als sein Sprechen und sein Verhalten andere Menschen schockierte oder wunderte, haben wir begriffen, dass er seinem Alter tatsächlich ziemlich weit voraus war.

Zum Beispiel gingen wir auf dem Weg zu seiner Tagesmutter immer an einer Statue vorbei. Eines Tages fragte Anton mich, wen diese Statue eigentlich darstelle, und ich sagte ihm, dass der Mann Martin Luther heiße. Er fragte daraufhin, wer Martin Luther gewesen sei, und weil mir nichts einfiel, was man einem Zweijährigen darauf antworten sollte, sagte ich, dass er ein Kirchenreformator war. Ein paar Tage später fuhren wir in einem Bus an der Statue vorbei. Anton zeigte gleich mit dem Finger auf sie und sagte laut und fehlerfrei: »Guck mal, Mama. Da ist die Statue von Martin Luther. Er war Kirchenreformator!« Die anderen Leute im Bus sahen uns fassungslos an, als hätte ich meinen kleinen Sohn einer rabiaten, fundamentalistischen Gehirnwäsche unterzogen. Dabei hatte ich ihm ja nur eine Antwort auf seine Frage gegeben.

Mit zwei Jahren begann er, sich für Buchstaben und Schriftlogos zu interessieren. Jedes Mal, wenn wir an einem Plakat vorbeikamen oder an irgendetwas, auf dem Buchstaben standen, wollte er von uns vorgelesen bekommen. Eines Morgens überraschte er uns mit der Frage, was auf dem Milchkarton geschrieben war. Wir antworteten, dass dort »Arla« stehe, und dachten nicht weiter daran. Ein paar Tage später, als wir beim Einkaufen waren, stand er neben dem Kühlregal, zeigte, vor Glück strahlend, auf die Milchprodukte und rief: »Da steht Arla, da steht Arla, da steht Arla!« So war es auch. Natürlich konnte er nicht lesen, aber irgendwie hatte er sich das Logo gemerkt und wiedererkannt. Sein Interesse für Logos brachte ihn auch dazu, dass er mit zwei Jahren sämtliche Automarken erkennen konnte. Wenn wir spazieren gingen, sah er das Logo jedes einzelnen Autos an und sagte uns die Automarke. Ich habe nie erlebt, dass er dabei einen Fehler gemacht hat. Sein Interesse für Autos verschwand allerdings, als er alle Marken kannte; dort war dann offensichtlich nichts mehr für ihn zu holen.

Als Dreijähriger begann er, sich für Sprache zu interessieren. Er entdeckte, dass er seine DVD's mit Kinderfilmen auf unterschiedliche Sprachspuren einstellen konnte, und sah sich die Filme auf Finnisch oder Portugiesisch an. Wie viel er dabei tatsächlich verstand, wissen wir natürlich nicht. Aber er saß auf jeden Fall sehr konzentriert da und hörte zu. In dieser Zeit merkten wir auch, dass wir aufpassen mussten, was er im Fernsehen sah. Nicht, weil ihm etwas Angst machte, sondern weil sich zeigte, dass er blitzschnell Wörter und Sätze aufsog – auch solche, die ein Kind seines Alters nicht kennen sollte.

Im Kindergarten

Der Wechsel von der behüteten Tagespflege, bei der drei weitere Kinder betreut wurden, in den Kindergarten war eine gewaltige Umstellung für Anton. Aus der Zeit in der Tagespflege war er es gewohnt, dass auf seinen Wissensstand Rücksicht genommen wurde und er Herausforderungen gestellt bekam. Seine Tagesmutter sagte uns, dass er in den 25 Jahren, in denen sie Kinder betreute, einer der pfiffigsten, wenn nicht der Pfiffigste war, den sie bisher kennengelernt hatte, und dass sie stets auf seinen Entwicklungsstand eingegangen sei. Wir konnten immer einen glücklichen und zufriedenen Jungen bei ihr abholen. Aber während der ersten ca. sieben Monate im Kindergarten war er untröstlich. Das Erste, was er morgens tat, wenn er aufwachte, war zu sagen, dass er nicht dorthin gehen wolle, und das war auch das Letzte, was er am Abend sagte, bevor er einschlief. Er fand es dort langweilig, vor allem wenn die Kinder den ganzen Tag draußen waren – er hatte es schwer, die sozialen Regeln zu durchschauen und mit Konflikten umzugehen.

Ich erinnere mich vor allem an eine Episode, die mir deutlich machte, dass ihm das Miteinander schwerfiel: Die Kinder spielten auf dem Spielplatz. Anton hatte einen Stock in der Hand. Ein anderer Junge kam und nahm ihm den Stock weg, und es war ganz offensichtlich, dass er wollte, dass Anton hinter ihm herlief. Diese Aufforderung zum Spielen verstand Anton nicht. Der andere Junge versuchte ihm auf unterschiedliche Weise klarzumachen, dass er ihn nun fangen solle. Erst als ich Anton erklärte, was der Junge vorhatte, verstand er, dass es sich um ein Spiel gehandelt habe und nicht darum, dass der andere ihn habe ärgern wollen. So hat er, glaube ich, viele derartige Situationen missverstanden. Außerdem hatte er schon zu dieser Zeit ein unglaublich gutes Gedächtnis. Er vergaß nie, wenn ein Kind ihm seiner Meinung nach etwas angetan hatte.

Wenn einer der anderen ihm etwas weggenommen hatte, reagierte er nicht nur auf die aktuelle Situation, sondern immer auch auf die 20 anderen Male, in denen das Kind ihm im letzten halben Jahr irgendwie krumm gekommen war. Das wirkte dann natürlich wie eine Überreaktion, aber in Antons Welt war diese Reaktion konsequent. Wir mussten zu Hause viel darüber sprechen, dass sich nicht alle Kinder an Dinge auf diese Weise erinnerten und dass nicht alle einen so strengen Gerechtigkeitssinn hatten wie er selber. Außerdem versuchten wir ihm beizubringen, seine Meinung zu vertreten und deutlich zu zeigen, wenn er sich schlecht behandelt fühlte. Aber selbst jetzt, mit fast fünf Jahren, vermeidet er es, selbst mit Dreijährigen Konflikte zu besprechen. Wenn er sich nicht zurückziehen kann, braucht er die Unterstützung von Erwachsenen, um mit der Situation zurechtzukommen.

Wir führten mehrere Gespräche mit den Pädagogen im Kindergarten darüber, dass er sich dort so unwohl fühle. Sie aber waren nicht der Ansicht, dass er sich in irgendeiner Weise von den anderen Kindern unterscheide oder dass er in irgendeiner Weise andere Bedürfnisse als sie habe. Dass er so traurig darüber war, im Kindergarten sein zu müssen, erklärten sie damit, dass der Wechsel von der Kinderkrippe oder Tagespflege zum Kindergarten für viele Kinder hart sei. Glücklicherweise gab es nach sieben Monaten einen Personalwechsel im Kindergarten, der innerhalb von wenigen Tagen Wunder bei Anton bewirkte. Es kam mehr Struktur in den Tagesablauf, und auf zwischenmenschliche Konflikte, die ihm so schwer zu schaffen machten, wurde eingegangen. Eine Zeitlang ging es gut. Anton war nicht mehr so unglücklich, und es sah so aus, als fühle er sich wohler. Leider ging es nach knapp einem Jahr wieder bergab. Im letzten Jahr hatte Anton alle Buchstaben gelernt und überraschte uns manchmal damit, dass er kurze Wörter las. Aber weil die Einschulung noch fern lag, war im Kindergarten niemand da, der sich für seinen spielerischen Umgang mit Buchstaben interessierte. Es kam uns nicht in den Sinn, vom Kindergarten zu erwarten, dass dort Schule gespielt werde und man ihm dort das Lesen beibringe. Aber warum wurde ihm nicht vermittelt, dass es okay sein kann, für Buchstaben zu brennen, wenn man erst vier Jahre alt ist, genauso wie es okay ist, sich für Fußball zu interessieren? Gleichzeitig fiel für ihn die Unterstützung bei sozialen Konflikten weg, und vieles andere, das ich hier nicht im Detail beschreiben möchte, veränderte sich im Kindergarten. Das stellte uns vor eine schwere Entscheidung: Sollten wir ihn mit fünf Jahren einschulen? Oder sollten wir ihn für ein Jahr in einem anderen Kindergarten anmelden? Wir entschieden uns für Letzteres. Niemand, auch nicht die Pädagogen im Kindergarten, hatten Zweifel daran, dass er in der Schule fachlich ohne Probleme klarkommen würde. Aber sein soziales Verhalten machte uns Sorgen; wir befürchteten, dass er mit den Pausen auf dem Schulhof nicht klarkommen würde. Außerdem war er infolge seiner vorzeitigen Geburt noch immer klein und schmal für sein Alter. Unsere Sorgen im Hinblick auf den Kindergarten waren dagegen, ob es dort gelingen würde, ihm Herausforderungen zu bieten. Wir glauben nicht an den Leitgedanken »Ein Kind kann nie lange genug in den Kindergarten gehen«. Was aber, wenn es dort keine Herausforderungen für ihn gäbe, wenn es dort nur gewissermaßen ums Aufbewahren und um Langeweile ginge und wenn der Unterschied zu den Gleichaltrigen immer klarer hervorträte? Wir fürchteten, dass er dann wieder so unglücklich sein würde wie in seinen ersten Monaten im Kindergarten. Darüber sprachen wir mit den Mitarbeitern des neuen Kindergartens, und zu unserer großen Erleichterung wurden unsere Überlegungen diesmal ernst genommen.

Die Zukunft

Wenn ich an die Zukunft meines Sohnes denke, fühle ich gleichzeitig Hoffnung und Angst. Ich weiß, dass er schnell denkt und dass dies in der Welt, in der wir leben, ein Vorteil ist. Aber ich fürchte, dass er im Kindergarten und in der Schule von den anderen sozial isoliert sein wird. Ich fürchte, dass er versuchen wird, sein eigenes

Wesen zu unterdrücken, um sich anzupassen. Ich fürchte, dass ihm nicht erlaubt wird, fachlichen Herausforderungen nachzugehen, und dass die Schule eine Aufbewahrungsanstalt für ihn sein wird statt eines Ortes, an dem er lernen kann. Ich fürchte, dass er nie die Gelegenheit bekommt, sich gute Arbeitsgewohnheiten anzueignen – denn sie entwickeln sich nicht von selber, wenn man seine Hausaufgaben schon vor dem Klingeln in der Schulstunde erledigt. Und nicht zuletzt befürchte ich, dass er seine Neugierde und den Spaß am Lernen verliert.

Diese Ängste entstehen natürlich auch aufgrund meiner eigenen Erfahrungen und denen meiner engsten Familie. Doch Anton ist ein anderer Mensch, die Zeiten sind anders. Daher hoffe ich, dass meine Befürchtungen unberechtigt sind.

Im Gegensatz zu unseren Eltern kennen wir heute die Probleme, die entstehen können, und so haben wir die Möglichkeit, auf sie zu reagieren. Dass eine Schule für hochbegabte Kinder wie die Mentiqa Schule (eine auf Elterninitiative gegründete Privatschule) eröffnet worden ist, dass man heute in der Zeitung über hochbegabte Kinder lesen kann und dass ein Buch wie dieses herausgegeben wird, all das gibt mir Hoffnung, dass Anton sich tatsächlich entwickeln darf, mit den Herausforderungen und der Unterstützung, die er nun einmal braucht, und dass er der sein darf, der er ist, ohne das Gefühl zu haben, sich anpassen und sich selber verleugnen zu müssen. Das gibt mir Hoffnung, dass er nicht als der Streber oder als »merkwürdig« gesehen wird, sondern schlicht und einfach Anton sein kann.

Epilog

Der neue Kindergarten war besser als der erste. Das bedeutete, dass Anton nicht ständig weinte, aber auch hier war er nie richtig glücklich. Wir sprachen das Personal auf das Thema Hochbegabung an und baten um Herausforderungen für ihn, wurden aber wieder zurückgewiesen. Im ersten Kindergarten wurde eine Beschäftigung mit Zahlen und Buchstaben vor der Einschulung rundweg abgelehnt; hier wurde dies mit Gleichgültigkeit betrachtet: als etwas, das ohne Bedeutung für Antons positive Entwicklung war.

Die Vorschulklasse im letzten Kindergartenjahr war himmlisch. Anton bekam einen wunderbaren Lehrer, der ihn so sah, wie er war. Während die anderen Kinder das Alphabet lernten, bekam er Schreibaufgaben mit kniffeligen Wörtern. Und während die anderen erst die Zahlen bis 20 lernten, durfte er Rechenaufgaben lösen. Leider war damit ab der 1. Klasse Schluss. Er bekam eine Mathematiklehrerin, bei der er dasselbe rechnen musste, was er schon als Drei- oder Vierjähriger beherrscht hatte, und in den anderen Fächern war es nicht viel besser. Wir versuchten, mit den Lehrern zu sprechen, aber wie es die Mathelehrerin so schön auf den Punkt brachte: »Wenn er nicht als Erster fertig ist, kann er unmöglich hochbegabt sein.« Sie verstand nicht, dass Anton mit seiner Feinmotorik zu kämpfen hatte und vor Langeweile einging, wenn er Aufgaben zu lösen hatte, die für ihn lächerlich einfach waren. Sie setzte also den Schwierigkeitsgrad und die Menge der Aufgaben gleich. Während für Anton Mathematik bis dahin etwas gewesen war, das er spielerisch erforschen konnte, bekam er nun endlose Rechenblöcke desselben Aufgabentypus. Für Anton war es witzlos, sich damit zu beeilen, denn das bedeutete nur, dass er weitere Seiten mit ebenso langweiligen Aufgaben bekam. Die Lehrer meinten jedoch, alles sei in Ordnung. »Sozial geht es gut. Er ist immer im Zentrum der Jungen-Gruppe« oder »Er ist fachlich gut, könnte sich aber mehr melden«, bekamen wir auf dem Elternabend zu hören. Aus Lehrersicht gab es also keine Probleme. Zu Hause erlebten wir jedoch etwas völlig anderes.

Im Laufe der ersten Klasse zeigte unser sonst so zurückhaltender und sanfter Sohn immer deutlicher, wie es um ihn stand. Er war nie begeistert davon gewesen, sich zum Spielen zu verabreden, obwohl viele ihn fragten. Nun wurde es immer schwieriger, ihn dazu zu überreden, sich mit jemandem zu treffen. Er begann Entschuldigungen zu suchen, um nicht zur Schule gehen zu müssen. Er bekam starke Kopfschmerzen und Bauchschmerzen, und am Ende des ersten Schulhalbjahres lag er einen Tag lang zu Hause und weinte. Er sprach davon, lieber tot sein zu wollen, weil es ihm so schlecht gehe.

Wir behielten ihn mehrere Wochen zu Hause und sprachen während dieser Zeit mit den Lehrern, um eine Lösung für ihn zu finden. Sie versprachen, ihm im Unterricht herausfordernde Aufgaben zu geben und sich mehr um die sozialen Spannungen, die sich in der Klasse ergeben hatten, zu kümmern. Der Rest der ersten Klasse verlief daraufhin etwas besser. Anton hatte immer noch viele Fehltage, aber nicht mehr so viele wie zuvor. Ich brachte ihn mehrmals dazu, sich zu verabreden. So viele Kinder fragten nach ihm. Aber es war so schwer für uns als Eltern zu sehen, wie er sich mehr und mehr zurückzog, nur um alleine zu Hause zu sitzen. An dem Morgen, an dem er erbrechen musste, weil es ihn so stresste, nach der Schule zu einem Klassenkameraden mit nach Hause zu gehen, hörte ich auf, ihn zu Verabredungen zu bewegen.

In der dritten Woche des dritten Schuljahrs kam er weinend nach Hause und erzählte, dass etwas mit ihm nicht stimmen könne. Er habe mit aller Kraft versucht, Hip-Hop oder Fußball zu mögen, aber er könne damit nichts anfangen.

Anton mochte sich nicht mit anderen Kindern verabreden. Dennoch hatten wir nicht verstanden, wie einsam er sich in seiner Klasse fühlte. An diesem Abend beschlossen wir, ihn auf eine Schule für hochbegabte Kinder zu schicken. Wir hatten zuvor schon darüber nachgedacht, aber gehofft, dass er im Laufe der vierten Klasse neue Lehrer bekommen würde. Denn die Fahrt zu der speziellen Schule würde eine besondere Herausforderung sein: Sie war 45 Minuten Fahrtzeit entfernt.

Ein Woche später begann er an der Schule für hochbegabte Kinder. Schon am zweiten Tag hatte er einen besten Freund gefunden, und er war begeistert. Das fachliche Niveau war sehr viel höher als an der vorherigen Schule, und es ergaben sich weitere Freundschaften. Im Großen und Ganzen sah es nach einem Erfolg aus. Anton ist aber als ein frühgeborenes Kind extrem empfindlich, unter anderem reagiert er sehr heftig auf Lärm, und laut war es an dieser Schule leider sehr. Es war ihm nun schon mehrere Jahre so schlecht gegangen, dass er den langen Weg zur Schule und das anstrengende Lernmilieu nicht gut verkraftete. Obwohl er jetzt Freunde hatte, gerne mit anderen spielte und fachlich gefordert war, kam es wieder vermehrt zu Fehltagen. Natürlich besprachen wir das Problem mit den Lehrern. Alle waren darin einig, dass es ein Problem mit dem Lärm an der Schule gab, aber wir hatten den Eindruck, dass die Schule nichts weiter dagegen unternahm. Wir dachten über einen erneuten Schulwechsel nach, aber Anton hatte nun schon zwei Kindergärten und zwei Schulen hinter sich, und wo sollten wir ihn auch hinschicken? Gab es überhaupt einen Platz für einen hochbegabten, hochsensiblen Jungen? Wir sprachen auch mit Anton über einen möglichen Schulwechsel, aber er weinte und bat darum, auf der Schule bleiben zu können. Er hatte endlich Freunde gefunden und wollte sie nicht wieder verlieren. Wir trauten uns nicht, ihn dort herauszunehmen, weil es nicht sicher war, ob wir überhaupt etwas anderes finden konnten, wo es ihm besser gehen würde.

Im Verlauf der 5. Klasse nahmen die Fehltage weiter zu, im Grunde fehlte er einmal wöchentlich in der Schule. Wir ließen verschiedene medizinische Untersuchungen wegen der schlimmen Kopfschmerzen durchführen, die aber zu keinem Ergebnis führten. Von einem auf den anderen Tag verschwanden die Kopfschmerzen, aber stattdessen zeigte er selbstverletzendes Verhalten. In der Schule erlebten die Lehrer ihn als einen stillen und glücklichen Jungen, aber wenn er nach Hause kam, explodierte er. Er warf sich auf sein Bett, schrie und schlug sich selber. Es war schrecklich mit anzusehen, wir fühlten uns völlig machtlos. Wir haben es natürlich mit allen möglichen Formen von Hörschutz ausprobiert, aber das nützte alles nichts, weil der typische Lärm in Klassenzimmern dadurch nicht gemildert wird. Wir wussten nicht, was wir tun sollten, außer ihn regelmäßig einige Tage zu Hause zu behalten, um ihm Ruhepausen zu verschaffen. Wir nahmen Kontakt mit der Psychiatrie auf, und ohne dass der Psychiater Anton überhaupt persönlich kennengelernt hatte und obwohl er keine Probleme im sozialen Verhalten hatte, bekam er eine Asperger-Diagnose. Wir und auch die Schule waren nicht damit einverstanden, akzeptierten diese Diagnose aber, weil es so vielleicht einfacher sein würde, Unterstützungsmaßnahmen bewilligt zu bekommen.

Kurze Zeit darauf erkrankte Anton an einer akuten Infektion. Es dauerte sechs Monate, bis er keine Schmerzen mehr hatte. Wir versuchten dann, ihn wieder zur Schule zu schicken. Das gelang jedoch nicht. Es ging ihm mittlerweile psychisch so schlecht, dass er kaum sein Zimmer verlassen konnte. Schließlich meldeten wir ihn von der Schule ab und nahmen Kontakt mit dem schulpsychologischen Dienst auf. Nach einem Jahr ohne Schulunterricht, in dem wir hart darum kämpfen mussten und viele Briefe schrieben, konnten wir erreichen, dass er einen Platz in einem Heilpädagogikum erhielt. Während dieses Jahres war er nicht zur Schule gegangen. Wir hoffen, dass die Ruhe die Wunden heilen wird, die ihm in seiner Schullaufbahn zugefügt worden sind. Anton besucht diese Schule nun seit einem Jahr, und sein Spaß am Fragenstellen und sein Drang, allem auf den Grund zu gehen, die seit der ersten Klasse verloren gegangen waren (mit einem kurzen Wiederaufflackern in der Schule für hochbegabte Kinder), sind zurückgekehrt. Obwohl das fachliche Niveau nicht seinem Lernniveau entspricht, werden hier so wenige Schüler zusammen unterrichtet, dass es für ihn in Ordnung ist; vor allem hat er so die Ruhe, die er braucht.

Wir sorgen uns aber davor, wie es unserem klugen und zarten Jungen in Zukunft ergehen wird. Wird er beispielsweise in einer normalen Ausbildung zurechtkommen? Wenn man ein Kind hat, das überhaupt nicht in die üblichen Schubladen passt, merkt man, wie begrenzt die Möglichkeiten dann auf einmal sind.

Wer sind die intelligenten Kinder?

Es gibt viele Definitionen für Intelligenz

Unter welchen Voraussetzungen können wir davon sprechen, dass ein Kind »besondere Voraussetzungen« hat, intelligent, hochbegabt oder besonders talentiert ist?

In dem bereits erwähnten Marland Rapport (1972) wurden, je nachdem in welchem Bereich hohe Leistungen und Potenziale erkennbar waren, sechs Kategorien entwickelt.

- generelle intellektuelle Leistungsfähigkeit
- spezifisch intellektuelle Potenziale (zum Beispiel Sprache, Mathematik)
- kreatives und produktives Denken
- Führungsqualitäten
- visuelle und künstlerische Fähigkeiten
- Talent für Sport

Es stellte sich heraus, dass Kinder mit einem besonderen Talent, zum Beispiel im Bereich Kunst und Musik, oft übersehen und somit nicht gefördert wurden. Nur wenn Eltern Extra-Unterricht außerhalb des Schulunterrichts finanzieren konnten, wurde dieses Talent gefördert.

Internationale Studien und Projekte zeigen, dass sich ein Teil der »Kinder mit besonderen Voraussetzungen« in der Schule nicht wohlfühlt und ihr Potenzial nicht entwickelt wird. In einem dänischen Pilotprojekt (Kyed, Baltzer & Nissen, 2006) mit einer relativ kleinen Zahl von Probanden zeigten bis zu 40 % der Schüler Probleme bei der Entwicklung ihres Potenzials – mit den zu erwartenden Folgewirkungen für ihr Wohlbefinden, ihre intellektuelle Entfaltung und ihre Leistungen.

Wenn von Folgewirkungen gesprochen wird, geht es langfristig auch um die ökonomischen Konsequenzen. Sie ergeben sich direkt daraus, dass das Wissen darüber, wie das Potenzial hochbegabter Kinder entwickelt werden kann, nicht genutzt wird. Was jedoch viel schwerer wiegt, sind die individuellen Konsequenzen: Bei einer mangelnden Förderung wachsen Menschen heran, die später im Berufsleben und in ihrer Persönlichkeit Einschränkungen erleben werden, weil sie ihr individuelles Potenzial nicht nutzen können.

Der IQ-Begriff

Potenzial oder »besondere Voraussetzungen« sind individuell unterschiedlich; entsprechend verschieden sind die Bedürfnisse der Kinder. Zwar lassen sich bei Kindern dieser Gruppe übereinstimmende, charakteristische Merkmale erkennen, doch es handelt sich keinesfalls um eine homogene Gruppe. Dies darf man bei jeglichen verallgemeinernden Beschreibungen nicht aus den Augen verlieren.

Ein Arbeitsansatz sind Intelligenztests. Sie werden eingesetzt, um Intelligenzunterschiede zu erfassen. Allerdings sind die ermittelten IQ-Werte nur unter Vorbehalten zu sehen. Schon in der Testsituation kann es sich ergeben, dass Testergebnisse niedriger ausfallen und nicht das tatsächliche Potenzial widerspiegeln, wenn beispielsweise die Beziehung zwischen dem Kind und dem Testdurchführenden nicht ideal ist oder wenn sich das Kind in der Testsituation nicht wohlfühlt.

Doch diese Form der Intelligenzmessung ist nun einmal üblich. Daher möchte ich kurz auf die Zahlenwerte eingehen, die in diesem Zusammenhang eine Rolle spielen: Es wird davon ausgegangen, dass 2 bis 5 % der Bevölkerung »besondere Voraussetzungen« haben. Diese Kinder benötigen besondere pädagogische Angebote und einen individuell angepassten Unterricht.

Bei »Kindern mit besonderen Voraussetzungen« geht man von einem Intelligenzquotienten aus, der in der Regel höher als 130 liegt, in manchen Tests sogar bis zu 200. Wenn man bedenkt, dass der Durchschnittswert bei 100 angenommen wird und somit etwa zwei Drittel aller Menschen den nur 20 IQ-Punkten zwischen 90 und 110 zugeordnet werden können, wird deutlich, wie verschiedenartig die Resultate sein müssen, die über 130 liegen. Allerdings lassen sich mit den verfügbaren Testverfahren Resultate über 140 auch im statistischen Sinne kaum mehr ausreichend differenzieren: Einige Tests messen Intelligenzquotienten bis zu einem Wert von 200, und diese breite Spanne sagt viel über die Variationsbreite innerhalb der Gruppe aus. Bei etwa 2 % der Menschen rechnet man mit Werten zwischen 130 und 144, und einer von 1000 liegt zwischen 145 und 159. Ausgehend von der Normalverteilungsskala können es nur drei von 100.000 sein, die zwischen 160 und 174 liegen, und für Werte über 175 bleiben nur wenige Genies übrig. Statistisch liegen sie bei 3 von 10 Millionen. Es gibt jedoch auch Skalen, die die Werte anders berechnen. Daher sollten diese Zahlen nur mit großem Vorbehalt behandelt werden.

Ein Testergebnis sollte jedoch ohnehin nie für sich allein stehen. Es sollte als ein statistischer Wert verstanden werden, nicht als ein realer Wert, der eine Person beschreiben könne. Aussagekräftig ist erst eine Beschreibung, in die auch weitere Aspekte der Persönlichkeit und der Lebensbedingungen eines Kindes eingehen. IQ-Werte sind also nur ein Teilaspekt davon, das Potenzial eines Kindes zu beschreiben. Andere Informationsquellen sind schulische Leistungen, Kreativität, ebenso Eindrücke von Lehrern, Eltern und Klassenkameraden. Und eine Person kann »besondere Voraussetzungen« in einem kreativen Bereich haben, ohne einen IQ-Wert von über 130

IQ-Werte und ihre prozentuale Verteilung in der Bevölkerung

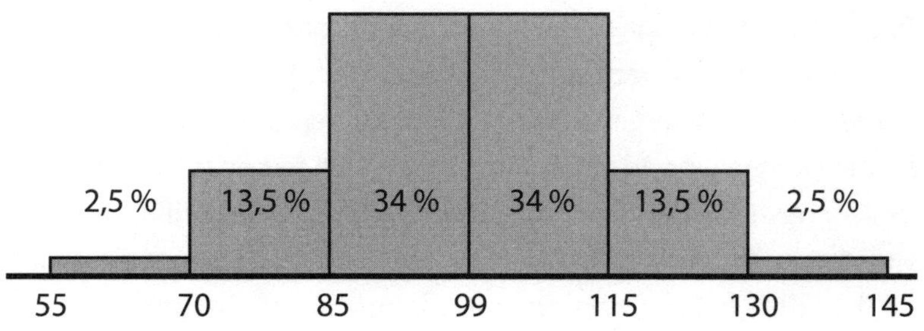

zu erreichen. Daher sollten IQ-Werte nicht als etwas Absolutes verstanden werden.

Trotz all dieser Einschränkungen können Tests hilfreich dabei sein, einen Eindruck von der intellektuellen Leistungsfähigkeit eines Kindes zu gewinnen. Dies gilt auch im Vergleich zur Urteilskraft von Lehrern: Zwar können viele von ihnen den Wissensstand eines Schülers gut einschätzen, doch es kann schwierig für sie sein, das Potenzial eines Kindes zu erkennen. Dies hat eine eigene Studie gezeigt: Auf der Grundlage von Intelligenztests war eine Gruppe von »Kindern mit besonderen Voraussetzungen« identifiziert worden; über die Hälfte dieser Kinder war jedoch von ihren Lehrern nicht als begabt eingeschätzt worden (Fox, 1983).

Wie bereits erwähnt, ist die Aussagekraft von Tests davon abhängig, ob die Kinder motiviert und an einer Zusammenarbeit interessiert sind. Kinder sind motivierter, wenn sie feststellen, dass sie vonseiten der beteiligten Erwachsenen Unterstützung erhalten. Zudem spielt eine Rolle, ob die Zusammenarbeit zwischen Schule und Elternhaus so funktioniert, dass sich die Eltern gehört und verstanden fühlen. Alle Testergebnisse müssen ohnehin auch auf das Wechselspiel von Schule und Elternhaus bezogen werden.

Denn viele Eltern erkennen schon früh die »besondere Voraussetzungen« ihrer Kinder. Zu den ersten Anzeichen, die ihnen auffallen können, gehört, dass ihre Kinder Gleichaltrigen in einigen Bereichen der Entwicklung voraus sind. Nicht selten hört man auch von Eltern, dass die Neugierde und die fortwährenden Fragen ihres Kindes sie geradezu in den Wahnsinn getrieben hätten.

Und dies alles muss im Schulunterricht aufgefangen werden. Eigentlich ist heutzutage verpflichtend, für alle Schüler differenzierenden Unterricht stattfinden zu lassen. Doch dieses Ziel ist bislang eher für Kinder mit Lernschwierigkeiten umgesetzt worden. Für die kleine Gruppe von Schülern am anderen Ende der Intelligenzskala ist differenzierender Unterricht jedoch ebenso dringend notwendig. In England hat sich durchgesetzt, dass die Unterrichtsplanung sich an den 20 % besten Schülern eines Jahrgangs orientiert. Erfahrungen zeigen, dass das Leistungsniveau einer gesamten Klasse angehoben wird, wenn man auf die tüchtigen Schüler setzt.

Intelligenztests

Ein kurzer Überblick über die am häufigsten verwendeten Intelligenztests und die Anfänge der Intelligenzmessung zeigt ihre Möglichkeiten und Begrenzungen.

Die Grundlage der späteren Intelligenztests wurde von dem französischen Psychologen Alfred Binet und seinem Kollegen, dem Arzt Théodore Simon, zu Anfang des 20. Jahrhunderts entwickelt. Dieser Test diente dazu, weniger begabte Schulkinder, die dem Unterrichtsverlauf nicht folgen können, frühzeitig zu identifizieren. In den 1920er-Jahren wurde der »Binet-Simon-Test« von dem amerikanischen Psychologen Lewis Terman so überarbeitet, dass er zur Identifizierung Hochbegabter verwendet werden konnte. Terman war Psychologe an der Universität Stanford, und so entstand der Name »Stanford-Binet-Test«. Dieser Test wurde in den folgenden Jahrzehnten weltweit verwendet. Terman, bekannt als »Vater der Hochbegabten-Didaktik«, führte außerdem eine Langzeitstudie mit hochbegabten Kindern durch. Die Kinder, deren Testergebnisse zu dem 1 % der besten gehörten, wurden für die Studie ausgewählt und über 40 Jahre lang bis ins Erwachsenenalter hinein begleitet. Er kam zu dem Ergebnis, dass ihr Leben im Großen und Ganzen so verlief wie das anderer Menschen: Sie hatten Erfolge, machten Fehler, erlebten Freude und Ablehnung.

»Die Traditionen und die Mode von heute werden morgen peinlich und überholt sein – so wechselhaft sind diese vorübergehenden Tendenzen.«

Alexandre Dumas

Aus seiner Langzeitstudie zog Terman den Schluss, dass »Genies« in ihrem Leben Höhen und Tiefen wie alle anderen Menschen erlebten und, von wenigen Ausnahmen abgesehen, als Erwachsene erfolgreich seien. Als Erwachsene waren sie nicht »merkwürdig«, und ihre ausgeglichene Persönlichkeit trug zu ihrem persönlichen und beruflichen Erfolg bei. Hohe Intelligenz brachte demnach nicht zwangsläufig schwerwiegende innere Konflikte mit sich. Auch die Vorstellung, dass intelligente Kinder ihre Intelligenz gewissermaßen frühzeitig aufbrauchten und sich zu weniger intelligenten Erwachsenen entwickelten, konnte relativiert werden. Alles in allem trug die Studie dazu bei, dass hohe Intelligenz als etwas Positives gesehen wurde. Schüler, die gemeinsam mit Gleichaltrigen unterrichtet wurden und nicht mit intellektuell Ebenbürtigen, neigten jedoch dazu, sich ungünstige Arbeitsgewohnheiten anzueignen und daraufhin in ihren schulischen Leistungen nachzulassen. Deutlichen Einfluss auf einen späteren Erfolg hingegen schien die Unterstützung von Eltern oder Mentoren zu haben. Wichtig schien außerdem der innere Antrieb und Wille, einen Extraeinsatz zu erbringen, sowie Selbstvertrauen und der Glaube daran, etwas Besonderes leisten zu können.

Auch jüngere Untersuchungen zeigen, dass menschliche Entwicklungen positiv verlaufen, wenn die entsprechende Unterstützung geleistet wird. Viele begabte Menschen berichten davon, dass in ihrer Kindheit ein Elternteil oder ein anderes Familienmitglied, ein Lehrer oder ein Mentor Interesse für sie zeigte, sie unterstützte und daran glaubte, dass sie in der Lage seien, etwas Besonderes zu leisten.

Wie erwähnt, basierte Termans Studie auf der Auswahl der 1 % am besten »funktionierenden«, mit Hilfe der damaligen Intelligenztests ausgewählten Schüler. Nicht alle Forscher teilen Termans Überzeugung, dass man Intelligenz messen und in einem Zahlenwert darstellen könne. Denn Intelligenztests messen nicht potenzielle Fähigkeiten, sondern eher Kompetenzen in einem Entwicklungsprozess.

Im Lauf der Zeit – und insbesondere nach dem 2. Weltkrieg – entstanden weitere, unterschiedliche Intelligenztests. Den heute weltweit am häufigsten verwendeten Test entwickelte der amerikanische Psychologe David Wechsler. Auf ihn gehen WPPSI (Wechsler Preeschool and Primary Scale of Intelligence), WISC (Wechsler Intelligence Scale for Children) sowie WAIS (Wechsler Adult Intelligence Scale) zurück. Die erste Version seiner »Wechsler Intelligence Scale for Children« (WISC) erschien 1949. Die Neuauflagen werden jeweils dem aktuellen Stand der kognitionspsychologischen und klinischen Forschung angepasst. Viele der anderen Tests, die heute verwendet werden, wurden ausgehend von Wechslers Tests entwickelt.

Ein weiterer Test, der oft (vor allem in wissenschaftlichen Studien) verwendet wird, ist Ravens Matrizentest. Er ist als sprachfreier Multiple-Choice-Test konzipiert; seit seiner Erstentwicklung 1936 durch seinen Namensgeber John C. Raven ist er fortlaufend aktualisiert worden.

Ebenso werden die Reynolds Intellectual Assessment Scales (RIAS) von 2014 (Adaption nach dänischen Normen 2011) häufig angewandt. Sie sind weniger zeitaufwendig als der WISC, ermöglichen allerdings nur eine grobe Einschätzung der Begabungspotenziale. Dieser Test baut auf wissenschaftlichen Modellen einer fluiden und kristallinen Intelligenz auf: Fluide Intelligenz, abhängig von Funktionen des zentralen Nervensystem, ist angeboren, während kristalline Intelligenz vor allem von kulturellen Faktoren und Erfahrungen des Menschen abhängt.

Doch es kann nicht oft genug betont werden: Ein Testergebnis darf nie dazu führen, einen Menschen zu definieren, gleichgültig, welche intellektuellen Eigenschaften ein Test beschreibt. Ein Testresultat kann nie für sich allein stehen. Die Persönlichkeit des Kindes muss einbezogen werden, ebenso das Umfeld, aus dem das Kind kommt. Ein Testergebnis sagt eher etwas darüber aus, was eine Person im Hinblick auf die Kriterien, auf die der betreffende Test fokussiert, zu einem bestimmten Zeitpunkt in einem gegebenen Kontext zu leisten vermochte.

Daher kann kein einzelner Test Auskunft über die vielfältigen Voraussetzungen und Fähigkeiten geben, die dazu beitragen, dass eine Person im Leben erfolgreich ist. Ein Testergebnis ist eher richtungweisend, es gibt einen Fingerzeig, wie das generelle Intelligenzniveau eines Menschen eingeschätzt werden kann. Obendrein messen viele Intelligenztests eher Fähigkeiten, die im schulischen Zusammenhang relevant sind, und lassen soziale und kulturelle Einflüsse unberücksichtigt. Das Interessante am Einsatz von Intelligenztests ist daher nicht allein das Testresultat, sondern genauso die Art und Weise, wie das Kind sich mit dem Test auseinandergesetzt hat, um das Resultat zu erzielen.

Dennoch wird in vielen Ländern ein hoher IQ-Wert als Aufnahmekriterium für die Teilnahme an Unterrichtsangeboten für »Kinder mit besonderen Voraussetzungen« genutzt. Diese Tendenz ist nun zunehmend auch in Dänemark erkennbar, beispielsweise an der Athene-Schule und an der Køge Private Realskole. Bei beiden handelt es sich um Schulen, die sich speziell auf die Förderung Hochbegabter eingestellt haben.

Intelligenz ist schwer zu definieren

Dass Intelligenz ohnehin schwer zu definieren ist, zeigen die vielen unterschiedlichen Ansätze, mit denen Forscher im Laufe der Zeit die Begriffe »Intelligenz« und »Talent« zu beschreiben versuchten. Viele dieser Theorien sind zu komplex, um sie hier auf knappem Raum darzustellen; daher habe ich nur einige ausgewählt, um sie kurz vorzustellen. Als Grundtendenz dieser Modelle ist erkennbar, dass die Bedeutung der Umwelt und der Lebensbedingungen für die Entwicklung des Intelligenzpotenzials berücksichtigt wird: im Hinblick auf Kreativität sowie intellektuelle und handlungsorientierte Produktivität.

Eine breiter orientierte Definition für »hohes Potenzial« und »Kreativität«, mit der auch Bereiche wie Kunst und Literatur erfasst oder auch Führungsqualitäten beschrieben werden, hat der amerikanische Psychologe Paul A. Witty (1898–1976) gegeben, ein Zeitgenosse Termans. Stärker als dieser bezog er Faktoren außerhalb der

IQ-Testung ein und empfahl, dass jedes Kind, das in irgendeinem Bereich menschlicher Fähigkeiten auf einem hohen und wertvollen Niveau Leistungen erbringt, als hochbegabt, intelligent oder talentiert gelten müsse.

Einen ähnlichen Ansatz zeigt die britische Psychologin Joan Freeman. Als sie 1998 ihren Intelligenzbegriff formulierte, bezeichnete sie solche Kinder als hochbegabt, »die außergewöhnlich hohe Leistung auf mehreren Gebieten oder auf einem begrenzten Gebiet zeigen, sowie Kinder, deren Potenzial noch nicht durch Tests oder Lehrkräfte erkannt worden ist«.

Wichtig in diesem Zusammenhang ist auch, dass man bei der Einschätzung der Fähigkeiten von Kindern bzw. von Jugendlichen und Erwachsenen nicht einheitlich vorgeht. Denn ein besonderes Potenzial von Kindern ist oft daran erkennbar, dass sie in ihrer Entwicklung Gleichaltrigen voraus sind (und altklug wirken). Entsprechende Vergleiche lassen sich bei Älteren nicht ziehen; bei Jugendlichen und Erwachsenen geht man folglich viel eher von den Leistungen aus.

Ein weiterer bekannter Psychologe, der die Entwicklung der Intelligenzforschung maßgeblich beeinflusst hat, ist Joy Paul Guilford. Er erarbeitete Tests, um mit ihnen mentale Funktionen zu messen. In den 1950er-Jahren entwickelte er daraufhin ein Intelligenzmodell, mit dem er den Blick der Forschung auf unsere kreativen Potenziale lenkte (1967). Er hebt außerdem die Bedeutung des offenen, divergenten Denkens hervor und ist der Meinung, dass intelligente Menschen in aller Regel eine größere Anzahl Fähigkeiten haben, auch möglicherweise eine größere Anzahl von Fähigkeiten innerhalb eines bestimmten Bereichs, zum Beispiel im Sprachlichen oder im Handlungsorientierten.

Besonderen Einfluss auf die weltweite Pädagogik hatten dann die Forschungsergebnisse des amerikanischen Psychologen Joseph Renzulli (Renzulli & Smith, 1980). Auch er sieht die Aussagekraft von Intelligenztests als unzureichend an. Seine Forschungen zeigen, dass Hochleistung bzw. »hochbegabtes Verhalten« aus dem Zusammenspiel von drei Persönlichkeitsfaktoren entstehen: überdurchschnittliche Fähigkeiten, Kreativität und Hingabe bei der Bearbeitung von Aufgaben.

Renzullis Begabungsmodell wurde von dem niederländischen Psychologen Franz Josef Mönks um sozio-kulturelle Aspekte erweitert. Die Persönlichkeitsfaktoren, die für Renzullis Modell die Grundlage bilden, ergänzt er um drei weitere Einflussfaktoren: Familie, Schule und Peergroup. Hochleistung ist möglich, wenn die sechs Faktoren ineinandergreifen und eine günstige Entwicklung ermöglichen. Diese Zusammenhänge stellt er in einem »triadischen Interdependenzmodell« (1990) dar. Hochbegabung bzw. Hochleistung ist für Renzulli und Mönks also kein statisches Phänomen, sondern ein dynamischer Prozess.

Mönks triadisches Interdependenzmodell

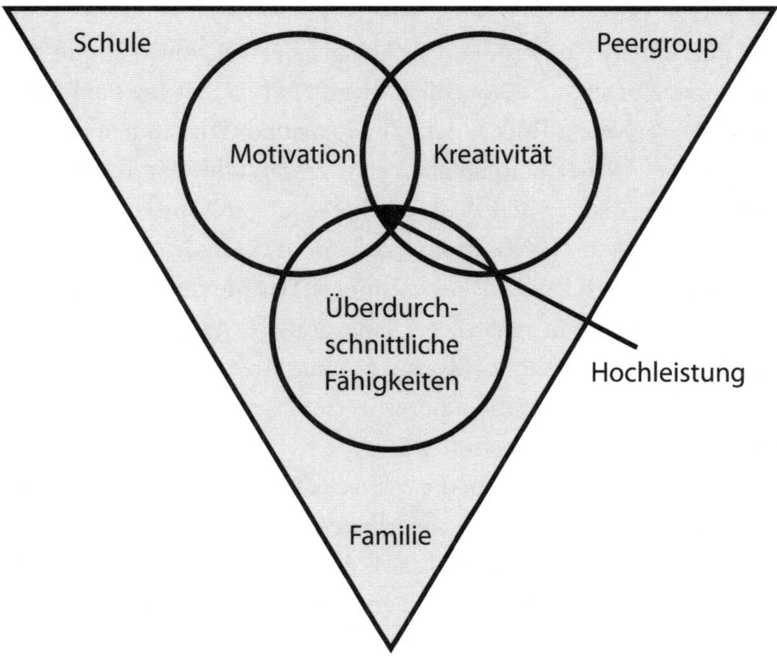

Ebenso wie Renzulli und Mönks legt auch Abraham Tannenbaum in seiner Intelligenztheorie Gewicht auf die Wechselwirkungen mit der Umgebung (1983). Er sieht die Entwicklung des intellektuellen Potenzials auf der Basis von fünf zentralen psychosozialen Faktoren, zwischen denen komplexe Wechselwirkungen bestehen.

- generelle Intelligenz (G-Faktor),
- spezielle Fähigkeiten auf einem speziellen Gebiet, z. B. Musik,
- nicht-kognitive Persönlichkeitsfaktoren wie Ausdauer, sozio-emotionale Fähigkeiten etc.,
- Förderung und Unterstützung aus dem persönlichen Umfeld,
- Glück: Zum richtigen Zeitpunkt am richtigen Ort sein – manche Menschen haben offensichtlich mehr Glück als andere.

Tannenbaums Modell der fünf dynamischen Faktoren

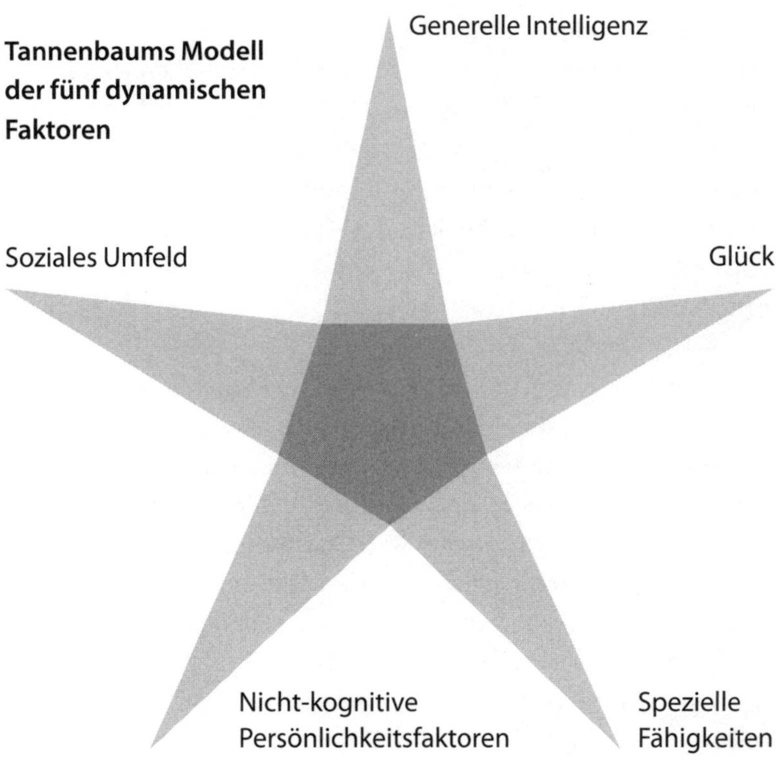

Andere Forscher hat diese Theorie zur bildlichen Darstellung in Form eines Seesterns inspiriert, dessen fünf Arme unterschiedlich stark entwickelt sein können. Die fünf Arme bzw. Faktoren bilden demnach die Voraussetzung dafür, dass sich individuelles Potenzial entwickeln kann.

Besondere Konsequenzen aus dem Modell Tannenbaums zieht die Psychologin Shirley Kokot. In ihrem Buch »Help – Our child ist gifted« (1999) gelangt sie zu einer Erklärung, weshalb manche Kinder deutlich weniger leisten, als es ihr Potenzial vermuten lässt. Sie beschreibt die Situation dieser Kinder mit dem Bild solcher Seesterne, die an einem oder sogar mehreren Armen verletzt oder in der Entwicklung zurückgeblieben sind. Ihnen müsse die Möglichkeit zur Regenerierung und zum Aufbau der schwächer entwickelten Fähigkeiten gegeben werden – selbstverständlich mit der Unterstützung der Umgebung.

Dieses Phänomen wird als »Underachievement« oder Minderleistung beschrieben. Lange ist es sowohl im dänischen als auch im deutschen Schulsystem nur als ein Randproblem betrachtet worden. Die betroffenen Kinder wurden daher nicht in ihrem Potenzial erkannt und wahrgenommen. Also kann das Seesternmodell einen positiven Zugang zum Problem des Underachievements eröffnen, und zwar dadurch, dass es auf die Entwicklungsmöglichkeiten ausgerichtet ist.

Françoys Gagné legt in seinem Modell besonderen Wert auf die Trennung von Begabung und Leistung. Begabung bedeutet für ihn eine überdurchschnittliche Kompetenz mit genetischer Komponente, Leistung hingegen eine überdurchschnittliche Performanz.

Tannenbaums dynamisches Verständnis von Intelligenz ist der Ausgangspunkt für Françoys Gagnés »differenziertes Begabungs- und Talentmodell« aus dem Jahr 2000, das im Hinblick auf neue Forschungsergebnisse fortwährend weiterentwickelt wird.

Gagnés Model ist eigentlich kein Modell für das Verständnis von Intelligenz, sondern eher ein Modell menschlicher Entwicklung, das

Das differenzierte Begabungs- und Talentmodell von Françoys Gagné

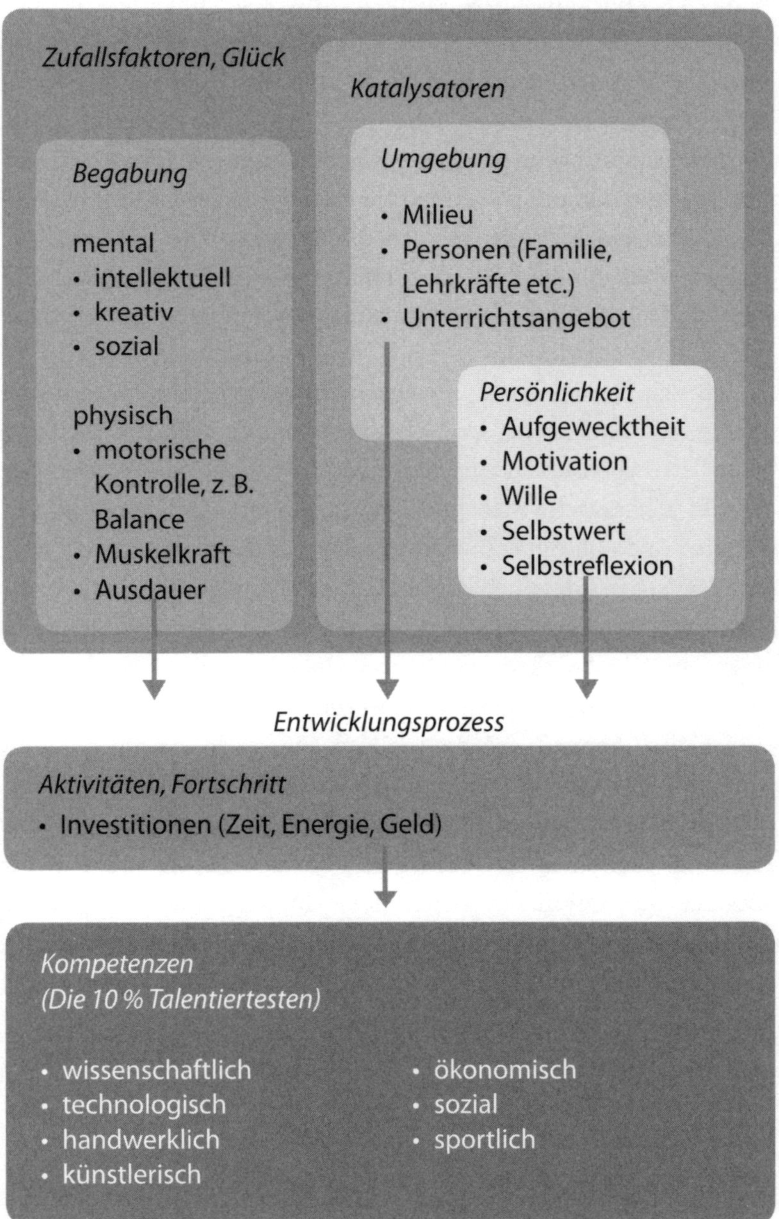

die pädagogischen Konsequenzen darstellt. Es beschreibt, welche Komponenten eine Rolle dabei spielen, dass sich natürliche Begabung zu Kompetenzen bzw. Talenten entwickelt. Fünf Themenfelder nimmt das Modell in den Blick: natürliche Fähigkeiten bzw. Begabung, die Umwelt, Persönlichkeit, Kompetenzen und den Entwicklungsprozess.

Unter natürlichen Fähigkeiten versteht Gagné angeborene Begabungen, und daraufhin sieht er unter den 10 % der leistungsstärksten Kinder eines Jahrgangs auch die hochbegabten. Der Kerngedanke seines Modells ist, dass eine angeborene hohe Begabung keinesfalls garantiert, dass sich hieraus besondere Kompetenzen oder Talente entwickeln.

Ob sich besondere Kompetenzen entwickeln können, ist hochgradig vom Einfluss der Umwelt abhängig. Dazu gehören die individuellen Lebensumstände, darunter die Größe der Familie, die Anzahl der Geschwister und der sozioökonomische Status der Familie. Auch Eltern, Lehrkräfte, Freunde, Klassenkameraden, weitere Menschen oder auch allgemein die Lebensverhältnisse können das Kind in seiner Entwicklung unterstützen. Durch Ablehnung oder fehlende Anerkennung kann es in seinem Entwicklungsprozess aber auch negativ beeinflusst werden.

Letztlich können also die sozialen Umstände die Entwicklung eines Kindes ebenso fördern wie bremsen. Wenn ein Kind zum Beispiel an einem begabungsfördernden Angebot teilnimmt und sich dabei von den anderen Teilnehmern sozial akzeptiert fühlt, wird dies die Motivation für Weiterentwicklung erhöhen. Umgekehrt kann eine problematische soziale Situation, beispielsweise ein schwer erkranktes Familienmitglied, die Entwicklung eines Kindes ausbremsen.

Allein schon der Zugang zu talentfördernden Unterrichtsangeboten ist oft milieuabhängig. Und Talententwicklung bedeutet nicht einfach, dass ein interessiertes Kind Wissen einfach willkürlich aufsauge. Sie setzt die Fähigkeit zu systematischem Lernen voraus und kann deshalb nur über gezielte Angebote geleistet werden. Gagné

(2009) beschreibt dies folgendermaßen: »Talententwicklungsprozesse finden statt, wenn sich eine talentierte Person systematisch in einem längeren Zeitraum darum bemüht, ein außergewöhnlich anspruchsvolles Ziel in einem Angebot mit bereichernden Aktivitäten zu erreichen.« Es muss, mit anderen Worten, Zugang zu Aktivitäten mit Inhalt und Form geben, die ein anspruchsvolles Ziel verfolgen.

Gagné geht in seinem Modell auch auf kindliche Persönlichkeitsmerkmale ein. Zu dem, was er die natürlichen Fähigkeiten nennt, gehört auch die Intelligenz, die er ebenso wie Tannenbaum als »a filigree of factors« (Tannenbaum, 1983) versteht, das heißt: Intelligenz schlägt sich auch auf andere Persönlichkeitsmerkmale nieder. Schon Untersuchungen zum Konstrukt der generellen Intelligenz (Spearman, 1923) zeigten, dass Motivation, Konzentration und kreative Entfaltung mit der generellen Intelligenz in einer Wechselbeziehung stehen. Hieraus wird die These abgeleitet, dass die gemessene Begabung auch Rückschlüsse auf diese Eigenschaften geben könne.

Intrapersonelle Faktoren (also innere, individuelle Faktoren) wie Motivation, Willenskraft, Aufgewecktheit sind jedoch nicht angeboren und quasi statisch vorgegeben. Sie werden stark davon beeinflusst, wie das menschliche Umfeld auf das Kind reagiert, ob man ihm ermunternd, offen begegnet und es feinfühlig behandelt. Die Art und Weise, wie sich diese interpersonellen Beziehungen gestalten, ist auf diesem Sektor für eine positive Entwicklung ausschlaggebend.

Schließlich ist auch ein gewisser Grad an Reife notwendig, damit ein Kind mit seinem Potenzial arbeiten kann. Dazu gehört, dass es gelernt hat, seine eigenen Fähigkeiten einzuschätzen, so dass es selbstständig Ziele verfolgen kann. Um auf diese Weise wirksam handeln zu können, müssen außerdem Fähigkeiten im Selbstmanagement und im eigenständigen, selbstgesteuerten Lernen vorhanden sein. In dem Prozess, sich dies anzueignen, können positive Phasen und Erfolge erlebt werden, aber auch Etappen langwieriger, harter Arbeit, ebenso Entbehrungen und Enttäuschungen. Daher ist es so wichtig, dass das Kind Unterstützung erhält, respektiert wird und sich menschlich geborgen fühlt, sowohl im engeren Kreis der ihm nahestehenden Personen als auch in seinem weiteren Umfeld. Auf diese Weise lernt das Kind, ausgehend von seinen individuellen Fähigkeiten und Schwächen, Entscheidungen zu treffen und eigenständig zu handeln. Findet dieser Lernprozess jedoch nicht statt, kann hohes Potenzial nicht in entsprechende Leistung bzw. Talent überführt werden.

Sowohl Tannenbaum als auch Gagné beziehen in ihre Modelle »Glück« und Zufälle ein. Man kann das Glück haben, in einem Land geboren zu sein oder in einer Familie, in der vielfältige Möglichkeiten geboten werden. Ein Kind kann auch Glück damit haben, in eine Schule zu kommen, in der Talententwicklung im Fokus steht. Oder es kann in einer Gemeinde oder einem Kreis leben, in dem ein spezielles Freizeitangebot für »Kinder mit besonderen Voraussetzungen« gegeben ist. Gagné ist deshalb davon überzeugt, dass der Zufall einen großen Einfluss auf die Talententwicklung hat. Ob ein begabtes Kind auf die passende Lernumgebung mit dem passenden Lehrer und passenden Lernangeboten trifft und ob es gleichzeitig auch motiviert ist, ist somit auch von Zufällen abhängig. Für die Eltern ist es wichtig zu sehen, dass man beim »Glück« auch »nachhelfen« kann. Sie können aktiv auf die Umgebung des Kindes einwirken, u. a. indem sie mithelfen, dass Angebote organisiert und gleichgesinnte Spielkameraden gefunden werden.

Unter »Kompetenzen« nennt Gagné in seinem Modell einige der menschlichen Wirkungsfelder, in denen sich Talent entwickeln kann. Dieses definiert er als die herausragende oder außergewöhnliche Beherrschung von systematisch entwickelten Kompetenzen, d. h. Wissen oder Fähigkeiten innerhalb mindestens eines Gebiets (Nissen, Kyed & Baltzer, 2012).

»Warte nicht auf ungewöhnliche Umstände, um Gutes zu tun; versuche die gewöhnlichen Umstände dafür zu nutzen.«

Jean Paul

Benjamins Geschichte

In seinem ersten Lebensjahr hatten wir es mit Benjamin sehr einfach. Er schlief mehrere Stunden am Tag, und wenn er wach war, war er glücklich, zufrieden und sehr neugierig. Seine geistige Entwicklung war der körperlichen weit voraus – obwohl auch diese schnell verlaufen war: Benjamin hatte früh angefangen zu krabbeln und zu stehen. Als er neun Monate alt war, konnte er laufen. Und trotzdem war er in seiner geistigen Entwicklung schon weiter. Er saugte neues Wissen förmlich auf und war das, was man früher »ein aufgewecktes Kind« nannte.

Natürlich ist es nicht leicht einzuschätzen, ob ein 12 Monate altes Kind intelligent ist oder nicht, aber je näher er dem Kindergartenalter kam, desto deutlicher wurde dies. Benjamin war sehr mitteilsam, und je mehr sein Alter ihm die Möglichkeit zum Sprechen gab, desto deutlicher war seine Intelligenz erkennbar.

Einmal ging ich an einem Samstagnachmittag mit Benjamin, er war etwa drei Jahre alt, in ein Museum. Er durfte sich auf eigene Faust umsehen, weil das Museum nicht besonders groß war und auch deshalb, weil er sehr selbstständig und vernünftig war. Als ich nach ihm sehen wollte, fand ich ihn ganz hinten im Museumscafé, wo er vor den beiden älteren Cafédamen »auftrat«. Er zählte bis 100 und bekam dafür Süßigkeiten und Schokolade. Ich war verblüfft – ich wusste nicht, dass Benjamin bis 100 zählen konnte, und mir war klar, dass das nicht alle dreijährigen Kinder konnten. Dieses Erlebnis war eines der ersten, die mir zeigten, dass Benjamin schon etwas speziell war.

Nach seinem dritten Geburtstag kam Benjamin in den Kindergarten – zu seiner Freude, denn er ist sehr sozial veranlagt. Aber bald kam es im Kindergarten immer wieder zu schlimmen »Frustrationsausbrüchen«. Ich spreche von »Ausbrüchen«, weil ich kein anderes Wort für das weiß, was mit Benjamin passierte, wenn er maßlos frustriert, wütend und traurig auf etwas reagierte, was die anderen, sowohl Erwachsene als auch Kinder, nur als ein kleines Problem ansahen.

Es konnte sein, dass sich ein Erzieher in einer Situation, in der etwas zwischen mehreren Kindern gleichmäßig aufgeteilt werden sollte, nicht gerecht verhalten hatte. Es konnte auch eine Situation sein, in der Benjamin meinte, im Hinblick auf Aufmerksamkeit oder »Rechte«, die ihm seiner Meinung nach zustanden, übergangen worden zu sein. Wir waren darüber alle verwirrt, und es wurde ein Pädagoge abgeordnet, um Benjamin jeweils für einige Stunden pro Woche zu begleiten, da das Kindergartenpersonal meinte, dass er Hilfe brauche, um mit diesen »Ausbrüchen« klarzukommen.

Mit der Zeit erkannten wir ein System hinter diesen Ausbrüchen. Unter anderem fanden wir heraus, dass es fast immer darum ging, dass Benjamin sich ungerecht von Erwachsenen behandelt und von ihnen nicht verstanden fühlte. Wir konnten uns aber noch nicht erklären, warum er so stark auf diese Ungerechtigkeiten reagierte.

Schon zu diesem Zeitpunkt meldete ich Benjamin in einer nahegelegenen Privatschule an, weil mir klar geworden war, dass Benjamin eine kleine Schule brauchen würde, die sein Wesen unterstützte und sein fachliches Lernen zugleich gezielt förderte. Es war absehbar, dass er schon in der Vorschule einen fundierten Unterricht brauchen würde.

Die Schulzeit

Mit 5 Jahren und 10 Monaten fing Benjamin auf der Privatschule an. Er freute sich, in die Schule zu kommen, und wir gingen davon aus, dass er nun endlich fachlich gefordert werden würde. Sowohl das Personal im Kindergarten als auch ich selber hatten es vermieden, ihm richtige Schulaufgaben zu geben, weil wir glaubten, er werde sich sonst in der Schule langweilen.

Es zeigte sich, dass das überhaupt nicht geholfen hatte, da Benjamin, obwohl wir alle versucht hatten, ihn von Buchstaben, Zahlen und dergleichen fernzuhalten, mehr als reichlich Wissen aufgesogen hatte und sich somit die gesamte Vorschulklasse hindurch tapfer langweilte. Während die anderen Kinder Buchstaben lernten, die für sie neu waren, kannte Benjamin von Anfang an fast das ganze Alphabet, und während die anderen die Zahlen von 0 bis 20 lernten, dachte Benjamin über mathematische Begriffe wie Unendlichkeit nach, über Multiplikation mit Tausendern oder Gleichungen mit Unbekannten.

Schließlich fragte ich vorsichtig bei der Klassenlehrerin nach, ob Benjamin eventuell bald ein paar »richtige« Schulaufgaben bekommen könnte, aber die Lehrerin lächelte nur nachsichtig und sagte, dass er einige Plus- und Minusaufgaben bekommen werde, sobald er dann in die erste Klasse komme. Aber auch dort war von Herausforderungen nicht die Rede.

Und dann war es schließlich so weit gekommen, dass er sich gründlichst langweilte und oft den Unterricht boykottierte. Zu meinem großen Erstaunen und Bekümmern konnte er sein Schulbuch mitten in der Stunde zuklappen und seiner Lehrerin erklären, er gehe nicht davon aus, von ihr etwas lernen zu können, denn dafür sei er nun zu klug. Peinlich!

Wir hatten lange Gespräche mit den Lehrern, aber vor allem mit Benjamin zu Hause, um ihm zu erklären, dass er nicht klüger davon werde, wenn er nicht weiter lernte. Aber Benjamin hatte offenbar den Eindruck, dass ihm fachlich nichts Neues geboten werde, und er war überzeugt davon, dass er das Pensum der restlichen Schulzeit schon beherrsche.

Das war eine glatte Fehleinschätzung! Obwohl er einer der besten Schüler der Klasse war, konnte er nach dem ersten Halbjahr der ersten Klasse nicht flüssig lesen, weil er schon in den ersten Wochen des Schuljahrs entschieden hatte, dass er nicht noch mehr langweiligen Unterricht über sich ergehen lassen wollte. Er erlebte den Unterricht als langsam, von Routine geprägt und empfand das Niveau als niedrig. Das alles hatte nun dazu geführt, dass sein Wissen stagnierte.

Als wir Benjamin endlich davon überzeugen konnten, dass es tatsächlich noch etwas für ihn zu lernen gebe, entschied er für sich, nur das Allernotwendigste zu tun. Aus seiner Sicht war dieser Entschluss vielleicht logisch, denn warum sollte er eine Aufgabe schnell erledigen, wenn er dann Zusatzaufgaben bekam – von derselben Art!? Benjamin blieb mit seinen Leistungen weit hinter seinen Möglichkeiten zurück und eignete sich einige furchtbare Arbeitsgewohnheiten an. Er lernte, wie man nicht zeigt, dass man etwas bereits kann, um damit zu vermeiden, noch mehr langweilige Aufgaben zu bekommen. Er lernte auch, dass er, wenn er gerade das Notwendigste erledigte, keine Hausaufgaben aufbekam, während die anderen, die gründlich arbeiteten, oft zu Hause beenden mussten, was sie in der Schule nicht geschafft hatten. Wenn er aber doch einmal Hausaufgaben zu erledigen hatte, war es sehr schwer, ihn dazu zu bewegen, denn er war nicht daran gewöhnt, auf Kommando zu arbeiten. Benjamin verabscheute es, wenn er kein Mitbestimmungsrecht hatte, und es kam vor, dass er sich in der Schule weigerte, etwas zu tun, das man ihm aufgetragen hatte. Bald brachte er regelmäßig schriftliche Beschwerden aus der Schule mit nach Hause, und es ging ihm sichtlich schlecht. In einem Gespräch, das in dieser Zeit in der Schule stattfand, berichtete seine Lehrerin, dass er während des Unterrichts oft aus dem Klassenzimmer geschickt werde und auf dem Gang sitzen müsse; manchmal werde er auch ins Büro des Schulleiters geschickt. Das komme neuerdings so oft vor, da sie ansonsten im Grunde ihrer Aufsichtspflicht nicht nachkomme.

Der Schulpsychologe

Am Ende des ersten Schuljahrs wurde entschieden, dass Benjamin wegen seiner Verhaltensauffälligkeiten einen Termin beim Schulpsychologen bekommen solle. Er war sehr unruhig, störte den Unterricht, und immer häufiger eckte er bei seinen Lehrern und dem Schulleiter an.

Benjamins Selbstwertgefühl war immer schlechter geworden, und oft wurde er von den Erwachsenen in der Schule oder von seinen Mitschülern missverstanden. Seine »Ausbrüche« verschreckten seine

Freunde, und auch er selber erlebte sie als peinlich und erniedrigend. Dennoch war er noch immer nicht in der Lage, diese Ausbrüche zu kontrollieren oder einzudämmen. Und so kam ich gar nicht auf die Idee, dass seine Probleme im Zusammenhang mit seiner hohen Intelligenz stehen könnten. Allgemein geht man ja nicht davon aus (jedenfalls war ich diesem Vorurteil aufgesessen), dass hohe Intelligenz mit einem unreifen Gefühlsleben einhergehen kann und dass unter diesen Bedingungen Frustrationsausbrüche, niedriges Selbstwertgefühl und Verhaltensprobleme auftreten könnten.

Der Schulpsychologe tauchte eines Tages mitten im Unterricht auf. Er erzählte Benjamin, dass sie sich am nächsten Tag treffen würden, um zusammen ein paar spannende Aufgaben zu lösen. Das erste Gespräch war also nichts Großes, so dass Benjamin nach der Schule fast vergessen hatte, worüber sie sich unterhalten hatten. Tatsächlich erfuhren wir erst bei der Nachbesprechung mit dem Schulpsychologen, dass ein richtiger Intelligenztest durchgeführt worden war. Der Schulpsychologe erklärte uns, dass er Benjamin getestet habe, weil er oft erlebt hatte, dass Verhaltensprobleme bei Kindern mit geringerer Intelligenz von Lernschwierigkeiten hervorgerufen würden. Es zeigte sich aber, dass dies gerade nicht Benjamins Problem war!

Der Schulpsychologe besuchte uns auch zu Hause. Benjamin zeigte stolz sein Zimmer und alle seine Sachen, und der Psychologe konnte miterleben, dass er zu Hause ruhig und ausgeglichen war.

Schließlich trafen wir uns mit dem Schulpsychologen nach dem Unterricht in der Schule. Er stellte uns sein Gutachten vor und berichtete, dass er an einem Vormittag einen WISC III durchgeführt habe. Der Test habe mehrere Stunden gedauert, und er habe ihn zwischendurch für eine 15-minütige Pause unterbrechen müssen. Von der Pause abgesehen habe Benjamin die ganze Zeit fleißig gearbeitet und sich intensiv mit den verschiedenen Aufgaben auseinandergesetzt. Es waren außerdem noch weitere Tests durchgeführt worden, aus denen der Psychologe schloss, dass keine Anzeichen für eine Empathie-Störung (Autismus) vorlägen. Und sein Besuch bei uns zu

Hause habe ihn davon überzeugt, dass Benjamins Verhaltensprobleme nicht auf mangelnde oder falsche Erziehung zurückzuführen seien. Sein Fazit war, dass Benjamins hohe Intelligenz in Verbindung mit seiner emotionalen Unreife der Grund für seine Probleme sei, und dass er weder autistisch sei noch ADHS vorliege.

Dieses Gutachten war der Start für einen langen – ja tatsächlich einen jahrelangen und fortdauernden – Kampf, andere dazu zu bewegen, Benjamin als den zu sehen, der er ist – mit seinen Schwächen und Stärken, die er von Geburt an hat, die aber zum Teil auch auf negative Erfahrungen zurückzufuhren sind, denen er seit seiner Kindheit bis heute ausgesetzt ist.

Die Einschätzung des Schulpsychologen bedeutete für mich als Elternteil einen Wendepunkt, und ich kann sagen, dass ich nie, weder vorher noch danach, jemals ein ähnliches Aha-Erlebnis hatte. Mit einem Mal konnte ich etwas von meinen Schuldgefühlen abrücken, das Gefühl, eine schlechte Mutter zu sein, beiseiteschieben und einige von Benjamins Problemen als etwas Angeborenes erklären. Nicht zuletzt konnte ich konkrete Beweise vorlegen, dass mein Kind so intelligent war, dass er die meisten in der Bevölkerung überrundete. Alles in allem ging ich davon aus, dass die Probleme nun fast gelöst seien, weil der Schulpsychologe Richtlinien vorlegte, wie wir Benjamins Probleme lösen und ihm dabei helfen könnten, wieder ein glücklicher Junge werden zu können – ich sah Licht am Ende des Tunnels.

Die Schule war zu meiner großen Überraschung überhaupt nicht meiner Meinung! Bald trafen wir uns monatlich oder jeden zweiten Monat zu Gesprächen. Es wurden immer mehr Personen einbezogen, und alle meinten, dass sie etwas in dieser Angelegenheit zu sagen hatten. Zwar wurde diplomatisch darum herumgeredet, aber die Botschaft war klar: »Wir sind eine private Schule. Wir können uns unsere Schüler aussuchen, und wir wollen kein Geld für Schüler ausgeben, die Unterstützung brauchen.«

Der Sommer kam, und Benjamin bekam seine wohlverdienten, sorglosen Sommerferien. Jeden Tag ging er gerne in die Ferienbetreuung der Schule. Die Pädagogen berichteten mir, dass es keine größeren Probleme gebe. Benjamin war ein guter Spielkamerad, er konnte Spiele in Gang bringen und andere in seine Spiele einbeziehen. Abends, wenn er in den Schulbus steigen sollte, wollte er eigentlich gar nicht nach Hause.

Benjamin war auch eine ganze Weile zu den Pfadfindern gegangen, und auch dort konnte der Leiter mir berichten, dass Benjamin ein glücklicher und positiver Junge sei, der Empathie für andere zeigte und genug guten Ideen hatte, um damit ein ganzes Pfadfinderlager zu beschäftigen.

Zufällig stieß ich eines Tages auf die Homepage von Mensa. Dort fand ich einen Link zu einem Elternnetzwerk für Eltern von »Kindern mit besonderen Voraussetzungen«, dem späteren Verein Gifted Children (vergleichbar mit der Deutschen Gesellschaft für das hochbegabte Kind). Als ich die genannte Kontaktperson anrief, lernte ich eine Frau kennen, die, nachdem ich ihr kurz von Benjamin erzählt hatte, seine Geschichte gewissermaßen weitererzählen konnte. Als ich berichtete, wie Benjamin sich verhalte, wie er sich fühle und auf welche Weise dies in der Schule, bei Freizeitaktivitäten oder zu Hause zum Ausdruck komme, konnte sie buchstäblich meine Sätze zu Ende sprechen. Unser ausführliches Gespräch endete damit, dass ich mich im Elternnetzwerk anmeldete. Damit hatte ich Zugang zu dem Forum, in dem Eltern von »Kindern mit besonderen Voraussetzungen« sich über Probleme bis hin zu kleinen alltäglichen Erlebnissen austauschen können. Das war mit das Beste, was mir als Mutter passiert ist! Es war ein wenig, als betrete man eine neue Welt: Plötzlich gab es andere Eltern, die genau dasselbe erlebt hatten oder gerade erlebten wie wir. Es gab zahlreiche andere Kinder, die genau dieselben Reaktionsmuster zeigten, und alle hatten einiges erlebt, gerade aufgrund ihrer hohen Intelligenz – leider oft Negatives, besonders im Schulalltag und mit Lehrern. Ich lernte Kinder und Eltern kennen, die weit Schlimmeres erlebt hatten als wir, und ich konnte in ihren Berichten Trost finden und viel lernen. Zum Glück gab es auch Berichte von Eltern, die richtig gute Erfahrungen gemacht hatten, denn sie machten mir Hoffnung.

In dieser Zeit lernte ich auch ein neues Wort: asynchrone Entwicklung. Ich lernte, dass die Entwicklung vieler »Kinder mit besonderen Voraussetzungen« asynchron verläuft, und dass Benjamins Unausgeglichenheit in emotionaler Hinsicht wahrscheinlich zum Teil auf eine solche »asynchrone Entwicklung« zurückzuführen sei. Erst damit ergab Benjamins unausgeglichenes Gefühlsleben für mich einen Sinn.

Ich lernte auch, dass es einen Experten in Dänemark für dieses Thema gab, einen Psychologen, der seit vielen Jahren auf »Kinder mit besonderen Voraussetzungen« spezialisiert war und viele Erfahrungen mit dieser Kindergruppe gesammelt hatte. Uns wurde empfohlen, Benjamin bei ihm vorzustellen, und das taten wir. Im August, als Benjamin eben in die 2. Klasse gekommen war, wurde er von Ole Kyed getestet. Die Probleme in der Schule waren zu diesem Zeitpunkt schon wieder zurückgekehrt, obwohl seit den Sommerferien erst kurze Zeit vergangen war.

Ole Kyed verwendete andere Tests als der Schulpsychologe, stimmte aber letztlich mit ihm darin überein, dass Benjamins Probleme aus seiner hohen Intelligenz in Kombination mit seiner unreifen Gefühlswelt und seiner Rastlosigkeit resultierten. Auch er gab der Schule den Rat, den schon der Schulpsychologe gegeben hatte: »Seht Benjamin als den Jungen, der er ist«, gebt ihm emotionale Unterstützung, freundliche Anleitung und außerdem herausfordernde Aufgaben. Er schrieb auch etwas über die kurz- und langfristigen Risiken, die bestünden, wenn Benjamin diese Hilfe nicht bekomme. Denn darin sehe er die Gefahr, dass sich Benjamin gegenüber Autoritätspersonen immer respektloser verhalten, sich einen trägen Arbeitsstil aneignen und immer mehr Schwierigkeiten im emotionalen Bereich entwickeln sowie unter geringem Selbstwertgefühl leiden könne.

Für das nächste Treffen in der Schule hatte der Schulpsychologe eine Vertreterin der Schulbehörde einbezogen, weil er hoffte, dass die Schule offener und bereitwilliger mitarbeiten werde, wenn auch sie ihn in seinen Vorschlägen unterstützen werde. Ich hatte außerdem das Gutachten und die Empfehlungen von Ole Kyed mitgebracht, von denen die Schule bereits eine Kopie erhalten hatte.

Trotz alledem hielten die Lehrer der Schule an ihrer Einstellung fest, dass sie ihre Umgangsweise im Hinblick auf Benjamin nicht ändern würden. Der Vorschlag des Schulpsychologen, Benjamin Förderstunden zu geben, wurde angenommen, mit 2–3 Stunden pro Woche, doch sollte der Fokus hier allein auf seine Verhaltensprobleme gerichtet sein, nicht auf seinen Bedarf nach herausfordernden Aufgaben. Die Vertreterin der Schulbehörde schlug Supervision für den Klassenlehrer vor und empfahl für die ganze Klasse die Arbeit mit differenzierenden Methoden. Das wurde freundlich, aber bestimmt abgelehnt.

Die kinderpsychiatrische Ambulanz

In den letzten Herbstwochen der 2. Klasse ging es Benjamin immer schlechter. Er fühlte sich zunehmend niedergeschlagen, und oft verbrachten wir die Abende damit, ihm dabei zu helfen, seine Gefühle auszudrücken; sein Mangel an Selbstwertgefühl wurde immer deutlicher sichtbar. Benjamin begann, von Selbstmord zu sprechen, und mir wurde mehr und mehr klar, dass er stark gefährdet war, weil er von seinen unreifen Gefühlen gesteuert war, und zudem aufgrund seines Intellekts prinzipiell dazu in der Lage wäre, einen realistischen Plan für einen Selbstmord zu entwickeln. Ich wurde vor Sorge fast wahnsinnig und wusste nicht, wie ich die Situation in den Griff bekommen sollte. Darüber hinaus bekam Benjamin Angstsymptome. Von einem glücklichen, selbständigen Jungen, der mit dem Schulbus zur Schule und zurück fuhr, sich im Übrigen frei in der Umgebung bewegte oder alleine in seinem Zimmer spielte, war er auf den Stand eines hilflosen Kindergartenkinds zurückgefallen. Eine Zeitlang musste ich ihm abends den Rücken »bürsten«, um mich (und ihm) zu versichern, dass er keine Spinnen auf dem Rücken hatte, weil er einmal gesehen hatte, dass an seiner Zimmerdecke Spinnenweben waren. Dann fand ich ihn einmal panisch weinend in einer Sofaecke vor, als ich im Badezimmer gewesen war – Benjamin konnte es nicht aushalten, mehr als ein paar Minuten alleine zu sein.

Der Schulpsychologe, der uns fortlaufend betreute, konnte sehen, dass etwas völlig schieflief, und entschied, dass wir Benjamin in der kinderpsychiatrischen Ambulanz vorstellen sollten. Der Kinderpsychiater kam im Laufe des Januar zu einem schnellen Ergebnis, und nach einem Gespräch mit einem Psychologen und einer Krankenschwester standen wir plötzlich mit zwei ernsthaften Diagnosen da: Autismus und ADHS. Eine Depression war dagegen nicht diagnostiziert worden.

Ich war fix und fertig, weil ich nicht verstehen konnte, dass mein Sohn, der in meinen Augen immer normal gewesen war, an zwei so gravierenden Krankheiten leiden sollte. Ich konnte auch überhaupt nicht verstehen, dass sie eine Depression nicht in Betracht zogen, obwohl dies für mich zu dem Zeitpunkt nahelag. Wenn sie übersehen worden war, war es ja nicht verwunderlich, dass sie meinten, dass Benjamin etwas merkwürdig war und sich anders als normale Kinder verhielt – ich war tief erschüttert!

Ich bat um ein Gespräch mit dem Psychologen, das ich zum Glück ohne Probleme bekam. Ich sagte ihm, ich hätte den Eindruck, dass Benjamin deprimiert sei. Er ist leider erblich vorbelastet im Hinblick auf das Risiko, an Depressionen zu erkranken, weil alle seine vier Großeltern diese Diagnose erhalten hatten und deswegen behandelt worden waren.

Ich sagte außerdem deutlich, dass ich Benjamins Autismus-Diagnose nicht verstehen könne. Es hatte ihm ja zum Beispiel nie an Empathie gefehlt. Sowohl im Kindergarten als auch in der Schulbetreuung und auch bei den Pfadfindern hatte man mir immer von Benjamins empathischen Fähigkeiten berichtet. Es schien mir möglich, dass dies bei der psychiatrischen Untersuchung nicht deutlich werden konnte, denn wenn man deprimiert ist, hat man keinen Überschuss für anderes, als mit sich selber klarzukommen.

Ebenso hatten die verschiedenen Tests, die Benjamin sowohl beim Schulpsychologen als auch bei Ole Kyed durchlaufen hatte, gezeigt, dass er keine Probleme mit Empathie hatte. Der Intelligenztest hatte außerdem gezeigt, dass Benjamin auf allen Gebieten gleichermaßen begabt ist. Das ist bei autistischen Kindern nicht oft der Fall, sie erzielen zwar häufig hohe Testwerte bei einigen Aufgaben, bei anderen aber nicht.

Schließlich kam ich auch darauf zu sprechen, dass mich die ADHS-Diagnose nicht überzeuge, weil ich über das Elternnetzwerk gehört hatte, dass viele der Kinder zwar ADHS-ähnliche Züge zeigten und manche Kriterien für ADHS erfüllten, ohne aber wirklich daran erkrankt zu sein. Unter anderem hat Benjamin keine Konzentrationsprobleme, wenn er anspruchsvolle Aufgaben lösen soll, und er kann bis zu drei oder vier Stunden am Stück spielen, sowohl mit Freunden als auch alleine. Benjamin ist außerdem kein lautes Kind. Er mag wilde Spiele mit anderen Jungen, aber er spielt auch oft ruhige Spiele zusammen mit Mädchen.

Der Schulstopp

Schon kurz vor dem Jahreswechsel 2004/2005, noch bevor die Untersuchung beim Kinderpsychiater abgeschlossen war, meldeten wir Benjamin von der Privatschule ab. Obwohl die Initiative von mir ausging, war es sonnenklar, dass die Schule sich genau dies wünschte, und wir wurden nicht gebeten, unsere Entscheidung noch einmal zu überdenken.

Weihnachten 2004 verlief ruhig. Benjamin hatte sich von seiner Schule und seinen Freunden ordentlich verabschiedet, steckte aber im Übrigen so tief in seiner Depression, dass ihm alles gleichgültig war. Der Ausblick darauf, eine längere Zeit vor sich zu haben, in der er bei mir zu Hause bleiben konnte, freute ihn.

Aus dieser Phase ohne regulären Schulunterricht wurden schließlich vier Monate. In dieser Zeit ließen wir jeglichen formalisierten Unterricht beiseite, stattdessen nahmen wir uns Zeit für Gespräche, sportliche Betätigung und Ausflüge in die Umgebung.

Eines der Argumente des Kinderpsychiaters dafür, die beiden

Diagnosen zu stellen, war sein Ziel, Benjamin den Zugang zu einem Platz in einer Förderklasse zu verschaffen. Um einen solchen zu erhalten, muss man eine Krankheit diagnostiziert bekommen haben, sonst gehörte man nicht zu der Zielgruppe, an die diese Form der Unterstützung gerichtet ist. Für Benjamin bedeutete das, dass er in eine Klasse für autistische Kinder kam. Das hatte gute Seiten, weil einige Klassenkameraden, aber vor allem sein Kontaktlehrer, Benjamins Rettung war. Dieser Lehrer verstand ihn und nahm ihn so, wie er war. Nicht ideal war, dass Benjamin mit autistischen Kindern zusammen war und so den Kontakt zu Kindern verlor, die sich normal verhalten. Das alles brachte also positive, aber auch negative Konsequenzen mit sich.

Die Depression

Im Mai wandte ich mich erneut an die kinderpsychiatrische Ambulanz, weil sich Benjamins Verfassung im Laufe des Frühjahrs noch weiter verschlechtert hatte. Trotz der langen, ruhigen Phase, die er zu Hause hatte verbringen können, war er nicht fröhlicher geworden, und wir hatten täglich Probleme mit pessimistischen Gefühlen und Angst.

Benjamins älterer Bruder und seine Stiefschwester wurden beide im Frühjahr konfirmiert, und beide Konfirmationen verbrachte Benjamin im Auto auf dem Parkplatz, weil er es nicht aushalten konnte, mitten unter den Gästen zu sitzen, die von ihm erwarteten, dass er lächelte und den niedlichen, glücklichen Bruder spielte.

Mir reichte es nun, und ich bat den Kinderpsychiater zu untersuchen, ob eine Depression vorliege. Benjamin wurde schließlich untersucht und getestet, und es zeigte sich, dass er eine reguläre, mittelschwere Depression hatte, die behandelt werden musste. Benjamin bekam Antidepressiva, die Notwendigkeit für psychotherapeutische Gespräche wurde nicht gesehen, da angenommen wurde, dass die Depression vermutlich eine Reaktion auf die schwere Zeit war, die dem Schulstopp vorangegangen war.

Es dauerte 23 Wochen, bis die Medikamente zu wirken begannen. Dann kamen die Sommerferien, und dann, nach vielen schönen Erlebnissen und viel Liebe, war Benjamin wieder fast »der Alte«. Aus einem apathischen und verschlossenen Jungen mit periodischen Anfällen von Hyperaktivität wurde wieder ein Junge, der ausgeglichener war, lächeln und energisch auftreten konnte. Er begann wieder, mit anderen Kindern Kontakt aufzunehmen, und seine Ängste verschwanden allmählich, wie Tau in der Sonne. Er konnte sich wieder selbständig in der Stadt bewegen und alleine in seinem Zimmer spielen; er hatte wieder Lust dazu, Neues zu lernen, und war genauso neugierig wie zuvor.

Die neue Schule

Der Kinderpsychiater hatte zugeben müssen, dass er die Depression übersehen hatte, als wir uns in der Vorweihnachtszeit 2004 zum ersten Mal vorgestellt hatten. Er erkannte aber trotzdem nicht an, dass sie die beiden anderen Diagnosen – Autismus und ADHS – gestellt hatten, als sie einen deprimierten Jungen mit Angstsymptomen vor sich hatten. Die beiden Diagnosen blieben an Benjamin also haften, und er bekam einen Schulplatz in einer Spezialklasse für autistische Kinder in einer kleinen Schule, in der es außerdem von der Vorschule bis zur 6. Klasse einen Zug für gesunde Kinder gab.

Als wir an Benjamins erstem Schultag in die neue Schule gingen, fühlte ich mich unsicher. Benjamin selber war glücklich und gespannt. Er erklärte, dass er froh sei, auf genau diese Schule zu kommen, weil sie einen super Spielplatz habe!

Seine autistischen Klassenkameraden irritierten Benjamin eigentlich nicht, und er fand schnell einen neuen Freund. Dass die beiden in intellektueller Hinsicht mindestens 40 IQ-Punkte voneinander entfernt waren, spielte für Benjamin überhaupt keine Rolle. Er hatte es nie schwer, neue Freunde zu finden; er lebte sich auch schnell in der Nachmittagsbetreuung ein und fand auch dort neue Freunde. Ich hatte knallhart darauf bestanden, dass er in eine normale Nachmittagsbetreuung gehen sollte. Mein Argument hierfür war, dass es dort auch zuvor nie Probleme mit Benjamin gegeben hatte. Zu meiner Freude stimmte die Schule zu, und so hatte Benjamin täglich auch Umgang mit nicht autistischen Kindern. Das tat ihm gut.

Nach ein paar Monaten hatte Benjamin sich gut in der Schule eingelebt, in seiner Klasse und in der Nachmittagsbetreuung fühlte er sich wohl. Die Lehrer schrieben täglich etwas in unser Kontaktbuch, und diese Mitteilungen zeigten, dass es voranging – sowohl in fachlicher als auch in emotionaler und sozialer Hinsicht. Benjamin war wieder glücklich.

Benjamins neue Situation

Benjamin bekommt nun Einzelunterricht, da sein fachliches Niveau sich ziemlich von dem der anderen unterscheidet. Die Altersunterschiede in der Klasse sind groß, und Benjamin ist der Jüngste. Der Älteste ist etwa 14 Jahre alt. Benjamins Klasse umfasst die Klassenstufen 4 bis 7, so dass er letztlich eine Klasse übersprungen hat. Das hat aber keine Bedeutung, denn Benjamin wird ausgehend von seinem individuellen Stand unterrichtet, der manchmal auf dem Niveau der 4. und manchmal auf dem der 3. oder 7. Klasse liegt.

Benjamins Freude am Lernen ist langsam zurückgekehrt, und überraschenderweise ist er trotz seiner langen Fehlzeiten nicht zurückgefallen. Er hat die Fähigkeit, Wissen gleichsam aufzusaugen, selbst wenn dieses nicht systematisiert oder leicht zugänglich ist. Informationen nimmt er im Vorbeigehen auf.

Dennoch zeigt Benjamin noch immer nicht das, was er eigentlich leisten könnte, und arbeitet nur, wenn er es muss. Wenn er die Wahl hat, leichte Aufgaben zu bearbeiten oder leichte Bücher zu lesen, entscheidet er sich dafür. Von Zeit zu Zeit hat er auch Probleme mit seinen »Ausbrüchen«, aber sie sind seltener geworden und treten nur noch einmal im Monat auf, wogegen sich diese Probleme in der Kindergartenzeit alle paar Tage und mitunter täglich einstellten.

Er erlebt, vielleicht zum ersten Mal in seinem Leben, dass Intelligenz zu etwas zu gebrauchen ist. Bis jetzt hatte seine Intelligenz ihm das Leben erschwert, und oft sagt er, dass er sich wünsche, normal intelligent geboren zu sein und sich so zu fühlen wie alle anderen. Im Großen und Ganzen möchte er nicht auffallen, und er gibt auch nicht damit an, dass er intelligenter als der Durchschnitt ist. Nur wenn er bei Veranstaltungen von »Gifted Children« mit anderen Gleichgesinnten zusammen ist, kann er offen über seine Fähigkeiten sprechen.

Ein Anruf von der Schulpsychologin

Schon nach wenigen Monaten in seiner neuen Klasse war in Rückmeldungen aus der Schule und aus der Nachmittagsbetreuung die Rede davon, dass Benjamin dort großes Potenzial zeige; außerdem mache er in mehrfacher Hinsicht nicht den Eindruck, autistisch zu sein. Vor Weihnachten war ich von der Schulpsychologin kontaktiert worden. Sie erklärte mir vorsichtig, dass sie Benjamin in unterschiedlichen Situationen beobachtet habe und Gespräche sowohl mit seinen Lehrern als auch den Pädagogen aus der Nachmittagsbetreuung geführt habe. Sie alle seien sich darin einig, dass Benjamin nicht autistisch sei und nicht in die Spezialklasse gehöre. Die Schulpsychologin war der Meinung, dass er in einer normalen Klasse zurechtkommen müsste – wenn auch anfangs mit Unterstützung, denn Benjamin würde sich ja trotzdem von anderen unterscheiden und lerne anders als andere Kinder.

Ich war positiv überrascht, aber auch besorgt. Wir vereinbarten ein Treffen in der Schule, um – wieder einmal! – über Benjamins Zukunft zu beraten.

Am Gespräch nahmen zwei von Benjamins Lehrern, der Sonderpädagoge aus der Nachmittagsbetreuung, die Vertreterin der Schulbehörde, die Schulpsychologin, der Schulleiter und ich teil. Wieder war eine große Gruppe zusammengekommen, mit vielen Menschen, die alle ihre Meinung sagen wollten. Der Unterschied zum letzten Treffen war, dass sich diesmal alle einig waren. Das machte Mut.

Alle stellten Benjamins Stärken und Schwächen aus ihrer Sicht dar. Anders als beim letzten derartigen Gespräch überwogen diesmal die Stärken, und es war deutlich zu spüren, dass die Schule Benjamin auch wirklich als ihren Schüler sah und ihn dort haben wollte. Das baute mich mehr auf als alles, was ich seit Jahren erlebt hatte, und ich jubelte innerlich vor Freude.

Leider bringt die neue Situation auch einen Nachteil mit sich. Da Benjamins Diagnosen nicht weiter anerkannt sind, ist er nicht mehr berechtigt, dieses spezielle Schulangebot wahrzunehmen. Dass er nun wieder die Klasse wechseln muss, beunruhigt mich – was, wenn er nun den erneuten Wechsel nicht gut verkraftet? Zum Glück waren alle Beteiligten einig darin gewesen, dass er nicht sofort wechseln müsse, sondern langsam in eine normale Klasse integriert werden solle. Die Schulpsychologin sprach mit der Schulbehörde, und sie konnte Benjamin noch ein Jahr in der Spezialklasse sichern. So kann der Eingewöhnungsprozess auf Benjamins Bedürfnisse abgestimmt und er schrittweise in seine neue Klasse integriert werden. Wir haben uns entschieden, Benjamin in die 3. Klasse einzuschulen, weil er diese Klasse von der Nachmittagsbetreuung kennt. Also wird er eine Klasse zurückgestuft, aber ich glaube, und darin sind wir uns alle einig, dass es für Benjamin am besten ist, mit Gleichaltrigen zusammen zu sein. Also muss im Unterricht durch Differenzierung auf sein Lernniveau eingegangen werden. Ich mache mir Gedanken darüber, ob irgendwann schulische Probleme auftreten werden, vielleicht zugleich auch emotionale und soziale. Doch Benjamin selber sagt: »Ich hatte das Pech, auf drei verschiedene Schulen gehen zu müssen, bevor wir die richtige fanden, aber jetzt läuft's, und jetzt bin ich sooo froh, und wenn ich jetzt in eine normale Schule gehen soll, heißt das, dass ich das schaffen kann.«

Epilog

Ein paar Jahre sind seitdem vergangen, alles hatte sich verändert – und das sogar mehrfach. Als ich Benjamins Geschichte aufschrieb, sollte er gerade in die Regelschulklasse umgeschult werden. Leider zeigte sich dann, dass wir doch nicht das große Los gezogen hatten. In der neuen Klasse gab es keinerlei Unterstützung, und der Lehrer hatte keine Zeit dafür, Benjamin auf irgendeine Weise individuell zu behandeln. Entweder also ging Benjamin in die Klasse für autistische Kinder mit all der Unterstützung, die dazugehört; oder er ging in die normale Klasse, ohne Unterstützung und unter denselben Bedingungen wie alle anderen Kinder. Und trotz einer behutsamen und langen Übergangsphase, in der er teils in der Klasse für autistische Kinder und teils in der normalen Klasse unterrichtet wurde, waren die Bemühungen erfolglos. Benjamin ging es wieder schlecht. Er fühlte sich nie richtig verstanden; immer war er nur ein Stück in einem großen Puzzle, in dem Schulleitung, Paragraphen und Budgets ihren Platz finden sollten. Ein Puzzlespiel, das nicht darauf ausgerichtet war, dass auch er – so, wie er ist – dort einen Platz hat.

Am Ende kamen der Schulpsychologe, die Schulleitung und ich gemeinsam zu dem Ergebnis, dass Benjamin vorerst gar nicht mehr zur Schule gehen solle. Wieder standen wir vor dem Problem, dass es keine Schule gab, die für Benjamin geeignet war. Er konnte acht Stunden pro Woche zu Hause unterrichtet werden, aber nur in den Fächern Dänisch und Mathematik – und auch nur von einem Pädagogen aus der Nachmittagsbetreuung, nicht von einem ausgebildeten Lehrer. Tagsüber, wenn ich arbeitete, war Benjamin allein zu Hause. Zum Glück konnte er weiterhin die Nachmittagsbetreuung besuchen, denn im sozialen Verhalten hatte es keine Probleme gegeben, und so blieb ihm sein Freundeskreis erhalten. Ich bin davon überzeugt, dass ihm seine sozialen Fähigkeiten sehr geholfen haben, diese Jahre durchzustehen. Und er hatte viel wegzustecken: dass er nicht in einer normalen Klasse sein konnte, dass sein Schulbesuch so anders verlief als bei anderen und dass er sich auf eine negative Weise anders und in vielerlei Hinsicht ausgeschlossen fühlte.

Dies zu beobachten, war für uns Eltern schlichtweg beängstigend. Natürlich allein schon deshalb, weil es für Eltern furchtbar ist, wenn es ihren Kindern schlecht geht. Aber auch, weil wir so daran gewöhnt sind zu glauben, dass die Gesellschaft darauf eingerichtet ist, auch den Schwächsten zu helfen. Dies traf auf Benjamin nicht zu. Wir hatten keine Aussichten auf einen Platz in einer Schule, und Benjamin war noch nicht einmal in der 6. Klasse.

Dann wurde eine neue Privatschule eigens für Kinder wie Benjamin gegründet. Ohne einen Moment zu zögern, ergriffen wie die Chance und arbeiteten an ihrem Aufbau mit. Nicht nur Benjamin brauchte eine solche Schule; es zeigte sich, dass es viele Kinder mit genau denselben Problemen gab. Also wirkten wir daran mit, eine Mentiqa-Schule in Nordjütland zu etablieren.

Benjamin wurde dort in die 6. Klasse eingeschult. Alles war neu, die Räume, die Lehrer, die Schulleiterin usw. Natürlich musste anfangs vieles ausprobiert werden, und nicht alles funktionierte ideal. Anders als Benjamin erinnere ich die Jahre auf der Mentiqa-Schule als lebensrettend. Benjamin dagegen erinnert sich an Gefühle von Wut und Frustration. Für mich war die Schule ein Ort, an dem Benjamin er selber sein konnte, und zweifellos hat ihm die Zeit dort in vielerlei Hinsicht auch gut getan. Dort sah man, dass Benjamins Probleme nichts mit einer Krankheit wie ADHS oder Autismus zu tun haben. Glücklicherweise spielten diese Diagnosen von da an für Benjamins Leben keine Rolle mehr. Dank des Unterrichts, der auf seine Bedürfnisse zugeschnitten war, wurde eindeutig klar, dass es sich um Fehldiagnosen gehandelt hatte.

Bis heute besteht keinerlei Zweifel daran, dass diese Krankheitsbilder nicht auf Benjamin zutreffen. Er besucht jetzt die Abschlussklasse eines Gymnasiums, und im Grunde geht es ihm erst richtig gut, seitdem er diese gymnasiale Oberstufe erreicht hatte. Wenn ich ihn nach den Gründen frage, sagt er, dass er dort zum ersten Mal selber Einfluss darauf nehmen könne, was er lernen wolle.

Trotz allem ist Benjamin noch immer sehr verletzlich. Es ist schwer zu sagen, ob er von Geburt an so war, also ob dies Teil seiner Persönlichkeit ist und im Zusammenhang mit seiner hohen Intelligenz und seiner Fähigkeit, abstrakt zu denken, gesehen werden muss, oder ob die Erlebnisse während seiner Schulzeit ihn dazu gemacht haben. Wenn man Benjamin selber fragt, wird er antworten, dass die Schulzeit den größten Einfluss auf seine gefühlsmäßige Verfassung und seine mentale Gesundheit hatte. Erlebnisse hinterlassen auf Benjamin einen sehr starken Eindruck. Als die zweite Ausgabe dieses Buches vorbereitet wurde und wir von ihm erfahren wollten, wie er selber die Zeit seit Erscheinen der ersten Ausgabe erlebt hatte, dauerte es einen Monat, bis wir zu einem Bild gelangen konnten; wir konnten mit ihm darüber immer nur kurz sprechen, denn er wird jedes Mal wütend und traurig, wenn er an diese Jahre zurückdenkt.

Wenn man mich fragt, so glaube ich ebenso wie er, dass seine Erfahrungen mit Schulen einen großen Einfluss darauf hatten, dass er so empfindlich und verletzbar ist. Dennoch zweifle ich nicht daran, dass sowohl seine Intelligenz als auch seine Persönlichkeit ebenfalls ihren Anteil daran haben. Das mindert die Tragik seiner Erlebnisse in keiner Weise. Es ist einfach eine Tatsache, dass in jeder Schule viele empfindsame Kinder mit hoher Intelligenz sitzen. Dass sie von vornherein besonders verletzlich sind, macht es nur umso wichtiger, dass in Zukunft die Stärken und Schwächen dieser Kinder in den Blick genommen werden.

Benjamin hat ein sehr undiszipliniertes Arbeitsverhalten. Ihm fällt es furchtbar schwer, den täglichen Anforderungen gerecht zu werden: Hausaufgaben und freie Projektaufgaben abzuliefern, die an einem Gymnasium nun einmal gefordert werden. Er traut sich selber nicht viel zu und verliert schnell den Mut. Er hat sich angewöhnt, nur so »hoch zu springen«, wie er muss – so gelang es ihm beispielsweise mit einem minimalen Einsatz, Klassenbester in der 9. Klasse zu werden.

Lernen ist ihm immer leichtgefallen, doch das bedeutet auch, dass es ihm unendlich schwerfällt, damit umzugehen, wenn er eine

Aufgabe oder ein Thema nicht auf Anhieb versteht. Das schüchtert ihn ein, und er kommt dann nicht mit der Arbeit voran, weil er sich an Details »festbeißt«, die er nicht verstanden zu haben meint.

Benjamin geht es gut, aber er erlebt noch immer Höhen und Tiefen. Genau wie jeder 18-Jährige hat er manchmal Phasen, in denen er unter geringem Selbstwertgefühl und großer Unsicherheit leidet. Er interessiert sich für Mädchen und hätte gerne eine Freundin. Er denkt tiefgehend über Dinge nach und hat zuweilen sehr idealistische Ideen über die Gesellschaft und über Gerechtigkeit. Er geht zu Festen, trinkt Alkohol und ist manchmal bis spät in die Nacht hinein unterwegs – genau wie die meisten anderen Gymnasiasten. Kurz gesagt: Benjamin ist ein ganz normaler Teenager geworden.

Er unterscheidet sich jedoch noch immer von den anderen im Hinblick auf zwei Dinge: seine Verletzlichkeit und seine Lernfähigkeit. Ich wünschte mir, ich könnte Ersteres lindern, und ich hoffe, dass Benjamin mit der Zeit lernt, mit sich selber und seiner Verletzlichkeit zurechtzukommen. Die zweite Fähigkeit wird ihm hoffentlich einmal zugutekommen. Bis jetzt ist das nicht immer der Fall gewesen. Aber hoffentlich wird die gute Entwicklung, die sich trotz allem abzeichnet, weitergehen. Denn er hat jetzt eine Perspektive für sein weiteres Leben.

Was es bedeutet, »besondere Voraussetzungen« zu haben

Die kindliche Entwicklung und ihre Bedeutung

Um zu verstehen, wie wir Kinder »mit besonderen Voraussetzungen« und einem besonderen Potenzial am besten unterstützen, *müssen wir uns in ihre Situation hineinversetzen. Wir müssen verstehen, wie es ist, wenn die Entwicklung anders als bei Gleichaltrigen verläuft, welchen Effekt dies auf das Selbstwertgefühl und das Selbstvertrauen hat und wie sich dies alles auf das Bedürfnis, die eigenen Fähigkeiten zu zeigen, auswirkt.*

Wenn wir die Dynamik dieser Entwicklung verstehen, können wir besser entscheiden, welche pädagogischen Maßnahmen der Entwicklung der Kinder zugutekommen und wie die Entfaltung ihres Potenzials am besten unterstützt werden kann.

Wir müssen uns klarmachen, dass »Kinder mit besonderen Voraussetzungen« zwar eine Randgruppe sind, diese aber keinesfalls homogen ist. Die Variationsbreite im Hinblick auf individuelle Voraussetzungen und Potenzial ist bei ihnen noch größer als bei normal begabten Kindern. Dennoch gibt es in dieser Gruppe erkennbare generelle Charakteristika und Persönlichkeitsmerkmale.

Seit Jahrzehnten haben wir uns auf IQ-Werte aus unterschiedlichen Tests gestützt, um das Intelligenzpotenzial eines Kindes zu beurteilen. Doch die allgemeinen Voraussetzungen dafür, wie ein Kind lernt und wie sich Potenzial entwickelt, sind sehr viel komplexer, als es ein Test erfassen kann. Man hat inzwischen erkannt, dass Intelligenz facettenreicher ist. Auch die sozialen und kulturellen Einflüsse auf das Potenzial und die Entwicklung einer Person werden mittlerweile stärker berücksichtigt. Dazu gehört auch das Bewusstsein für das Sprichwort »Der Apfel fällt nicht weit vom Stamm«: Kinder von Eltern mit einem hohen Ausbildungsniveau werden mit großer Wahrscheinlichkeit in die Fußstapfen ihrer Eltern treten. Unterschwellig mag diese Einschätzung auch das Vorurteil gestärkt haben, »Kinder mit besonderen Voraussetzungen« kämen schon alleine zurecht, da sie ja aus wohlhabenden Familien stammen und diese ihnen die notwendige Unterstützung zukommen lassen könnten.

Der Entwicklungsstand eines Kindes kann Aufschluss über seine besonderen Voraussetzungen geben, da diese Kinder schneller in ihrer Entwicklung sind, und das in vielerlei Hinsicht. Oft verstehen sie bestimmte Sachverhalte schon viel früher als die meisten Gleichaltrigen, oder sie sind schneller in der Entwicklung eines bestimmten Verhaltens.

Darüber hinaus sind aber auch die Art und Weise, wie sie etwas tun, und die Qualität ihrer Leistungen ungewöhnlich. So führen sie etwa eine Aufgabe anders aus, als man es vielleicht gewohnt ist; sie versuchen neue, interessante Lösungswege zu entwickeln oder originelle Ideen und Aktivitäten umzusetzen, oder sie lösen eine Aufgabe auf eine sehr komplexe Weise.

Die Kreativität, die ihren Umgang mit Sprache ausmacht, ist, auch im Hinblick auf ihr Alter, überraschend und individuell. Ebenso fällt auf, dass sie auf eine besonders intensive Weise arbeiten und spielen. Oft haben sie stärker als andere Kinder den Wunsch, den Sinn einer Sache zu begreifen, und streben danach, Dinge besonders korrekt und perfekt auszuführen.

Kinder, die durch ihr Verhalten und ihre Leistungen als frühreif und aufgeweckt auffallen, sind letztlich nicht schwer zu identifizieren. Wir alle begegnen täglich Kindern mit außergewöhnlichem Potenzial, entweder in traditionellen akademischen Fachrichtungen oder in sportlichen, künstlerischen oder kreativen, und wir sind moralisch dazu verpflichtet, solche Begabungen zu erkennen und ihre Weiterentwicklung zu fördern. Eine Förderung sollte unabhängig davon stattfinden, welche Karrieren sich daraus ergeben mögen; auch was in einer Gesellschaft gerade gefragt ist oder als elitär betrachtet wird, darf die Förderzugänge nicht bestimmen. Unsere

Verpflichtung besteht darin, dem einzelnen Kind dabei zu helfen, sich individuell zu entfalten. Bei Kindern mit einer körperlichen Behinderung oder einer Sinnesbeeinträchtigung bedeutet das analog dazu, dass ihnen die Kompensationsmöglichkeiten, die es heute dank des technischen Fortschritts gibt, zugänglich gemacht werden.

Wissen ist nicht dasselbe wie Verstehen. Es besteht ein großer Unterschied zwischen Wissen und Verstehen: Du kannst eine Menge über etwas wissen, ohne es wirklich zu verstehen.

Charles F. Kettering

Kinder zu identifizieren, die zwar ein herausragendes Potenzial haben, es aber nicht in sichtbare Leistung umsetzen und möglicherweise auch keine hohen Werte in einem Intelligenztest erreichen, ist dagegen viel schwerer. Schulische Leistungen sind kein verlässlicher Indikator für das Potenzial eines Kindes. Das zeigen auch die Biographien herausragender Persönlichkeiten, beispielsweise von Albert Einstein oder Niels Bohr: Deren schulische Leistungen ließen nicht vorausahnen, dass sie einmal bahnbrechende Forschungsleistungen vollbringen würden. Es kann auch vorkommen, dass ein Kind das Interesse und die Motivation, etwas zu leisten, verloren hat; möglicherweise hat es auch entschieden, sich dem Durchschnitt anzupassen.

Mancher wird von erfahrenen Lehrkräften Bemerkungen darüber gehört haben, dass es schon immer clevere Kinder gegeben habe, die »problemlos unterrichtet werden konnten und bei Bedarf ein paar Extraaufgaben erhielten«. Oder dass »die tüchtigen Schüler gemeinsam in einer recht homogenen Gruppe zusammengefasst und unterrichtet werden konnten«. Das allerdings reicht nicht aus. In Wirklichkeit sind Kinder im Hinblick auf Fähigkeiten, Talente, Lernstile und Arbeitshaltung extrem unterschiedlich.

Unabhängig davon, welche Voraussetzungen ein Kind mitbringt, sollten wir immer unterscheiden, wie das Verhalten und die Leistungen eines Kindes gelagert sind und welche Persönlichkeitszüge das

Kind zeigt. Die Persönlichkeit jedes Menschen ist einzigartig; und obwohl die Entwicklung von »Kindern mit besonderen Voraussetzungen« anders verläuft und sich hieraus spezifische Bedürfnisse ergeben, haben sie dennoch zugleich auch Bedürfnisse wie alle anderen Kinder.

»Besondere Voraussetzungen« können sich auf unterschiedliche Weise äußern

Es gibt unter anderem:

- Schüler mit großem intellektuellem Potenzial. Sie zeichnen sich im schulischen Vergleich durch ein präzises Erinnerungsvermögen und Fähigkeiten im abstrakten Denken aus.
- Schüler mit Anlagen und Interessen für spezielle Fachgebiete, beispielsweise im mathematischen oder sprachlichen Bereich.
- Schüler mit ausgeprägten kreativen Fähigkeiten und Potenzialen beispielsweise in Musik und Kunst. Diese Schüler können für intuitiv Erfassbares sehr empfänglich sein und unterscheiden sich massiv von intellektuell begabten Kindern.
- Schüler mit besonderen Führungseigenschaften. Auch diese zeigen sich oft schon in einem frühen Alter. Diese Kinder strahlen Autorität aus und können sich in die Situation und die Bedürfnisse anderer hineinversetzen.
- Schüler mit besonderen sportlichen Begabungen. Sie können in intellektueller Hinsicht durchaus »besondere Voraussetzungen« zeigen, aber auch normal begabt sein. Für sie bestehen Förderangebote vor allem in Sportvereinen.

Es ist aus mehreren Gründen nicht einfach, »Kleinkinder mit besonderen Voraussetzungen« zu identifizieren:

- Kinder können in verschiedenen Bereichen »besondere Voraussetzungen« haben. In einigen Bereichen ist die Identifikation besonders schwierig, weil sich für das Kind noch zu wenige Möglichkeiten bieten, seine Begabungen zu aktivieren und zu entfalten. Daher kann beispielsweise ein sprachlich besonders begabtes Kleinkind leichter identifiziert werden als eines mit großer mathematischer oder kreativer Begabung.

- Das Verhalten eines Kleinkindes ändert sich oft markant unter dem Einfluss der Umgebung, so dass die Einschätzung seiner Fähigkeiten je nach Situation unterschiedlich ausfallen kann.
- Die genaue Kenntnis des Entwicklungsstandes eines Kindes, die eine gute Basis für die richtige Fürsorge und Gestaltung der Lernbedingungen ist, kann unbeabsichtigt dazu beitragen, dass wir dem Kind zu wenig zutrauen – mit dem Resultat, dass wir das Kind ungenügend unterstützen, ihm zu wenige Herausforderungen bieten und ihm somit nicht ausreichend Entfaltungsmöglichkeiten für seine besonderen Fähigkeiten bieten.
- Bei jüngeren Kindern können besondere Fähigkeiten und Fertigkeiten noch von einem unreifen sozialen und emotionalen Verhalten verdeckt sein. Es kann aber auch vorkommen, dass sie noch nicht im Stande sind, zielgerichtet zu lernen oder sich lange genug zu konzentrieren, so dass ihre Fähigkeiten nicht erkennbar werden.
- Talent begegnet man in den unterschiedlichsten Bereichen. Es besteht die Gefahr, dass man ein Talent auf einem Gebiet überbewertet und parallel dazu Talente in anderen Bereichen übersieht.

Mögliche Merkmale eines »Kleinkinds mit besonderen Voraussetzungen«

- Ist von früher Kindheit an bewusst und aufmerksam.
- Nimmt vieles wahr.
- Hat ein hohes Aktivitätsniveau.
- Hat möglicherweise einen geringen Schlafbedarf.
- Ist Gleichaltrigen in der Entwicklung voraus.
- Beobachtet genau.
- Ist extrem neugierig.

- Hat ein gutes Gedächtnis.
- Hat einen altersuntypisch großen Wortschatz.
- Lernt schnell.
- Kann abstrakt denken und schlussfolgern.
- Ist empfindsam.
- Ist perfektionistisch.
- Beschäftigt sich mit Puzzles, Zahlen etc., die für ältere Kinder gedacht sind.

Shirley Kokot

Frühe Entwicklungsphasen

Wie mittlerweile allgemein bekannt ist, wird die Selbstwahrnehmung eines Säuglings am besten dadurch unterstützt, dass auf seine Bedürfnisse einfühlsam reagiert wird (was nicht bedeutet, dass wir uns diesen Bedürfnissen sklavisch unterordnen sollen). Was das bedeutet, lässt sich bildlich damit umschreiben, dass ein klarer Spiegel besser reflektiert als ein schmutziger. Klare und deutliche Rückmeldungen helfen einem Kind also am besten dabei, sein »eigenes Ich« zu finden. Unabhängig davon, welche erblichen Einflüsse eine Rolle spielen und auf welche Weise die physischen und sozialen Einflüsse wirken, müssen wir uns bewusst machen, dass jedes Kind auf seine eigene individuelle Art reagiert und sich dadurch seine eigene, einzigartige Persönlichkeit formt.

Einige Kinder reagieren beispielsweise sehr empfindlich auf akustische oder physische Reize. Eltern können darauf eingehen und unnötigen Stress von ihren Kindern fernhalten. Manche Eltern reagieren auch frustriert oder angespannt darauf, wenn Säuglinge unerwartete Bedürfnisse zeigen. Die Reaktion der Eltern in solchen Situationen kann später Einfluss auf das Verhalten des Kindes und seine Beziehungen zu anderen Menschen haben. Lernen findet durch Erfahrungen statt. Die Art und Weise, wie mit Kindern in den ersten Lebensjahren umgegangen wird, legt das Fundament für ihre spätere Entwicklung.

Vom Tag der Geburt an nehmen Babys ihre Umgebung mit allen Sinnen wahr. Später, wenn sie gelernt haben, sich zu bewegen, entdecken sie spielerisch die Welt. Sie entwickeln ihre Sprache im Zusammenspiel mit den Erwachsenen. Wenn ein Kind eine neue Fertigkeit beherrscht, ist es darüber nicht nur glücklich und stolz, sondern es nimmt auch sehr aufmerksam wahr, wie sein Umfeld darauf reagiert.

»Kinder mit besonderen Voraussetzungen« können überraschend viel Energie dafür aufbringen, alles genau zu untersuchen, und sie sind permanent auf Entdeckungstour. Das kann für Eltern und andere Bezugspersonen anstrengend sein. Für diese Kinder kann es frustrierend sein, die eigenen Grenzen zu spüren: Vieles, was sie gerne tun würden, können sie noch nicht. Hier ist von Seiten der Eltern Erfindungsreichtum und eine gute Portion Humor gefragt, denn sie müssen auch damit umgehen, dass ihren Kindern in diesem Alter mit logischen Argumenten und Erklärungen noch nicht geholfen ist. Der Gedankengang der Kinder ist einfach. Daher brauchen sie die umsichtige Fürsorge der Erwachsenen, um in diesem sicheren Rahmen selbständig auf Entdeckungstour gehen zu können.

Je mehr Energie und Potenzial ein Kind zeigt, desto mehr Frustrationen können entstehen, sowohl für das Kind als auch für die Eltern. Um mit dieser Situation umgehen zu lernen und die wechselseitigen Erwartungen zu justieren, können Spiele hilfreich sein. Spielerisch kann geübt werden, Grenzen respektieren zu lernen und auf angemessene Weise Gefühle, sowohl fröhliche als auch zornige, zu äußern.

Die Art und Weise, wie erwachsene Bezugspersonen mit der Neugier und der Experimentierfreude eines Kindes umgehen, hat einen großen Einfluss darauf, wie ein Kind später lernen und wie es mit anderen Menschen umgehen wird.

Die motorische Entwicklung

Fein- und Grobmotorik entwickeln sich gewöhnlich in alterstypischen Etappen. Ein Kind kann aber in seiner kognitiven Entwicklung schneller sein als in seiner motorischen. Dies kann die Motivation für Aufgaben wie Schönschreiben beeinflussen. Wenn das Schreiben als irritierend oder belanglos empfunden wird, fällt es dem Kind möglicherweise schwer, seine Aufmerksamkeit darauf zu richten. Manchen Kindern gelingt es, sehr langsam zu schreiben und auf diese Weise ein gutes Resultat zu erzielen, andere dagegen arbeiten schnell und nachlässig, um die Aufgabe hinter sich zu bringen und sich etwas Interessanterem widmen zu können.

Für jüngere Kinder gibt es viele Möglichkeiten, Handmuskeln und Motorik zu trainieren. Vielleicht haben sie Freude daran, sich auf künstlerische Weise zu beschäftigen, beispielsweise mit Lehm, Holz oder anderen Materialien zu arbeiten oder mit Fingerfarben zu malen. Manche haben auch eine Zeitlang an rein kalligraphischen Aufgaben Freude. In jedem Fall ist es sinnvoll dort anzuknüpfen, wo das Kind Interesse, Motivation und Engagement zeigt, um ihm Möglichkeiten zu bieten, sich weiterzuentwickeln. Aufgaben, die das notwendige Grundtraining betreffen, können immer wieder zielgerichtet eingebaut werden, so dass die Kinder sich auch diese Fertigkeiten aneignen.

Die unterschiedlichen kindlichen Entwicklungsstufen

»Kindern mit besonderen Voraussetzungen« können sich auf jeder Entwicklungsstufe zusätzliche Herausforderungen stellen. Im Vorschulalter geht es darum, dass sie zu einem positiven Selbstwertgefühl finden und allgemein ein Empfinden dafür entwickeln, wer sie sind. In den ersten Schuljahren fangen Kinder an zu begreifen, dass es unterschiedliche Arten gibt, tüchtig zu sein. Kinder müssen lernen, andere mit ihren Stärken und Schwächen zu respektieren. Auch wenn »Kinder mit besonderen Voraussetzungen« Gleichgesinnte brauchen, mit denen sie sich vergleichen können und mit denen sie sich austauschen können, ist es dennoch wichtig, dass sie lernen, auch mit Gleichaltrigen zurechtzukommen.

In jeder Entwicklungsphase besteht das Risiko, dass »Kinder mit besonderen Voraussetzungen« Interesse und Motivation und damit ihren natürlichen Lerneifer verlieren. Nicht zuletzt deshalb ist es wichtig, dass sie in ihrer frühen Kindheit den Glauben an sich selbst entwickeln. Auf dieser Grundlage können sie Selbstkontrolle und Selbststeuerung entwickeln, die ihnen weiterhelfen, falls sie Reaktionen, die sie von außen erhalten, als demotivierend empfinden.

Die Motivation eines Kindes kann dadurch gestärkt werden, dass Erwachsene sich für die Aktivitäten des Kindes interessieren und engagieren. Kinder sind in hohem Maße abhängig vom Feedback der Erwachsenen, ob diese nun reflektierend oder auch verwundert reagieren. Für sie ist es elementar wichtig, dass sie sich im Zusammenspiel mit Erwachsenen als wichtige Partner erleben.

Schulkinder in der Mittelstufe müssen verschiedene Ideale in eine Balance zueinander bringen: den Glauben an sich selbst, das Bedürfnis, ihren Wissensdurst zu stillen, den Versuch, von ihren Schulkameraden akzeptiert zu werden und Freundschaften zu schließen. In dieser Entwicklungsphase nimmt die Fähigkeit zu, eigene Entscheidungen zu treffen und sich selber zu steuern. Mehr und mehr spielen hierbei auch die eigenen Wertevorstellungen der Jugendlichen eine Rolle. Im Teenageralter werden die Grenzen der Werte, die die Heranwachsenden für sich gewählt haben, ausgetestet: Sie werden selbständiger und beurteilen kritisch, wann sie es für sich akzeptabel finden, von außen vorgegebenen Richtlinien zu folgen. Zudem werden sie sich ihrer eigenen Verantwortung für die Gestaltung ihrer Zukunft bewusster. Sie beginnen, eigene Stärken und Schwächen einzuschätzen, und erkennen, dass sie selber dafür verantwortlich sind, wie ihr Talent wahrgenommen wird. Gleichzeitig ist es ihnen wichtig, mit ihren Schulkameraden sozial zufriedenstellende Kontakte zu erleben.

Asynchrone Entwicklung

Mehrere Wissenschaftler haben sich mit der *asynchronen Entwicklung* auseinandergesetzt; zu ihnen gehört auch die klinische Psychologin Linda Kreger Silverman (1991, 2012). Sie stellte fest, dass hohe Begabung oft gleichzeitig mit Verhaltensweisen verbunden ist, die eher auf Entwicklungsrückstände im Sozialen hinzudeuten scheinen. Die überdurchschnittlichen intellektuellen Fähigkeiten und eine hohe Intensität wirken zusammen und führen zu einer erhöhten Wahrnehmungsfähigkeit und zu Wahrnehmungen, die sich in ihrer Qualität von der Norm abheben. Entwicklungsasynchronien sind umso stärker ausgebildet, je ausgeprägter die intellektuelle Kapazität ist. Gerade dieses Phänomen macht Hochbegabte in emotionaler Hinsicht verletzlich. Aus diesem Grund benötigen sie besondere Rücksichtnahme, Unterstützung und Aufmerksamkeit von Seiten der Eltern und aller anderen, von denen sie in irgendeiner Hinsicht unterrichtet werden.

Stephanie Tolan (»Columbus Group«, 1991) beschäftigt sich ebenfalls mit der asynchronen Entwicklung. Sie legt Wert auf die Unterscheidung zwischen der inneren Wirklichkeit eines Kindes und dessen Leistungen, da die innere Wirklichkeit sich nicht zwangsläufig als Leistung äußert. Leistung ist wesentlich auch von äußeren Umständen abhängig.

Typisch für Kinder im Vorschulalter ist, dass sich Entwicklungsunterschiede in ihrer physischen, intellektuellen, sozialen und emotionalen Entwicklung ausgleichen und eine Form der Synchronisierung stattzufinden scheint. In dem Maße, in dem die körperliche Entwicklung, beispielsweise die motorische Koordinationsfähigkeit, voranschreitet, eröffnen sich weitere Möglichkeiten, Neues auszuprobieren und weitere praktische, intellektuelle sowie soziale und emotionale Erfahrungen zu sammeln. Damit steigt dann das Risiko, Stresssituationen zu erleben und aus dem Gleichgewicht zu geraten. Das trifft im besonderen Maße auf Kinder zu, deren Entwicklungsphasen anders als beim Durchschnitt verlaufen.

Kinder lernen aus jedem Kontakt mit ihrer Umwelt auch etwas über sich selber. Sie reflektieren das Erlebte und beurteilen sich selber dann als tüchtig, dumm, lieb, gut, schlecht etc. Auf diese Weise kann das Kind sich auch eine Meinung dazu bilden, was allgemein als normal und was als »anders« gilt. Schlechte Erfahrungen können dazu führen, dass ein Kind sich zurückzieht oder auch dazu übergeht, negative Aufmerksamkeit auf sich zu ziehen. »Kinder mit besonderen Voraussetzungen« sind nicht zwangsläufig unreifer als Gleichaltrige, aber die Frustration über die Folgen der asynchronen Entwicklung und das Gefühl, anders zu sein und nicht dazuzugehören, können so intensiv sein, dass ihre Reaktionen als unreif erscheinen. Letztlich beruhen diese Reaktionen also auf einer gesunden Reaktion des Frustriertseins und oft auch auf Traurigkeit über das Gefühl von Isolation.

Nicht wenige Kinder mit großem intellektuellem Potenzial erleben ein Ungleichgewicht in ihrer Persönlichkeitsentwicklung, das eine ungünstige Entwicklung des Sozialverhaltens nach sich ziehen kann; die Kinder grenzen sich dann mehr und mehr von den Gleichaltrigen ab, weil sie merken, dass diese ihre Interessen nicht teilen und ihre Reaktionen nicht verstehen. Auf der Suche nach einem passenden Gegenüber suchen sie vielleicht den Kontakt zu älteren Kindern und Erwachsenen, doch auch hierdurch kann das Gefühl von Einsamkeit und Nichtdazugehören weiter verstärkt werden. Dies kann das Selbstbild weiter prägen. Die meisten Kinder zeigen asynchrone Entwicklungen auf mindestens einem Gebiet. Kurz: »Kinder mit besonderen Voraussetzungen« sind keine Miniatur-Erwachsenen, sondern Kinder, deren Fähigkeiten auf den unterschiedlichen Gebieten unterschiedlich stark entwickelt sind.

Die Interaktion mit anderen

Je jünger ein »Kind mit besonderen Voraussetzungen« ist, desto mehr Zuwendung und Schutz braucht es. Das gilt nicht zuletzt für die Kinder, die sich aufgrund ihrer Neugierde und ihres Engagements voranwagen, denn sie stoßen damit leicht auf Missbilligung und Ablehnung. Viele fühlen sich verwirrt, weil sie ihrerseits den Eindruck haben, dass die Reaktionen und Gefühle, die ihnen entgegengebracht werden, mit dem eigenen Entdeckerdrang nicht zusammenpassen. Ebenso können sich Kinder, die für ihre eben erst erworbenen, herausragenden Fähigkeiten sehr früh bewundert werden, als etwas Besonderes wahrnehmen. Aber auch dies kann dazu führen, dass ein Kind sich als unnormal einschätzt und sich damit das Gefühl von Einsamkeit verstärkt. Die meisten Kinder schätzen Lob und positive Kommentare. Kinder werden ermuntert, anderen zu zeigen, was sie können, und ernten Anerkennung für ihre Leistungen. Doch sogar dies kann das Gefühl von Isolation und Entfremdung verstärken. Es ist bekannt, dass Kinder, die früh als hochbegabt identifiziert worden sind, später im Leben darunter leiden, wenn ihrer Begabungen gewissermaßen vorgeführt wurden.

Das heißt nicht, dass man Talent bei Kindern vernachlässigen oder bewusst darüber hinwegsehen sollte. Es geht viel eher darum, dass die Fähigkeiten eines Kindes in die Wertschätzung der Gesamtpersönlichkeit eingehen sollten. Ein Kind sollte für das respektiert werden, wer er oder sie ist, nicht nur dafür, wie seine Leistungen im Vergleich zu denen anderer Kinder ausfallen. Nur eine gesunde Konkurrenz innerhalb fester Grenzen kann auf positive Weise fördern und motivieren. Anstatt aus falsch verstandener Rücksichtnahme gegenüber anderen die besonderen Fähigkeiten eines Kindes zu verstecken, können Eltern die Familie, Freunde und Lehrkräfte ermuntern, die Stärken des Kindes anzuerkennen. Seine besonderen Talente sollten parallel zu allen anderen Eigenschaften akzeptiert und stimuliert werden.

Kinder sollten die Gelegenheit haben, ihre Gefühle und ihre Beziehungen zu anderen zu entwickeln. Sie sollen auch stolz darauf sein und Freude daran haben, dass sie auf speziellen Gebieten besondere Begabungen haben. Kinder sollten jedoch nicht allein wegen ihrer Talente Liebe und Wertschätzung erleben.

»Das Wichtigste, was die Welt einem intelligenten Kind geben kann, ist, es sowohl als Mensch als auch als eine intellektuelle Kapazität willkommen zu heißen. Während das ein Bedürfnis ist, das alle Kinder haben, nimmt das intelligente Kind Schaden, wenn Letzteres außer Acht gelassen wird« (Vail, 1979).

Die meisten Kinder suchen, je älter sie werden, immer mehr Kontakt zu Gleichaltrigen. Außerdem bieten sich interessierten älteren Kindern mehr Möglichkeiten, ihre Interessen auszuleben. »Kinder mit besonderen Voraussetzungen« sind Gleichaltrigen auf spezifischen intellektuellen Gebieten voraus und können sich daher schnell bei Spielen oder Aktivitäten mit anderen langweilen. Zudem tendieren manche von ihnen dazu, die Rolle des Anführers zu übernehmen und beispielsweise über den Spielablauf oder die Spielregeln zu bestimmen. Sie tun dies nicht etwa deshalb, weil sie die anderen Kinder oder die Spielregeln nicht verstehen, sondern weil es ihnen schwerfällt, sich auf den Rhythmus des Spiels einzulassen, den die anderen Kinder wiederum schätzen. Für sie sind daher gleichgesinnte Spielkameraden (gleich welchen Alters) wichtig, um soziale Kompetenzen zu trainieren und zu entwickeln.

In emotionaler Hinsicht sind intelligente Kinder nicht zwangsläufig reifer. Sie sind meist ihrem physischen Alter und dem entsprechenden neurologischen Entwicklungsstand gemäß entwickelt. Sie reagieren daher nicht überlegener als Gleichaltrige, wenn sie in Konfliktsituationen frustriert sind.

Wenn sie nicht nachvollziehen können, aus welchen Gründen ihre Reaktionen von den anderen Kindern nicht verstanden werden, meinen sie, ihre Spielkameraden seien dumm. Diese wiederum ziehen sich daraufhin von ihnen zurück und arbeiten daran, den Unruhestifter aus der Gruppe auszuschließen. Auch Kontakte zu älteren Kindern bieten keine Garantien für eine soziale Integration. Das soziale Vakuum, das für die Kinder entstehen kann, muss also gefüllt werden. Intellektuelle Herausforderungen erscheinen dann umso notwendiger, sei es in Form von Material oder von Aktivitäten. Doch damit wird wiederum die Abhängigkeit der Kinder von der Anerkennung und Akzeptanz der Erwachsenen vergrößert.

Die Rolle der Eltern und anderer Bezugspersonen

Zur Verantwortung, die Eltern und Betreuer gegenüber einem Kind haben, gehört, es zu einem aktiven und engagierten Mitglied der Gesellschaft zu erziehen. Gleichzeitig müssen die individuellen Interessen des Kindes entwickelt werden. Im Hinblick auf beide Bereiche ist es, wie dargestellt, hilfreich, Kontakte zu gleichgesinnten und ebenbürtigen Kinder zu fördern. Das ist natürlich nicht immer einfach, und daher nehmen viele Eltern zu diesem Zweck Kontakt zu Elternorganisationen wie »Gifted Children Danmark« auf bzw. kontaktieren die »Deutsche Gesellschaft für das hochbegabte Kind« (www.giftedchildren.dk, www.dghk.de).

Für Eltern kann es beispielsweise eine Herausforderung sein, ein Kind zu beruhigen, das mit intensiven Angstgefühlen zu kämpfen hat. Unsere Aufgabe als Erwachsene besteht dann darin, ihnen zu vermitteln, wie sie ihre Gefühle steuern können.

Kinder fühlen sich sicherer, wenn die Grenzen, die ihnen gesetzt werden, stabil und verlässlich sind. Es ist etwas ganz Gewöhnliches, dass gerade intellektuell weit entwickelte Kinder in der frühen Kindheit phasenweise unter großer Unsicherheit leiden. Ihre Frustration und ihre Schwierigkeiten werden stärker, wenn sie merken, dass auch ihre Eltern verunsichert sind und keine klare Vorstellung davon haben, wie sie mit einer gegebenen Situation umgehen sollen. Gerade dann, wenn die Kinder sich unsicher fühlen, brauchen sie eine einfühlsame, ruhige und bestimmte Führung. Daher ist es wichtig, dass Eltern sich selber im Klaren darüber sind, was sie für richtig halten, was wann und wo passieren soll; sie müssen konsequent sein und einmal getroffene Entscheidungen zu Ende führen.

Es ist tatsächlich so, dass die Unterstützung mancher »Kinder mit besonderen Voraussetzungen« hohe Anforderungen an die Erfindungsgabe, Energie und Geduld ihrer Eltern stellen. Dabei sollte man als Eltern nicht aus dem Blick verlieren, welche wunderbaren Situationen sich ergeben, wenn sie zusammen mit ihrem Kind auf Entdeckungstour gehen und an den Lernsituationen Anteil nehmen können, die das Kind erlebt.

Eltern müssen damit umgehen, dass ihr Kind Einspruch erhebt und eine andere Meinung vertritt. Es sollte Raum dafür gelassen werden, dass ein Kind eigene Wünsche hat. Regeln können auch einmal ausgesetzt werden, ohne dass deshalb sofort Chaos droht; das ist selten der Fall. Es gibt kaum etwas Schlimmeres für das Selbstwertgefühl eines Kindes, als zu Aktivitäten gezwungen zu werden, die es ablehnt. Unabhängig davon, ob die Kinder sich anpassen oder still leiden, ob sie sich unruhig, laut oder provozierend verhalten, es hat Konsequenzen für ihr Selbstverständnis und ihr Selbstwertgefühl. Beispielsweise kann es als belastend empfunden werden, in der Schule zu einer Gruppenarbeit mit anderen Kindern gezwungen zu werden, zu denen ein gravierender Unterschied im fachlichen Niveau besteht. Die Kinder ziehen es eventuell vor, alleine zu arbeiten, sich gründlich und tiefschürfend mit der gestellten Aufgabe zu beschäftigen, ein Buch zu lesen oder etwas anderes zu erarbeiten, das die Leistungen der anderen sinnvoll ergänzt. So kann vermieden werden, dass intelligente Kinder in Situationen gebracht werden, in denen ihre Reaktionen von Mitschülern als unpassend empfunden werden.

Zwei schwierige Phasen

Die zwei schwierigen Phasen in der kindlichen Entwicklung sind das Vorschulalter, wenn die Kinder noch nicht ganz verstehen, dass sie anders sind und was genau eigentlich schiefläuft, und das Teenageralter, in dem der Wunsch, wie alle anderen zu sein und sich in die aktuelle Jugendkultur einzufügen, für Spannungen sorgt.

Manche Probleme, die in diesen Phasen auftreten können, werden durch die asynchrone Entwicklung verstärkt, bei der eine altersentsprechende emotionale Reife mit dem frühreifen intellektuellen Niveau zusammentrifft. Erwachsenen kann es leicht passieren, dass sie höhere Anforderungen und Erwartungen stellen und das Kind unnötig für sein Verhalten kritisieren. Wenn Kinder nicht wie Kinder reagieren dürfen, kann es sein, dass sie sich später als Erwachsene auf unpassende Weise kindlich aufführen.

Anzeichen für Entwicklungsvorsprünge bei jüngeren Kindern

Kognitive Fertigkeiten (Denken)

Kinder mit besonderen kognitiven Fähigkeiten zeigen möglicherweise einige der folgenden Merkmale:

- Erreichen frühzeitig Meilensteine der Entwicklung (mindestens ein Drittel vor der Zeit).
- Lernen schnell.
- Beobachten eifrig die Umgebung.
- Sorgen dafür, dass sie Anregungen erhalten.
- Zeigen ein exaktes Erinnerungsvermögen.
- Können Fertigkeiten oder Informationen über einen längeren Zeitraum hinweg erinnern.
- Haben ein tiefergehendes Wissen als andere Kinder.
- Verstehen abstrakte Begriffe (wie zum Beispiel Tod oder Zeit).

Theoretisch-intellektuelle Fertigkeiten

Kinder, die besondere intellektuelle Fähigkeiten haben, können möglicherweise folgende Merkmale zeigen:

- Gehen mit dem Lesen und Schreiben sowie mit Zahlen um wie ältere Kinder.
- Können andere Wörter als ihren Namen schreiben, ehe sie zur Schule kommen.
- Zeigen früh ein Interesse für Bücher und Filme, die sich eigentlich an ältere Kinder wenden – mit dem Risiko, dass die Themen sie ängstigen und belasten.

Lernstile

Viele »Kinder mit besonderen Voraussetzungen« zeigen nicht nur bessere Leistungen als der Altersdurchschnitt, sie gehen Aufgaben auch auf eine intellektuell weiter fortgeschrittene und anspruchsvollere Art und Weise an. Je nachdem wie stark eine Aufgabe sie fordert, können sie phasenweise erschöpft oder enttäuscht wirken.

Dennoch zeigen sie im Gesamteindruck:

- Aufgewecktheit
- Reaktion auf neue Stimuli
- Effizienz und Tempo in der Umsetzung neuer Informationen
- Bereitwilligkeit zum Reflektieren bei anspruchsvollen Aufgaben
- Vorliebe für Herausforderungen und Komplexität
- Offenheit gegenüber neuen Ideen und Erfahrungen
- Motivation und Neugierde im Prozess des Verstehens
- vielseitige Interessen
- intensive Fokussierung auf ein Interessengebiet bzw. die Fähigkeit, tief in ein Thema einzutauchen, um ein umfassendes Verständnis zu erzielen
- ausdauernde Konzentration bei herausfordernden und interessanten Themen (Das Kind wird aber von einem Thema zum nächsten springen wollen, wenn das erste nicht anspruchsvoll genug ist.)
- frühzeitiger Gebrauch von metakognitiven Fertigkeiten, um den eigenen Denkprozess zu steuern
- innere Kontrolle
- Selbstständigkeit im Arbeiten bei herausfordernden, nicht routinemäßigen Aufgaben
- Bereitwilligkeit, Risiken einzugehen
- Ausdauer, Hindernissen zum Trotz
- Offenheit und Gelassenheit, wenn Aussagen mehrdeutig sind

Kreativer Denkstil

Der Lernstil von intellektuell und kreativ begabten Kindern mag, wenn sie in dem Bereich arbeiten, in dem ihre Begabungen angesiedelt sind, einige der folgenden Merkmale aufweisen:

- Vorstellungsvermögen
- Kreativität bei der Lösung von Problemen
- Gebrauch von Intuition
- Fähigkeit, mit mehreren verschiedenen Ideen gleichzeitig zu arbeiten
- Flexibilität sowohl im Hinblick auf die Qualität der Idee als auch darauf, den Lernstil an die Art der Aufgabe anzupassen
- nicht traditionell zu denken und dabei Grenzen zu ignorieren

Auditiver Stil

Der Lernstil von intellektuell begabten Kindern, die durch Zuhören lernen und Dinge systematisch erfassen, zeigt oft folgende Charakteristika:

- Der Lernprozess geht schrittweise voran, die Ideen werden in eine Reihenfolge gebracht.
- Es findet analytisches Denken statt: Sachverhalte und Probleme werden in ihre Einzelteile zerlegt.
- Details werden wahrgenommen.
- Verbale Aufgabenstellungen werden gut umgesetzt.
- Arbeitsschritte werden in einer logischen Reihenfolge durchgeführt.
- Logisches Denken spielt eine zentrale Rolle.
- Erfolgreiches Organisieren und Planen sind erkennbar.
- Verhalten ist weniger impulsiv als das von Gleichaltrigen.
- Zusammenhänge zwischen Ursache und Wirkung werden erkannt.
- Wiederholungen werden gebraucht, um etwas zu memorieren.
- Bei Schulbeginn sind die Zensuren in allen Fächern relativ einheitlich.

Visuell-räumlicher (oder holistischer) Lernstil

Bei Kindern, die visuell lernen, sind besondere Fähigkeiten zumeist nicht auf Anhieb erkennbar, dennoch gibt es typische Merkmale:

- Konzepte werden in ihrer Gesamtheit erfasst.
- Sachverhalte werden mit einem Blick erfasst und gelernt.
- Ideen können zu einem Konzept zusammengeführt werden.
- Die großen Linien, weniger die Details, werden erfasst.
- Intuition spielt eine Rolle im Lernprozess.
- Sie organisieren Dinge und gestalten Situationen auf eine sehr individuelle Weise.
- Sie profitieren nicht besonders von Wiederholungen und Training.
- Zensuren fallen in den verschiedenen Schulfächern sehr unterschiedlich aus.

Sprachlicher Ausdruck und sprachliche Fähigkeiten

Intellektuell hochbegabte Kinder mit großen verbalen Fähigkeiten zeigen oft folgende Merkmale:

- Sie entwickeln früh ein Verständnis für Sprache.
- Der Wortschatz ist groß, der Satzbau ist grammatisch korrekt und die Artikulation ist klar.
- Metaphern und Analogien werden verwendet.
- Kleine Geschichte und Lieder können aus dem Stehgreif erfunden werden.
- Sie sind in der Lage, ihre Ausdrucksweise an das Niveau ihres Gesprächspartners anzupassen und sich beispielsweise auf die Bedürfnisse jüngerer Kinder einzustellen.
- Sie haben einen raffinierten und differenzierten Sinn für Humor.

Motorische Fähigkeiten

Die feinmotorischen Fähigkeiten vieler intellektuell hochbegabter Kinder liegen weit hinter ihrem intellektuellen Niveau zurück. Die Kinder, deren motorische Fähigkeiten gut entwickelt sind, können folgende Merkmale aufweisen:

- Die motorischen Fähigkeiten sind früh entwickelt, insbesondere solche, die über das Denken kontrolliert werden, zum Beispiel die Balance.
- Sie sind in der Lage, den eigenen Körper im Raum wahrzunehmen.
- Links und rechts können früh auseinandergehalten werden.
- Es fällt ihnen leicht, neue und schwierige Puzzles zu spielen.
- Sie können interessante Formen und Muster gestalten.
- Sie sind in der Lage, Dinge auseinanderzunehmen und wieder zusammenzusetzen.
- Fähigkeiten zum Malen und Zeichnen sind früh erkennbar, ebenso ist die Handschrift weit entwickelt.
- Sie haben ein hohes physisches Energieniveau.

Künstlerischer Ausdruck

Obwohl die meisten Kleinkinder noch nicht an Kunst im engeren Sinne herangeführt worden sind und deshalb ein spezifisches künstlerisches Talent auch noch nicht erkannt werden kann, können frühe Anzeichen für instinktive künstlerische Fähigkeiten beobachtet werden:

- Sie verfügen über ein außerordentlich gutes visuelles Gedächtnis.
- Sie erfinden fiktive Freunde, mit denen sie in ihrer Fantasie spielen.
- Sie geben Puppen und Stofftieren Charaktereigenschaften und erfinden detaillierte Rollenspiele.
- Sie lieben Theater und Rollenspiele und übernehmen in ihren Spielen selber eine bestimmte Rolle.
- Sie sind sehr gut im Zeichnen, Malen oder in anderen kreativen, künstlerischen Aktivitäten.

Musikalische Fähigkeiten

Musikalische Fähigkeiten gehören zu denen, die am frühesten (schon bei Einjährigen) erkennbar werden, obgleich die Entfaltung des musikalischen Talents in diesem Alter durch die motorischen Fähigkeiten noch eingeschränkt ist:

- Sie sind von musikalischen Klängen begeistert.
- Sie lieben und verstehen Musik, unabhängig davon, ob ein Zugang zum aktiven Musizieren besteht.
- Sie sind sensibel für musikalische Strukturen – Töne, Notation, Harmonien und Rhythmen.
- Sie schätzen musikalische Ausdrucksmöglichkeiten: Klangfarben, Tonhöhen, Artikulation, Phrasierungen.
- Sie haben ein gutes musikalisches Gedächtnis, das es ihnen ermöglicht, sich an Tonfolgen zu erinnern und sie später entweder zu singen oder auf einem Instrument wiederzugeben.

Soziale Eigenschaften

Intellektuell oder sprachlich begabte Kinder haben typischerweise besonders gut entwickelte soziale Eigenschaften und zeigen einige der folgenden Merkmale:

- Sie bringen ein hohes Maß an Empathie für andere auf.
- Sie sind wenig egozentrisch und können erkennen, welche Ursachen die Gefühlen anderer beeinflussen.
- Sie sind früh in der Lage, Spielregeln zu verstehen.
- Sie schließen früh intensive Freundschaften.
- Sie ziehen sich zurück, wenn es keine intellektuell Gleichgesinnten gibt.
- Sie werden von anderen Kindern wegen ihrer Ideen und ihrem Sinn für Fairplay gerne zum Spielen aufgefordert.
- Sie besitzen Führungseigenschaften.
- Sie sind früh in der Lage, moralisch zu denken und zu beurteilen.
- Sie fühlen sich früh von sozialen Themen und Problemen angesprochen, bei denen Ungerechtigkeiten eine Rolle spielen.

Cecilies Geschichte

Schon viele Jahre bevor ich Mutter wurde, hatte ich mir Gedanken darüber gemacht, wie es wohl meinen späteren Kindern ergehen werde. Ich selber wurde während meines ersten Schuljahres in die zweite Klasse versetzt und daraufhin den Rest meiner Schulzeit gemobbt. Dass ich intellektuell besonders begabt bin, bedeutete nicht, dass ich auch sozial kompetent war. Ich war eine Einzelgängerin und blieb, was die Reife anging, weit hinter meinen Klassenkameraden zurück. Zum Glück kam ich in den letzten drei Jahren im Gymnasium in eine Klasse, die sehr nett und offen war. Das half mir, auf dem Gebiet der sozialen Kompetenzen vieles nachzuholen, was ich als Kind nicht hatte lernen können.

Bis zur 10. Klasse, also in der Grundschulzeit und dann in der Gemeinschaftsschule, habe ich mich in der Schule fehl am Platze gefühlt. Ich langweilte mich, vor allem im Dänischunterricht, dem Fach, in dem ich am besten war. »Kluge Kinder langweilen sich nie«, war die Antwort meiner Lehrer und des Schulleiters, wenn meine Eltern versuchten, dieses Problem zu besprechen. Zu Hause langweilte ich mich nie, denn dort durfte ich mich schon im Vorschulalter mit Adam Oehlenschlägers Tragödien beschäftigen. Aber in der Schule musste ich in fast allen Stunden auf die anderen warten und langweilte mich täglich. Wie würde sich ein Erwachsener fühlen, der drei Monate lang einen Kurs besuchen muss, obwohl er das Kursprogramm schon innerhalb von drei Tagen gelesen und verstanden hat? Würde man da nicht protestieren?! Ehrlich gesagt, ich glaube, dass die meisten Erwachsenen schreiend weglaufen und sich einen anderen Arbeitsplatz suchen würden. Aber ein Kind darf von seinem Arbeitsplatz nicht weglaufen. Es bleibt ihm nichts anderes übrig als zu schwänzen, zu protestieren, sich zu behaupten – oder aber sein Können zu verbergen, den Widerstand aufzugeben und sich in aller Stille und Einsamkeit neun Jahre oder länger zu langweilen …

Die Schulwahl

Als wir wussten, dass wir ein Kind bekommen würden, fing ich an, mich nach guten Privatschulen im Raum Kopenhagen umzusehen. Mein Kind sollte auf eine Schule kommen, in der es individualisierten Unterricht gibt. Eine Schule, die von vornherein gewährleisten kann, dass sie ein Angebot speziell für hochbegabte Kinder hat. Nicht deshalb, weil ich davon überzeugt war, dass mein Kind hochbegabt sein würde. Aber die Wartelisten an den guten Schulen sind in Kopenhagen lang. Und da Hochbegabung zu einem gewissen Anteil erblich ist und ich den Eindruck hatte, dass wir beide, mein Mann und ich, in diesem Bereich lägen, wollte ich mich im Voraus absichern. Obwohl Cecilie also noch jung war, als wir sie anmelden wollten, war sie letztendlich doch nicht jung genug: Wir hätten sie direkt anmelden sollen, als wir nach der Geburt nach Hause kamen.

Natürlich kann man fragen, warum wir uns gegen die öffentlichen Schulen entschieden. Hierüber waren wir uns zunächst nicht einig gewesen. Mir scheint, dass die meisten öffentlichen Schulen sich ihrer Verantwortung für hochbegabte Kinder nicht bewusst sind. Cecilies Vater dagegen war dafür, dass sie eine öffentliche Schule besuchen sollte. Aber als sie heranwuchs, waren wir beide überzeugt davon, dass sie nicht in eine große, laute Schulklasse passe. Sie ist geräuschempfindlich. Sie hat einen ausgeprägten Gerechtigkeitssinn und nimmt es sich ebenso sehr zu Herzen, wenn andere gemobbt werden, wie wenn es sie selber träfe. Sie ist unheimlich aufgeweckt, gleichzeitig aber auch sehr unreif. Etwas altklug. Und es fällt ihr schwer, mit Gleichaltrigen zu spielen. Sie ist nachgiebig, freundlich und tendiert dazu, die Probleme der ganzen Welt auf ihr Schultern zu laden. Weder mein Mann noch ich können es uns vorstellen, dass sie in einer lauten Klasse mit problematischen Schülern zurechtkommen würde. Sie ist nachdenklich und empfindsam, beides schöne Eigenschaften, die es aber leider leicht machen, sie zu ärgern. Zudem hat sie einen ausgeprägten Sinn für Humor, den Gleichaltrige in der Regel nicht teilen. Nicht viele Fünfjährige verstehen Ironie. Und auch viele Lehrer können mit Cecilies Erwachsenenhumor nicht umgehen.

Cecilie als Säugling

Cecilie war – und ist – hübsch, aufgeweckt und glücklich. Sie war als Säugling einfach zu versorgen und lebhaft, und sie gebrauchte ihre eigene Zeichensprache. Zum Beispiel zeigte sie, anstatt zu weinen, durch Saugbewegungen und Fingerschnipsen, dass sie trinken wollte. Schon mit wenigen Wochen konnte sie sich über einen langen Zeitraum hinweg selber beschäftigen, wenn es etwas Spannendes zu sehen gab, zum Beispiel ein Mobile oder die Fliesen an der Badezimmerwand. Wenn wir sie anzogen, streckte sie schon mit fünf Wochen ihre Beine so nach oben, dass sie problemlos in ihre Hosen und Socken hineinpasste. Als sie zwei Monate alt war, »redete« sie viel – gerne mit dem großen Zeh im Mund – und lächelte uns nach jedem Satz abwartend an. Sie konnte drei Töne in absteigender Tonfolge nacheinander singen. Mit drei Monaten konnte sie sich auf dem Bauch robbend vorwärtsbewegen.

Sie war knapp vier Monate alt, als sie sich im Gitterbett umdrehen konnte, indem sie sich an den Stangen festhielt. Gegenüber Reizen von außen war sie sehr empfindlich, und so war das Einschlafen schwer für sie, denn wir wohnen in einem Etagenbau, in dem wir die Bewohner der über uns liegenden Wohnung hören konnten. Mit sechs Monaten krabbelte Cecilie »über Kreuz«, wie es die Krankenschwester beschrieb. Mit sieben Monaten konnte sie sicher sitzen, aufstehen und mit Unterstützung stehen. Sie war ein richtiger Sonnenschein und lächelte alle an, sagte »hallo« und liebte es zu telefonieren. Laufen konnte sie mit sieben Monaten, indem sie sich an Stühlen und Tischen entlanghangelte. Sie liebte es, große Legoklötze in Kisten zu legen. Mit neun Monaten sortierte sie verschieden große Schachteln ineinander. Und sie vergrößerte ihren Wortschatz, zum Beispiel mit den Wörtern »Augen«, »Türgriff«, »Gitarre«, die sie zwar auf ihre Weise, aber allgemein verständlich aussprach. Mit 13 Monaten kam sie auf den Schreibtisch, indem sie einen Stuhl danebenschob, hinaufkletterte und von dort aus auf die Tischplatte stieg. Mit 14 Monaten fing sie damit an, Erwachsene aufzuziehen: Sie tat so, als wolle sie uns ein Geschenk geben, und wenn wir es nehmen wollten, versteckte sie es hinter ihrem Rücken und nahm schallend lachend Reißaus. Klötze in Steckkästen zu legen, war für sie kein Problem. Sie schob ihren eigenen Kinderwagen über einen Kilometer weit durch die Kopenhagener Fußgängerzone und wusste immer ganz genau, was sie wollte. Sie konnte ein Kinderlied fast fehlerlos summen und zog sich selbständig an (nur mit den Knöpfen kam sie erst später zurecht, mit knapp 2 Jahren). Sie rutschte große Rutschbahnen hinunter und liebte es zu zeichnen – auf dem Computer, auf dem Boden, an den Wänden und den Küchenstühlen ... Zudem konnte sie sich sehr gut ausdrücken.

In der Kinderkrippe reagierte man abwechselnd amüsiert und frustriert, wenn sie mit den Erwachsenen argumentierte. Da ihr wichtig war, was sie anhatte, konnte sie lange Zeit darauf verwenden, die Erwachsenen davon zu überzeugen, dass sie keine Jacke anziehen müsse, wenn sie rausgingen (»Es weht fast gar nicht. Und die Jacke ist nicht schön. Wenn ich sie anziehe, kann ich die Spitzen an meiner Bluse nicht sehen.«) Sie weigerte sich Kleidung zu tragen, an der Knöpfe waren, und da sie sehr viel mehr Willenskraft als die meisten Erwachsenen aufbrachte, waren schließlich wir es und nicht Cecilie, die am Ende nachgaben. Dasselbe galt auch für ihren Mittagsschlaf. Als Einjährige zwang sie sich, wach zu bleiben – zum Verdruss von uns Eltern und der Pädagogen. Diese Willenskraft ist nach wie vor ihre große Stärke.

Mit Erwachsenen kam Cecilie immer sehr gut zurecht, sie hatte es aber schwer mit anderen Kindern. Wenn sie Kontakt mit ihnen aufnehmen wollte, wurde sie oft abgewiesen, weil ihre überschwängliche Freundlichkeit (Umarmungen und Küsse) als zu aufdringlich empfunden wurde. Es tat weh zu sehen, wie die anderen Kinder sich abwandten, wenn sie zur Tür hereinkam. Im Nachhinein betrachtet, war es ein Fehler, sie in die Kinderkrippe zu schicken, weil sie sich von ihren Gleichaltrigen so sehr unterschied und die sozialen Spielregeln nicht verstand, mit denen die anderen Kinder es leicht hatten. Ihre kleine Schwester, die ebenfalls pfiffig ist, haben wir zu einer Tagesmutter gegeben, und sie fühlte sich dort rundum wohl, weil sie sich nach ihrem eigenen Tempo entwickeln konnte. Mit Sicherheit wäre so eine kleine, geschwisterähnliche Kindergruppe in einer sicheren, wohnlichen Umgebung auch für Cecilie das Richtige gewesen.

Ich würde für »Kinder mit besonderen Voraussetzungen« auf jeden Fall eine solche Tagespflege empfehlen. Dort ist einfach mehr Raum dafür, anders zu sein, weil dort weniger Kinder betreut werden. In einer Kinderkrippe muss man sich einordnen und anpassen können – und die Fähigkeit dazu haben viele »Kinder mit besonderen Voraussetzungen« nicht.

Die Kinderkrippe

In der Kinderkrippe zeigte sich Cecilies Talent zu zeichnen. Schon als Einjährige konnte sie einen Stift so halten wie Erwachsene. Sie zeichnete perfekte Kreise, bevor sie ein Jahr alt wurde. Ihre kleine Schwester hat übrigens dieselben Fähigkeiten. In der Kinderkrippe nannte einer der Pädagogen Cecilie ein »Malgenie«, und da Zeichnen ihre Leidenschaft ist (mit der sie sich täglich mehrere Stunden beschäftigt), hat sie diese Begabung weiterentwickelt. Psychologen und Zeichenlehrern zufolge, die ihre Bilder gesehen haben, ist Cecilie Gleichaltrigen ca. 5 bis 7 Jahre voraus.

Etwas, das an Cecilie auffällt, ist ihr extrem gutes Gedächtnis. Sie kann lange Gespräche und Erklärungen wortgetreu wiedergeben, gleichgültig, ob es sich um ein Gespräch mit einem anderen Kind im Kindergarten handelt oder ob ihr Vater ihr ein naturwissenschaftliches Phänomen erklärt. Sie kann sowohl sehr lange und komplizierte Erklärungen verstehen als auch selber argumentieren, so dass viele Erwachsene es schwer haben, mit ihr Schritt zu halten. Schon in ihrem ersten Lebensjahr entpuppte sich als Problem, dass wir

Eltern ihr zu wenig Grenzen gesetzt hatten und sie zu viel Raum für eigene Entscheidungen hatte. Zwar war sie sehr kompetent, aber langfristig zeigte sich, dass sie dadurch verunsichert wurde. Heute setzen wir klare Grenzen, und es geht ihr deutlich besser, sie ist glücklicher und lebhaft, und sie testet viel weniger ihre Grenzen aus. Ein Beispiel für Cecilies phänomenales Gedächtnis ist ihr Interesse für Haie. Sie konnte als Dreijährige über 100 Haiarten auseinanderhalten. Sie wurde unter anderem in das Jugendprogramm »Boogie« zu einer Sendung über Haie eingeladen und kam dort gut zurecht! (»Nein, das ist kein Rockstar, das ist ein Hammerhai.«) Ihr Interesse für Haie ist inzwischen verpufft und durch ein altersentsprechendes Interesse für Verkleidungen und Barbiepuppen abgelöst worden.

Zurzeit machen wir uns viele Gedanken darüber, wann Cecilie eingeschult werden sollte. Sie ist gerade fünf Jahre alt geworden und in intellektueller Hinsicht schulreif. Sie ist nicht besonders schnell im Buchstabieren, doch das liegt auch daran, dass wir versucht haben, nicht auf schulisches Wissen vorzugreifen, obwohl sie gerne Schule gespielt hätte. Mir selber hatte es nie etwas genützt, dass ich lesen konnte, als ich zur Schule kam. Und ich glaube, es ist wichtiger, wenn sie ihre Motorik weiterentwickeln kann, die eigentlich schon recht gut ist (sie kann Salto springen und klettert auf die höchsten Bäume, was ihr den Respekt selbst größerer Jungen einbringt). Außerdem glaube ich, dass es wichtiger ist, ihre sozialen Kompetenzen zu stärken, als ihre Lese- und Rechenfertigkeiten voranzubringen. Ich bin sicher, dass Cecilie sich diese blitzschnell aneignen wird, wenn es so weit ist.

Nachdem wir uns mehrere Schulen angesehen haben, sind wir uns nun einig, dass wir Cecilie auf eine katholische Schule schicken. Das hat den Vorteil, dass sie nicht gehänselt wird, wenn ich wieder zu arbeiten anfange (ich bin Theologin). Auf einer christlichen Schule werden sicherlich keine Vorurteile gegenüber Religion bestehen. Außerdem ist das fachliche Niveau hoch, die Kinder fragen viel und sind freundlich. Die Schüleranzahl pro Klasse ist niedrig, und jedes Kind wird »gesehen«. Außerdem sind viele ausländische Kinder dabei. Das gibt eine große Vielfalt in der Klasse – und damit ist das Risiko geringer, ausgegrenzt zu werden. Wir hatten außerdem eine Schule, die keine festen Einschulungstermine hat, und die Mentiqa-Schule, die sich an Kinder wie Cecilie richtet, in Betracht gezogen.

Einschulung?

Morgen hat Cecilie einen Termin in der Schule. Zusammen mit dem Vorschullehrer aus dem Kindergarten sollen wir einschätzen, ob sie schulreif ist. Zum Glück hat sie einen guten Kindergarten besucht, in dem man sich sehr dafür eingesetzt hat, ihre sozialen Kompetenzen zu fördern. Im Kindergarten ist man der Meinung, dass sie von einem weiteren Kindergartenjahr profitieren würde. Und weil es Cecilie dort sehr gut geht, nehmen wir diesen Vorschlag ernst. Sie bekommt motorische und soziale Herausforderungen, und die Pädagogen dort sind sehr geschickt darin, die Kinder zu loben und ihnen Erfolgserlebnisse zu verschaffen. So kam Cecilie zum Beispiel eines Tages glücklich nach Hause und erzählte, dass sie Prinzessinnen gezeichnet habe. »Und als die anderen meine Zeichnung gesehen haben, wollten sie alle, dass ich eine Prinzessin auf ihre Zeichnungen male.« Sie hat dort Freundinnen. Der Alltag ist von Routinen geprägt, aber auch sehr abwechslungsreich gestaltet (montags »muler de hinanden«, dienstags wird gesungen und getanzt und ein Ausflug in den Wald unternommen, mittwochs haben sie Geräteturnen, donnerstags spielen sie Rollenspiele im Wald). Cecilie selber hätte diesem Kindergarten, der auf Aktivitäten im Freien Wert legt, wohl einen kleinen Kindergarten vorgezogen und hätte am liebsten auch nicht regelmäßig teilgenommen. Doch obwohl sie nicht immer gerne in den Kindergarten ging, habe ich doch das Gefühl, dass sie dort akzeptiert wurde und sich in sozialer Hinsicht weiterentwickelt hat. Daher haben wir auch ihre kleine Schwester dorthin geschickt. Trotz allem war es im letzten halben Jahr der Kindergartenzeit unübersehbar, dass Cecilie sich brennend wünschte, endlich zur Schule zu kommen.

Epilog

Cecilie ist es auf der katholischen Schule nicht gut ergangen. Sie mochte ihre Klassenkameraden und den Englischunterricht. Aber die Vielfalt in der Klasse führte dazu, dass sich aus den Kindern der unterschiedlichen Nationalitäten Gruppen bildeten (die philippinischen Kinder spielten mit anderen philippinischen Kindern usw.). Cecilie spielte mit einem hochbegabten, dänischen Jungen. Abgesehen davon war sie alleine und fand keinen Zugang zur Mädchengruppe. Es kam zu Mobbing-Situationen. Cecilie, die sehr empathisch gegenüber Tieren ist, kam weinend aus der Schule, weil eine Klassenkameradin Marienkäfer zertrat. Sie erzählte auch, dass sie vor dieser Klassenkameradin Angst habe und alles tue, was diese sage, um nicht geärgert zu werden.

Diese Situation ergab sich schon in der Vorschulklasse. Wir gingen von einem kleineren Konflikt aus und luden das Mädchen zu uns nach Hause ein, damit die beiden sich kennenlernen konnten. Wir mussten jedoch feststellen, dass das Mädchen wenig empathisch war und sich stark unterschiedlich verhielt, je nachdem ob sie den Eindruck hatte, dass wir es sahen oder nicht. Ich nahm mit der Schule Kontakt auf, die eine zusätzliche Pausenaufsicht einsetzte, um die Schülerin im Auge zu behalten. Im Laufe weniger Wochen hatte die Schule viele Beispiele für asoziales Verhalten festgestellt, das immer dann hervortrat, wenn sich das Mädchen unbeobachtet fühlte; die Belege reichten aus, um mit der kommunalen Schulaufsicht und den Eltern Kontakt aufzunehmen. Schließlich wurde das Mädchen in eine Spezialschule eingeschult, und die Kommune sorgte für Unterstützung der Familie. So entstand aus dieser Situation für alle etwas Positives. Unsere Tochter entging dem Mobbing, und die Probleme in der Familie der Klassenkameradin wurden aufgedeckt und sie bekam Hilfe.

Aus meiner Sicht haben Privatschulen den großen Vorteil, dass etwas gegen Mobbing getan wird. An öffentlichen Schule steht das Motto, dass Platz für alle sein solle, im Vordergrund; doch oft geht dies auf Kosten der freundlichen und offenen Kinder, gerade wenn ein Kind in der Klasse mobbt. Da Hochbegabte oft durch große Empfindsamkeit und starken Gerechtigkeitssinn auffallen, werden sie leicht zu Mobbingopfern. Wenn eine Schule sich des Problems nicht annimmt, muss das gemobbte Kind sie verlassen und, falls keine andere Schule erreichbar ist, zu Hause unterrichtet werden. Kinder, die von anderen Kindern grob gemobbt werden, nehmen dabei ebenso Schaden wie Erwachsene, die von anderen Erwachsenen gemobbt werden. Unsere Tochter ist gut über diese Erfahrung hinweggekommen, weil die Situation nur kurze Zeit anhielt.

Nach unserem Umzug nach Hillerød kam Cecilie auf eine Schule in Uvelse. Das war ein Glück für sie. Die Schule wird nach einem neuseeländischen Schulkonzept geführt, bei dem die Vorschulklasse sowie die Klassen 1–3 gemeinsam unterrichtet werden. Statt des traditionellen Unterrichts in Klassen werden Gruppen gebildet, die eine Mitverantwortung beim Lernen übernehmen. Montags schreiben sie eine Art Logbuch, in dem sie sich selber Aufgaben für die vor ihnen liegende Woche stellen. Die Lehrkräfte müssen das selbst gestellte Pensum genehmigen und unterschreiben. Wenn die Schüler im Laufe der Woche alle Arbeiten erledigen konnten, haben sie am Wochenende keine Hausaufgaben – das wirkt sich positiv auf den Arbeitseinsatz während der Woche aus.

Cecilie mochte gerne in kleinen Gruppen arbeiten, in einer Sofaecke oder in einem ruhigen Raum. Das kam ihr mehr entgegen als der Unterricht im traditionellen Klassenzimmer. Sie lernte einen hochbegabten Jungen kennen, der fachlich auf einem ähnlichen Niveau wie sie stand. Die beiden arbeiteten oft zusammen und wurden Freunde. Weil alle auf ihrem individuellen Niveau arbeiteten, war es nicht von Bedeutung, ob jemand begabt war oder Lernschwierigkeiten hatte. Jeder bekam die Hilfe, die er brauchte. Untereinander wussten die Gruppen nicht, auf welchem Niveau sich die anderen befanden, und das reduzierte Konkurrenzgefühle.

Um den sozialen Zusammenhalt zu stärken, wurden die Kinder zu viert oder zu fünft in Spielgruppen eingeteilt. Die Zusammensetzung dieser Gruppe wechselte alle zwei Monate. Jeder Schüler der Gruppe hatte somit 14 Tage Zeit dafür, die anderen Kinder zu sich nach Hause einzuladen. Das wirkte sich positiv auf das soziale Klima aus. Und das Treffen der Eltern nach jeder Spielrunde führte dazu, dass wir alle uns kannten und aufkeimende Konflikte gegebenenfalls auffangen konnten.

Die Lehrkräfte an dieser Schule waren humorvoll und auch selber außerordentlich begabt. Cecilie fühlte sich verstanden und angenommen. Mit humorlosen Lehrkräften kommt sie nicht gut zurecht, weil ihre ganze Art zu kommunizieren abstrakt und ironisch ist. Wenn sie von Lehrern unterrichtet wird, die schematisch denken und von denen sie sich nicht verstanden fühlt, ist Cecilie verschlossen und stumm. In den Unterrichtsstunden aber, in denen Lehrer ihr humorvoll und freundlich auf ihrem Niveau begegnen, entwickelt sie ihren Humor und ihre sozialen Kompetenzen weiter und arbeitet interessiert mit.

In der Schule in Uvelse wird Wert darauf gelegt, dass die Schüler ihre Begabungen untereinander anerkennen, und ich habe den Eindruck, dass das gelang. Cecilie lernte in der Schule, tolerant zu sein, und auch sie selber wurde akzeptiert.

Im Rückblick betrachtet, war die Wahl eines Sport- und Waldkindergartens für Cecilie nicht ideal. Ebenso ungünstig war die Entscheidung, sie in eine Kinderkrippe zu geben, denn dort werden zu viele Kinder gleichzeitig betreut, und es wird leicht unübersichtlich und laut. Für unsere jüngere Tochter haben wir uns, wie erwähnt, für eine Tagesmutter entschieden; danach schickten wir sie in einen kleinen und »ruhigen« Kindergarten, in dem kreative Aktivitäten auf dem Programm stehen. Doch Cecilie war damals in der großen Gruppe sozial nicht aufgefangen worden. Sie war einsam, galt als »langsam« beim Anziehen, war sensibel und wortgewandt, und sie irritierte die anderen, weil sie anders war. Erst auf der Schule in Uvelse wurde sie wirklich wahrgenommen und dort abgeholt, wo sie stand. Und sie blühte auf.

Leider musste sie wieder die Schule wechseln, als ich eine neue

Arbeit bekam und wir nach Jütland zogen. Wir entschieden uns für die lokale öffentliche Schule, die einen guten Ruf hatte. Doch Cecilie kam in eine laute, unkonzentrierte Klasse, in der alle anderen sich für Fußball interessierten. Sie spielte mit den Kindern, die von den anderen abgelehnt wurden.

Als sie Geburtstag hatte, gab es niemanden in der Klasse, den sie gerne einladen wollte. Als wir uns mit ihr darüber unterhielten, wünschte sie sich, auf eine andere Schule gehen zu dürfen. Wir besuchten mehrere Privatschulen und informierten uns jeweils über die 5. Klasse. Dabei stellte sich heraus, dass ausnahmslos in allen Klassen »Fußballmädchen« waren. Doch Cecilie ist für Teamsport gar nicht zu haben; sie interessiert sich für Kampfsport, Tanzen und Zeichnen.

Letztendlich fanden wir eine öffentliche Schule in Rønde bei Aarhus, deren Schulleiter über hochbegabte Kinder sehr gut Bescheid wusste und uns von einer ruhigen, fachlich engagierten Klasse berichten konnte. Viele der Eltern waren Lehrer. Sowohl die Kinder als auch die Lehrer der Klasse hatten viel Humor. Die Mädchen interessierten sich für sehr unterschiedliche Dinge. Einmal im Monat kamen Rentnerinnen in die Schule, um den Mädchen in der Bibliothek das Stricken beizubringen. Cecilie kam auf Probe in die Klasse – und fühlte sich wohl.

Inzwischen hat sich Cecilie zu einem fröhlichen und menschlich aufgeschlossenen Mädchen entwickelt. Sie bekommt fachliche Herausforderungen, außerdem ist die ganze Klasse fachlich auf einem hohen Niveau. Cecilie nimmt an Klassenfesten teil, interessiert sich für dieselben Dinge wie ihre Klassenkameraden; sie ist also ganz normal – nur hat sie eine extrem hohe Lernkapazität. Es fällt nicht auf, dass sie ein bis zwei Jahre jünger als ihre Klassenkameraden ist. Sie kann sich gut anpassen. Aber sie fühlt sich am wohlsten mit Kindern, die witzig sind und die spielen können. Genauso wie wir Erwachsenen uns mehr zu denen hingezogen fühlen, die lebhaft, neugierig und fröhlich sind.

Heute machen wir uns überhaupt keine Sorgen mehr um Cecilie. Sie hat viele Veränderungen und Wechsel erlebt, aber sie hat ein hohes Selbstwertgefühl, sie strahlt, zieht sich hübsch an, ist schön, beliebt, humorvoll und lieb. Sie mag die Serien »Supernatural«, »Sherlock« und »How I met your mother« und liest gerne Fantasy-Romane. Sie singt und tanzt richtig gut, und viele Dinge, vom Rollschuhfahren bis hin zum Aquarellmalen, beherrscht sie auf hohem Niveau. Sie liebt es zu reisen und interessiert sich für Architektur und Naturwissenschaften, hat ein großes Allgemeinwissen und ist eine liebevolle, fürsorgliche, empathische und lustige große Schwester.

Ich bin froh darüber, dass wir uns Mühe damit gegeben haben, die Schulen sorgfältig auszusuchen; dass wir unsere jüngere Tochter zu einer Tagesmutter gegeben haben und einen kleinen Kindergarten für sie gefunden haben; dass wir immer für gute Bastelmaterialien gesorgt haben, beiden Kindern Bibliotheken nahegebracht haben und mit ihnen viel draußen in der Natur waren. Es war gut, dass wir hellhörig waren und unsere Kinder ernst genommen haben, auch wenn es um Schulwahl und Schulwechsel ging.

Wir erleben jetzt die gewöhnlichen Teenagerkonflikte: Diskussionen über die Schlafenszeit und Hausaufgaben. Und wir erfahren nicht mehr viel über Cecilies Schulalltag. Im Großen und Ganzen glaube ich, dass sie ein Teenager ist wie die meisten anderen.

Mit insgesamt drei hochintelligenten Kindern zu leben, ist etwa so, als habe man einen Wurf verspielter Katzenjunge im Haus: Sie sind immer im Gang, immer lebhaft und aktiv, schräge, humorvolle Antworten fliegen förmlich hin und her – und gerne werden auch wir Erwachsenen auf liebevolle Weise aufs Korn genommen. Es ist immer spannend und ereignisreich bei uns, denn nur die physischen Begrenzungen und das vorhandene Material setzen unseren Kindern Grenzen für ihre überbordende Kreativität und Fantasie.

Besondere Merkmale – besondere Bedürfnisse

Mädchen sind oft verbalorientiert, Jungen oft handlungsorientiert

Es ist nicht ungewöhnlich, dass ein »Kind mit besonderen Voraussetzungen« in einem IQ-Test hohe Werte erzielt, in schulischen Tests dagegen keine guten Leistungen zeigt. Irgendetwas verhindert dann, dass dieses Kind auch in der Schule sein eigentliches Potenzial zeigen kann. Motivationsprobleme, Lernschwierigkeiten oder Probleme im persönlich-emotionalen Bereich können hierbei eine Rolle spielen. Es kann aber auch ein Missverhältnis zwischen dem Lernstil des Schülers und der Art des Unterrichts bestehen; möglicherweise ist dann das Unterrichtsmaterial für den Schüler ungeeignet.

Üblicherweise ist Unterricht zum großen Teil verbal gestaltet; Wissen wird über Texte oder mündlich vom Lehrer vermittelt. Diese Form der Wissensvermittlung kommt eher Mädchen als Jungen entgegen. Das Lernverhalten von Jungen ist in den ersten ca. sechs Schuljahren eher graphisch, visuell oder physisch ausgerichtet. Auch für Kinder, die zweisprachig aufwachsen, kann es Schwierigkeiten geben, wenn die Vermittlung rein verbal erfolgt; sie können Fragestellungen und Erklärungen nicht weiter folgen, sobald Begriffe und Ausdrucksweisen verwendet worden sind, die sie nicht kennen.

Oft haben »Kinder mit besonderen Voraussetzungen« einen anderen Zugang dazu, Sachverhalte zu verstehen und sich anzueignen: Sie können mental visualisieren. Ihr Denken kann aber auch mathematisch und räumlich ausgerichtet sein. Andere wiederum lernen und üben durch Bewegung, indem sie den Lernprozess mit einem Bewegungsablauf verbinden. Später können sie über die Erinnerung des Bewegungsablaufs das Gelernte abrufen. Diese Technik, sich Bewegungen zu visualisieren, ehe man sie praktisch ausführt, wird unter anderem im Leistungssport eingesetzt.

In den letzten Jahrzehnten ist zunehmend ins Bewusstsein gerückt worden, dass die rechte und die linke Hirnhälfte unterschiedliche Funktionen übernehmen, und so stellte sich die Frage, wie diese Erkenntnisse sich auf die gegebenen Lernbedingungen in der Schule und im Arbeitsleben auswirken könnten. Man ist traditionell davon ausgegangen, dass bei Mädchen und Frauen die rechte Gehirnhälfte dominiert, wenn praktische Aufgaben durchgeführt werden, und dass für sie verbale Kommunikation wichtig ist. Jungen, die als physisch aktiver gelten, brauchen körperliche Anstrengung und konkrete, detailorientierte Gespräche.

Neben den geschlechtsspezifischen Aspekten ist das Lernen auch von individuellen Vorlieben des Kindes bestimmt. Man geht davon aus, dass wir individuell unterschiedliche Denkstile haben und Probleme unterschiedlich bearbeiten und lösen. Menschen, deren Denken von der rechten Hirnhälfte dominiert wird, denken räumlich und analog (das heißt zeitgleich auf mehreren Niveaustufen). Für sie sind visuelle Erklärungen besonders geeignet. Sie gebrauchen ihre Vorstellungsfähigkeiten und koordinieren Informationen eher auf eine abstrakte und intuitive Art und Weise.

»Bildung bedeutet nicht, Menschen das beizubringen, was sie nicht wissen. Es ist eine schmerzhafte, kontinuierliche und schwierige Arbeit, die mit Freundlichkeit/Güte getan werden muss, durch Beobachten, Warnung, Voraussicht, Vorgaben und Lob – doch vor allem durch ein gutes Vorbild.«

John Ruskin

Menschen mit dominanter linker Gehirnhälfte denken stärker analytisch, logisch und detailorientiert; sie haben Sinn für Fakten und organisatorische Fragen. Ihr Denken funktioniert eher digital (das heißt linear, in einer logischen Reihenfolge).

Daher kann ein verbal gestalteter Unterricht für ein Kind, dessen Lernverhalten eher von Prinzipien der rechten Hirnhälfte geprägt ist, andere Auswirkungen haben als für ein Kind, bei dem die linke Hirnhälfte dominant ist. »Kinder mit besonderen Voraussetzungen«, die noch nicht als solche identifiziert worden sind, können also im traditionellen, verbal orientierten Schulsystem leicht missverstanden und falsch eingeschätzt werden.

Anzeichen für die Dominanz der linken bzw. rechten Gehirnhälfte

Schwerpunkt auf der linken Hirnhälfte	*Schwerpunkt auf der rechten Hirnhälfte*
Bevorzugt verbale Erklärungen	Bevorzugt visuelle Erklärungen
Gebraucht Sprache, um sich zu erinnern	Gebraucht Bilder, um sich zu erinnern
Bearbeitet Informationen schrittweise	Bearbeitet Informationen ganzheitlich
Behandelt jeweils eine Aufgabe zu einer bestimmten Zeit	Kann sich mit mehreren Aufgaben gleichzeitig beschäftigen
Entwickelt Ideen logisch	Entwickelt Ideen intuitiv
Bevorzugt konkrete Denkaufgaben	Zieht abstrakte Denkaufgaben vor
Bevorzugt analytische Aufgaben	Bevorzugt Aufgaben, bei denen sich Synthesen entwickeln lassen
Zieht strukturiertes Arbeitsmaterial vor	Improvisiert mit dem vorhandenen Material
Mag strukturierte Themen	Mag offene Themen mit fließenden Übergängen
Bevorzugt es, Fakten und Details zu lernen	Zieht es vor, einen generellen Überblick zu gewinnen
Nähert sich einem Problem systematisch	Nähert sich einem Problem scheinbar spielerisch

Kindlicher Wissensdurst

Die Schulzeit vieler Kinder ist von Motivationsmängeln, Minderleistung und spezifischen Lern- und Verhaltensschwierigkeiten geprägt. Um dies zu vermeiden, werden bestimmte Strategien angewandt: Beispielsweise sollten die Kinder so weit wie möglich in die Ausarbeitung konkreter Arbeitspläne mit Zielen und Zwischenzielen einbezogen werden, ebenso in einen fortlaufenden Feedbackprozess und in Evaluierungen. Es sollte Rücksicht auf individuelle Arbeitsstile oder Arbeitsmethoden genommen werden; und die Eltern sollten in eine aktive Zusammenarbeit eingebunden werden.

»Kinder mit besonderen Voraussetzungen« sind wissensdurstig und suchen nach Informationen, die ihnen die Welt erklären. Sie können schnell von Thema zu Thema springen, sich aber auch in ein Thema vertiefen. Je jünger ein Kind ist, desto schwieriger kann es sein, ihm Antworten auf komplizierte Zusammenhänge und Themen zu geben, die es zufriedenstellen. Eine altersgerechte, qualifizierte und der Situation angemessene Antwort zu finden, kann für Eltern eine echte Herausforderung sein, und das konstante Bombardement von Fragen kann ihre Geduld bisweilen auf eine harte Probe stellen.

Eltern müssen fortwährend abschätzen, welche Informationen für ihr Kind geeignet sind, und pendeln auf der Suche nach der befriedigenden Antwort zwischen Computer, Büchern und Lexika. Und dennoch bleibt ihnen manchmal nur übrig zu sagen: »Das ist eine gute Frage, auf die ich und auch andere Erwachsene keine einfache Antwort geben können. Was genau meinst du mit deiner Frage?«

In ihrem Eifer, die Welt zu verstehen, können Kinder so viel Aktivität entfalten, dass Eltern anfangen sich zu fragen, ob nicht eine Aufmerksamkeitsstörung vorliegen könne. Kinder, die Komplexität lieben und sowohl physisch als auch psychisch auf hohem Niveau »funktionieren«, sind bei der Suche nach Antworten oft sehr viel zielorientierter als andere. Es kann ihnen schwerfallen, abends zur

Ruhe zu kommen, sowohl physisch als auch mental. Gerade dann würden sie am liebsten einen besonders aufregenden Film sehen oder intensiv diskutieren. *Entspannende Aktivitäten, die in den familiären Ablauf passen und regelmäßig durchgeführt werden, können in dieser Situation hilfreich sein.*

Es ist nicht wissenschaftlich dokumentiert, ob »Kinder mit besonderen Voraussetzungen« mehr oder weniger schlafen als andere Kinder, aber sie sind oft aktiver und intensiver in ihren Beschäftigungen.

Wahrnehmung und Sprache

Kinder, die sich schon früh differenziert ausdrücken können, überraschen Erwachsene mit ihrem hervorragenden Gedächtnis, einer anspruchsvollen Wortwahl und grammatisch korrekten Sätzen.

Sie erinnern sich an Dinge, die ihre Eltern schon längst vergessen haben oder denen sie keine Aufmerksamkeit geschenkt haben: »Du hast doch vor drei Tagen gesagt …«, »Mama hat am Donnerstag Tante Anna am Telefon gesagt …« In der betreffenden Situation mag man den Eindruck gehabt haben, das Kind sei auf eine ganz andere Sache konzentriert; dabei hat es aber alles, was in dem Raum vor sich ging oder besprochen wurde, genau registriert. Solche Kinder können unheimlich viel auf einmal wahrnehmen und verarbeiten, ohne dass man es ihnen anmerkt.

Viele »Kinder mit besonderen Voraussetzungen« denken divergent, gehen also besonders offen, unsystematisch und experimentierfreudig mit einem Thema oder einer Fragestellung um. Sie nehmen ihre Umwelt anders wahr als andere Kinder und drücken sich mit großer Intensität aus. Nicht selten finden sie ihre eigenen Gedanken und Erfahrungen weitaus spannender als das, was um sie herum geschieht. Unter diesen Bedingungen kann es für sie schwer sein, Spielkameraden zu finden – eine Lösung kann dann sein, sich einen guten Kumpel einfach nur auszudenken und sich auf diese Weise einen fiktiven Freund zu schaffen.

»Kinder mit besonderen Voraussetzungen« erkennen in vielen Situationen divergente Möglichkeiten und sehen für Herausforderungen alternative Lösungen. Das führt unweigerlich zu Spannungen, sowohl für die Kinder selber als auch in ihrem Verhältnis zu anderen. Die Folgen ihrer Handlungen können sie aufgrund ihrer begrenzten Lebenserfahrung und Urteilskraft nicht immer abschätzen. Ebenso können die Intensität und die Energie, die sie an den Tag legen, für Stress und Spannungen im Alltag sorgen. Begabte Kinder können sehr kritisch sein, nicht nur gegenüber anderen, sondern auch gegenüber sich selber. Ihr Geduldsfaden reißt schnell, und ihre Frustration überträgt sich dann spürbar auf ihre Umgebung.

»Kinder mit besonderen Voraussetzungen«, die einen ausgeprägten Gerechtigkeitssinn haben und hohe moralische Ansprüche stellen, müssen dennoch die allgemeinen Regeln des sozialen Miteinanders lernen und sich daran halten. Die Einhaltung der Regeln durchzusetzen, erfordert Fingerspitzengefühl: Wie bei allen anderen Kindern auch kann eine zu rigide Erziehung zu Auflehnung und zu Konflikten führen. Sprachlich begabten Kindern kann es mit Leichtigkeit gelingen, Erwachsene mit ihren Argumenten an die Wand spielen.

Diskussionseifer

Wenn Kinder mit besonderen Fähigkeiten alles mehr oder weniger in Frage stellen (inklusive Autoritäten) und es lieben zu argumentieren, kann eine Diskussion für sie eine Art mentales Training sein. Es kann für sie aber einfach auch das sportliche Vergnügen, in einer Diskussion zu »siegen«, dahinter stehen. Wenn einem nun einmal das logische Denken besonders liegt und man mit einer hoch entwickelten Intuition geboren ist, warum soll man dann nicht seine Kräfte beim Argumentieren spielen lassen – und am besten noch dabei gewinnen?

Es gibt daher natürlich viele Kinder, die in ihrer Familie viele Diskussionen um des Diskutieren willens führen und dabei ihre eigenen Ideen vertreten durften.

Sie treten gegenüber anderen Kindern möglicherweise kompetitiv und abwertende Bemerkungen machend auf. Man muss ihnen also vermitteln, die Signale zu verstehen, wenn andere nicht diskutieren oder sich in diese Wettbewerbe einbringen möchten. Hierfür kann es sinnvoll sein, sich gezielt Techniken der Gesprächsführung und der Konfliktlösung zu überlegen.

Kinder, die sich unter Druck gesetzt fühlen und unglücklich sind, sobald sie nicht Recht bekommen, zeigen mit dieser Reaktion, wie verletzlich und unsicher sie sind. Ihr schwach ausgebildetes Selbstwertgefühl ist ein Problem, das unbedingt gelöst werden muss.

Manipulation als Strategie

»Kinder mit besonderen Voraussetzungen« verstehen Regeln schnell und durchschauen, wofür diese gut sind, und sie können sich daher auch problemlos die Kunst des Manipulierens aneignen. Deshalb brauchen sie noch mehr als andere klare Strukturen mit expliziten Grenzen und Regeln, die dann aber im gegenseitigen Respekt umgesetzt werden müssen. Innerhalb der anerkannten Grenzen können Dinge ohne Weiteres auch mit Flexibilität gehandhabt werden, so dass Raum für die kreative Entfaltung bleibt.

Wenn »Kinder mit besonderen Voraussetzungen« die Erfahrung machen, Erwachsene in einem Machtspiel übertrumpfen zu können, fühlen sie sich allerdings nicht stark, sondern allein gelassen und frustriet. Um diese Situation zu vermeiden, ist es also eine Lösung, gesunde Grenzen zu ziehen und in einem vertrauensvollen Klima voraussehbare Konsequenzen festzulegen.

Je jünger ein Kind ist, desto stärker ist es davon abhängig, dass die Erwachsenen seine Energie und seine weit entwickelte Denkfähigkeit so lenken, dass es Gelegenheit erhält, seine Kompetenzen weiter auszubilden.

Wenn Konflikte und Probleme zu lösen sind, sollte man es sich zur Grundregel machen, immer das Kind anzuhören und seine Sicht der Dinge zu respektieren. Indem man das Kind darin unterstützt, für sich selber zu sprechen, steigert man seine Motivation, Verantwortung zu übernehmen.

Risikofreude

Nicht alle Kinder sind gleichermaßen risikobereit, wenn es darum geht, etwas Neues zu lernen. Das gilt auch für »Kinder mit besonderen Voraussetzungen«: Sie können sehr selbstkritisch sein und den Fokus trotzdem auf etwas richten, das sie nicht gut können. Ihre Unsicherheit bewirkt, dass sie, bevor sie etwas Neues in Angriff nehmen, am liebsten schon eine Erfolgsgarantie hätten. Das hat Konsequenzen für ihre Motivation und Leistung in einer Kindertagesstätte und in der Schule ebenso wie zu Hause, also in einem bekannten und sicheren Umfeld. Hier ist es wichtig, eine Atmosphäre der Sicherheit und der Akzeptanz aufzubauen und das Kind darin zu ermuntern, seine eigenen – und vielleicht alternativen – Lösungswege zu finden. Für viele Kinder sind beispielsweise philosophische Gespräche ein Gewinn. *Kinder profitieren davon, wenn Erwachsene mit ihnen gemeinsam auf Entdeckungstour gehen und neue, unbekannte Aktivitäten und Situationen kennenlernen.*

Allzu oft zeigen Erwachsene ihre Begeisterung über Leistungen und Fähigkeiten von Kindern und vernachlässigen dabei, die Neugierde der Kinder, ihr Nachdenken und ihre Fähigkeiten zur Reflexion zu loben.

Für Kinder ist es wichtig zu lernen, sich gegebenen Strukturen anzupassen, beispielsweise in der Schule. Ein positives Selbstwertgefühl ist die Voraussetzung dafür, dass man sich in eine Gemeinschaft einbringen kann, und auch dafür, eine Lernsituation zu meistern. Wie also geben wir Kindern die bestmögliche emotionale Unterstützung, damit sie Kontakte zu anderen Kindern und Erwachsenen aufbauen können? Indem wir aktiv an ihrem spannenden Leben teilnehmen und gemeinsam mit ihnen Herausforderungen als eine selbstverständliche Voraussetzung für Entwicklung und Wachsen erleben.

Unterschiede zwischen normal begabten Kindern und »Kindern mit besonderen Voraussetzungen«

Begabte Kinder	*»Kinder mit besonderen Voraussetzungen«*
Kennen die Antwort	Stellen Fragen
Sind interessiert	Sind extrem neugierig
Haben gute Ideen	Haben wilde, verrückte Ideen
Arbeiten hart	Beschäftigen sich mit anderen Dingen, kommen aber gut zurecht
Beantworten Fragen	Diskutieren Details
Gehören zu den Klassenbesten	Sind der Klasse voraus
Hören mit Interesse zu	Zeigen starke Überzeugungen
Lernen leicht	Wissen »es« schon
Verstehen sich gut mit ihren Klassenkameraden	Ziehen Erwachsene vor
Sind aufgeschlossen	Sind intensiv beteiligt
Geben gewissenhaft wieder	Schaffen Neues
Gehen gern zur Schule	Lernen gerne
Nehmen Informationen auf	Bearbeiten Informationen
Sind »Techniker«	Sind Erfinder
Erinnern sich gut	Raten und kombinieren gut
Lernen gerne anhand von logisch aufgebautem Lernstoff	Arbeiten gerne mit komplexen Sachverhalten
Nehmen bewusst wahr	Sind eifrige Beobachter
Sind mit dem eigenen Lernen zufrieden	Sind sehr selbstkritisch

Emils Geschichte

Emil ist unser jüngstes Kind, ein richtiger »Nachzügler aus Gemütlichkeit«. Er wurde in eine völlig normale Familie hineingeboren, mit zwei großen Schwestern, die die Schwangerschaft intensiv mitverfolgten. Emil war als Säugling ruhig, und es gab keinerlei Probleme. Er aß, wenn er essen sollte, und schlief, wenn er schlafen sollte. Die ganze Familie, sowohl wir Eltern als auch seine Schwestern und die Großeltern, genossen, dass er da war. Oft wurde er von Arm zu Arm gereicht, und seine Schwestern haben viel und liebevoll für ihn gesungen.

Emil entwickelte sich sehr gut, er nahm zu und wuchs. Leider hatte er in seinen ersten Lebensjahren einige schwere Infektionen und Krankenhausaufenthalte, die sich zum Teil auf seine Entwicklung auswirkten und ihn sowohl motorisch als auch sprachlich zurückwarfen. Er strengte sich an, als er die Krankheiten überwunden hatte, und wir hatten den Eindruck, dass er das Meiste einholen konnte, aber als er etwa zwei Jahre alt war, machten wir uns doch Sorgen darüber, dass er sich sprachlich nicht altersentsprechend entwickelte. Nach unseren Erfahrungen mit unseren äußerst munteren Töchtern, die früh und schnell sprechen gelernt hatten, waren wir überrascht, dass Emil nur ganz kurze Sätzen bildete und Wörter immer noch so aussprach, dass nur enge Familienmitglieder ihn verstehen konnten. Wir ließen mehrfach sein Gehör untersuchen. Die ersten zwei Male konnten keine Probleme festgestellt werden, und es sah so aus, als sei alles nur eine Frage der Zeit, aber bei der dritten Untersuchung stellte der HNO-Arzt fest, dass Emil überhaupt nicht hören konnte, weil sich im Mittelohr Flüssigkeit angesammelt hatte. Er vermutete, dass sie von der ersten Infektion stamme, konnte aber nicht erklären, warum die vorherigen Untersuchungen keinen Hinweis darauf ergeben hatten.

Kindergarten

Emil war, bis er zweieinhalb Jahre alt war, zu Hause betreut worden und hatte eine Spielgruppe mit anderen Kindern besucht. Dann bekam er den ersehnten Platz in einem kleinen Waldkindergarten in einer Nachbargemeinde. Nach den Erfahrungen, die wir mit den beiden älteren Töchtern gemacht hatten, wünschten wir uns für ihn, dass er in seiner Kindergartenzeit Raum für Entfaltung und Herausforderungen haben sollte. Der Waldkindergarten hatte zwei fest angestellte Pädagogen, die 20 Kinder betreuten. Emil kam dorthin, als er noch Windeln trug, und hatte einen schönen Start. Er besuchte den Kindergarten zunächst nur halbtags und lebte sich schnell ein. Seine Sprache zu verstehen war für die beiden Pädagogen manchmal wie Rätselraten, aber wir hofften, dass sich die Kindergartenaktivitäten in dem wunderschönen Wald positiv auf seine Entwicklung auswirken würden.

Im Sommer nach seinem Start im Kindergarten hatten unsere Sorgen über seine Sprache aber so zugenommen, dass wir einen Sprachheilpädagogen hinzuzuziehen wollten. Da zu diesem Zeitpunkt gerade Kommunalreformen durchgeführt wurden, wies unsere Gemeinde unser Ansuchen mit dem Hinweis ab, dass Emil ja den Kindergarten der Nachbarkommune besuche. Schließlich gaben wir auf und fanden eine private Sprachheilpädagogin, allerdings nicht in unserer Nähe. Wir hatten jedoch gute Gespräche mit ihr über Emils Sprache, und sie bat uns zu filmen, wie die Kommunikation in der Familie ablief. Zusammen entwickelten wir Lernstrategien für ihn, und sie konnte uns beruhigen, dass Emil Syntax und Grammatik völlig korrekt beherrsche. Gleichzeitig erhielt Emil Paukenröhrchen ins Mittelohr eingesetzt, so dass die Flüssigkeit abfließen konnte. Es war hart für uns Eltern, ihn nach der Narkose erneut so außer Gefecht gesetzt zu sehen, wie er es damals gewesen war, als er wegen der schweren Infektion im Krankenhaus gewesen war.

Als Emil ungefähr dreieinhalb Jahre alt war, meldete sich plötzlich unsere Gemeinde und bot uns die Unterstützung eines Sprachheilpädagogen an, der einmal im Monat, insgesamt etwa vier bis fünf Mal, zu uns nach Hause kam, um mit Emil Aussprache zu üben und uns darin zu beraten, wie wir ihn am besten unterstützen könnten. Wir hatten aber nicht den Eindruck, dass sich durch diese Maßnahmen viel veränderte.

Als Emil vier Jahre alt war, wurde im Kindergarten ein Lied über das Alphabet gesungen, und Emil zeigte großes Interesse an Buchstaben. Wir brachten ihm die Laute der Buchstaben bei, und wie durch Zauberei begann er zu sprechen! Das war reine Magie, und wir Eltern waren unglaublich erleichtert. Nun begann er Verkehrsschilder, Sonderangebotsschilder und alles Mögliche, was ihm begegnete, zu lesen. Er überraschte eine ältere Dame beim Einkaufen, indem er auf eine Ware im Gefriertisch zeigte und sagte: »Da steht: Fisch frisch aus dem Meer«. Also kauften wir leichte Lesebücher für ihn, und er las diesen Sommer (mit vier Jahren und drei Monaten) dem Rest der Familie seine ersten Vorschullesebücher vor. Lesen, Sprache und Entwicklung nahmen von da an richtig Fahrt auf.

Auf den Hinweis einer anderen Mutter hin, deren Kinder in der Vereinigung »Gifted Children« waren, meldeten wir Emil dort an. Wir waren noch immer überrollt von der Entwicklung, die wir seit seinem vierten Geburtstag beobachten konnten.

Probleme im Kindergarten

In den zweieinhalb Jahren seiner Kindergartenzeit erlebten wir eine sehr gute, enge und vertrauensvolle Zusammenarbeit mit Emils Erziehern. Einmal im Halbjahr wurden alle Eltern zum Gespräch eingeladen. Für uns war dieses Gespräch ein Vergnügen, denn alle beschrieben uns Emil als einen sozialen und aktiven Jungen, der sich gut entwickelte; er zeige Initiative und übernehme auf eine positive Art oft die Führung beim Spielen. Sie waren froh, ihn dabeizuhaben, und wir waren froh über diesen Kindergarten. Emil lernte jeden Tag im Wald eine Menge über Tiere und Pflanzen und konnte uns abends beim Abendessen kleine Vorträge halten. Er kannte Details, von denen keiner von uns jemals gehört hatte. Die beiden Pädagogen im Kindergarten hatten ihre Freude an seinem Wissensdurst und seinen Fragen.

In den Monaten vor seinem fünften Geburtstag wurden seine beiden besten Freunde fünf Jahre alt und rückten in die Vorschulgruppe auf, die nachmittags in der Pfadfinderhütte zusammenkam. Plötzlich war Emil traurig, wenn wir ihn abends an der Pfadfinderhütte abholten, und weniger fröhlich, wenn wir ihn morgens zum Wald brachten – etwas, das wir nie zuvor erlebt hatten. Wir führten einige Gespräche mit den Kindergartenpädagogen und waren überrascht, als sich das gute Verhältnis verschlechterte. Im Kindergarten konnte man überhaupt nicht nachvollziehen, was wir über Emils Traurigkeit berichteten, die wir zu Hause wahrnahmen. Unterschwellig gingen die Erzieher davon aus, dass es Emil aufgrund von Problemen im Elternhaus nicht gut gehe und dass der Kindergarten nichts damit zu tun habe. Sie sahen nur einen fröhlichen Jungen.

Wir versuchten, konkrete Vorschläge zu entwickeln: zum Beispiel, Emil am Nachmittag an den Aktivitäten der Fünfjährigen teilnehmen zu lassen, da er aufgrund seines Entwicklungstandes und seiner Freundschaften in diese Gruppe gehöre und sowieso in wenigen Monaten fünf Jahre alt werde. Aber der Kindergarten hielt kategorisch an seinen Regeln und Traditionen fest. Sie meinten, dass alle Kinder sich auf ihren fünften Geburtstag freuen sollten und dann in die nächste Gruppe aufrücken sollten, in der man mit richtigem LEGO spielen dürfe, nicht mehr mit LEGO Duplo wie die kleineren Kinder. Zu Hause hatte Emil selbständig große LEGO Star Wars-Raumschiffe gebaut, die für 11- bis 12-jährige Kinder gedacht sind.

Emil machte im Lesen und in allen anderen intellektuellen Bereichen rasante Fortschritte – etwas, in das wir uns nicht einmischten, ebenso wenig wie der Kindergarten. Da Emils Schwestern beide auf dieselbe Schule gingen – wohl die kleinste Schule Dänemarks – und sich dort beide von stillen, bedrückten und schüchternen Schülerinnen zu viel selbstsichereren und fröhlicheren Kindern entwickelt hatten, erkundigten wir uns dort beim Schulleiter und beim Lehrer der Kindergartenklasse, ob ein vorgezogener Schulstart für Emil dort möglich sei.

Schulstart in der kleinen Privatschule

Wir erhielten die Gelegenheit, zusammen mit Emil einen Monat lang die Vorschulklasse und die erste Klasse dieser kleinen Schule kennenzulernen, bevor wir uns dafür entschieden, ihn dort in die erste Klasse einzuschulen, einen Monat bevor er fünf Jahre alt wurde. Als wir den Pädagogen in seinem Kindergarten diesen Entschluss eines Morgens im Wald mitteilten, staunten sie ein wenig, waren aber auch der Meinung, dass Emil für einen frühen Schulstart bereit sei, insbesondere unter den Bedingungen, die eine so kleine Schule biete, weil er dort nicht untergehen werde.

Emil war der jüngste Schüler, der jemals an dieser Schule eingeschult worden war, und lebte sich recht schnell ein. Wir genossen es, ihn wieder als einen fröhlichen Jungen zu erleben. Speziell in Mathematik entwickelte er sich enorm schnell. Nach drei Monaten hatte er sein erstes Mathematikheft durchgearbeitet, und der Mathematiklehrer gab ihm unaufgefordert das darauf aufbauende. Eines Tages wandte sich der Mathematiklehrer an uns und erzählte, dass Emil wenig Freude daran habe, Figuren mit Farbstiften so auszumalen, wie es üblich sei. Deshalb habe er mit ihm besprochen, dass er einfach nur ein Kreuz mit der richtigen Farbe in die Felder setzen müsse und dann an der nächsten Aufgabe weiterarbeiten dürfe.

Natürlich hatten wir Emils frühe Einschulung mit Zittern und Bangen begleitet. Ebenso hatten wir aber auch Sorge beim Schulstart unserer Töchter gehabt, obwohl sie beide das übliche Alter gehabt hatten. So blieben wir dennoch gelassen und hofften, dass dies die richtige Entscheidung gewesen ist. Zudem hatte unsere jüngere Tochter eine Klasse übersprungen, was ihr überaus gut bekommen war, und auch diese Erfahrung beruhigte uns.

Seit Emils Schulstart, bei dem er als ein ziemlich kleiner Kerl mit einer sehr großen Schultasche auf dem Rücken vor der großen Eingangstür der Schule stand und kaum an den Türknauf kam, ist viel passiert. Aber wir haben nie bereut, dass wir ihn früher eingeschult haben.

Schulprobleme

In der Mitte der zweiten Klasse traten in unserer geliebten kleinen Schule mehr und mehr Probleme zutage, sowohl in der Schulleitung und im Schulvorstand als auch im Schulalltag der Kinder. Täglich übernahmen den Unterricht nur Ersatzlehrer, und die Klasse war extrem unruhig. Dem Klassenlehrer, der frisch ausgebildet und sehr unerfahren und unsicher war, gelang es nicht, die Klasse in den Griff zu bekommen. Es gab einige recht aggressive Kinder in der Klasse, so dass Schläge, Tritte und ziemlich derbe Ausdrucksweisen zu Emils Schulalltag gehörten. Die Schulleitung schien handlungsunfähig und machtlos. Die Schule, an der unsere beiden Töchter Selbstbewusstsein und Durchsetzungsfähigkeit entwickelt hatten, war nicht mehr wiederzuerkennen. Wir trafen uns zu Gesprächen mit dem Klassenlehrer und der Schulleitung, ohne dass dies zu etwas führte. Emil ging zunehmend ungern zur Schule. Das Maß war voll, als der Vorsitzende der Elternvertretung damit anfing, sich einigen Eltern gegenüber negativ über andere und deren Kinder zu äußern. Er nahm unangemeldet an mehreren Elterngesprächen teil. Plötzlich wurde die Schulleitung ausgetauscht. In so einer kleinen Schule zirkulieren Gerüchte in Windeseile, aber wir kümmerten uns nicht darum. Eines Tages erzählte Emil nach der Schule, dass er zu Boden geschubst worden sei, daraufhin hätten drei oder vier Klassenkameraden ihn festgehalten und ein vierter hätte ihn getreten.

Schulwechsel zu einer anderen Privatschule

Wir meldeten Emil von der Schule ab. Damit wurde er von seinem besten Freund, den er seit der ersten Klasse kannte, getrennt. Doch auch sein Freund wurde im Verlauf des Jahres abgemeldet, zusammen mit einer großen Gruppe weiterer Kinder, deren Eltern nicht länger den Mut hatten, mit der Schule zusammenzuarbeiten.

Emil bekam einen Platz in einer anderen kleinen Schule und hatte dort einen leichten Start. Der Unterricht verlief ruhig und strukturiert, und auch im Schulalltag und in der Führung der Schule war Struktur erkennbar. Zwei Wochen nach dem Schulwechsel nahm Emil an der Klassenfahrt teil, und sowohl Lehrer als auch die Eltern, die dabei waren, lobten seine Art und sein Wesen – und wir Eltern atmeten erleichtert auf.

Probleme in der neuen Schule

Nach den Sommerferien veränderte sich der Ton in der Klasse. Emil hatte zu einer Gruppe von fünf Jungen gehört, die sehr gut zusammen spielten, doch plötzlich wurde er ausgeschlossen und in den Pausen geärgert. Emil fühlte sich lächerlich gemacht und einsam. Wir nahmen Kontakt mit dem Klassenlehrer auf, ohne dabei auf fachliche Fragen und hohen IQ abzuheben; wir sprachen nur an, dass das Umfeld ja für alle gut sein solle. Emil war ein Jahr jünger als alle anderen, und plötzlich wurde sein Alter zum Problem, obwohl das nie zuvor ein Thema gewesen war.

Den ganzen Herbst über ging Emil ungern zur Schule. Es gab vor allem einen Jungen, der sich ihm gegenüber unberechenbar verhielt: Er explodierte oft ohne Grund, konnte gewalttätig werden, und Emil hatte definitiv Angst davor, zur Schule zu gehen. Im November wurden die Eltern dieses Jungen gebeten, ihren Sohn umgehend auf einer anderen Schule anzumelden, aber das Klima in der Klasse blieb schlecht. Emil bekam Bauchschmerzen, Kopfschmerzen und hatte abends Schwierigkeiten einzuschlafen. Ein paar Wochen lang schlief er nicht vor drei oder vier Uhr morgens ein und musste völlig erschöpft zur Schule geschickt werden oder ganz zu Hause bleiben. Das aber wurde speziell von einem seiner Lehrer nicht gerne gesehen, der der Meinung war, alle Probleme müssten in der Schule gelöst werden und die Schüler deshalb grundsätzlich zur Schule kommen.

Dieser Zustand war für uns alle aufreibend, für Emil und auch für uns Eltern und die ganze Familie. Die Situation war unhaltbar und belastete uns alle. Im Dezember gaben wir auf und nahmen Emil aus der Schule. Wir kümmerten uns zu Hause um ihn, und bald konnte er besser schlafen und lächelte wieder. Wir lasen, gingen schwimmen, machten Ausflüge und suchten uns kreative Beschäftigungen. Schon bald war er wieder der Alte. Aber was für eine Bankrotterklärung für uns Eltern, dass wir nun wieder eine neue Schule suchen mussten! Hierfür gab es in unserem Umfeld wenig Verständnis, im Gegenteil. Wir spürten unterschwellig eine »da ist etwas nicht in Ordnung mit eurem Kind«-Haltung.

Schulwechsel zur öffentlichen Schule

Im Januar, mitten in der dritten Klasse, hatten wir wieder einmal Gespräche mit potenziellen neuen Schulen. Diesmal hatten wir einen Bogen um Privatschulen gemacht und mit einigen öffentlichen Schulen der Umgebung Kontakt aufgenommen. Das Ergebnis war ein Treffen mit einem Schulleiter und drei Lehrern. Wir spielten mit offenen Karten und beschrieben Emil als einen Jungen, der unter Stresssymptomen gelitten hatte, als einen stillen, eher in sich gekehrten, schüchternen Jungen, als hochbegabt und wissensdurstig und als einen leidenschaftlichen Leser, der problemlos still sitzen konnte und Sehnsucht nach einem fachlich soliden und herausfordernden Schulunterricht hatte. Wir wünschten uns eine ruhige Klasse, in der die Schüler respektvoll miteinander umgingen, in der Luft nach oben war – gerne mit anderen Schülern, die ebenfalls keine typischen Drittklässler seien und die zu unserem kleinen Bücherwurm passten, der schon als Erstklässler von Schülern der neunten Klasse zum »Schulprofessor« gekürt worden war und dieses Diplom noch immer in seinem Zimmer hängen hatte.

Eine der Lehrerinnen rief uns am folgenden Tag an und bot Emil einen Platz in ihrer Klasse an. Wir waren erleichtert; Emil war gespannt, aber bereit für einen Neuanfang. Wieder verlief der Schulstart positiv, und nach zwei Wochen hatten wir wieder ein fröhliches Schulkind, das nachts gut schlief, morgens gern zu Schule ging und fröhlich von dort nach Hause kam. Eine Lehrerin, die wirklich Gold wert war, hatte Emil immer im Blick und nahm regelmäßig Kontakt mit uns auf, und wir durften uns mit allen kleinen und großen Sorgen an sie wenden, wann immer wir Bedarf hatten – sie wollte unseren Jungen WIRKLICH in ihrer Klasse haben. Gleichzeitig hatte er einen Mathematiklehrer bekommen, der höchst kreativ und fachlich tüchtig war und es sofort als eine positive Herausforderung sah, Emils Wissen zu stimulieren. Emil ging es gut, sowohl fachlich als auch sozial. Er hatte eine Klassenlehrerin, die ihn oft unter seine Fittiche nahm, ohne großes Trara darum zu machen, und unser Eindruck vom öffentlichen Schulwesen, mit dem wir über zehn Jahre keine Erfahrungen gemacht hatten, war, dass dort alle Kinder willkommen sind, auch unser zurückhaltender Bücherwurm, der alles andere als ein Fußball-Fan war.

In diesem Frühling begann Emil bei den Pfadfindern. Er kam in eine Gruppe mit Gleichaltrigen, lebte sich auch hier schnell ein und freut sich bis heute auf seine wöchentlichen Pfadfindertreffen. Er kann schwimmen, seit er zwei Jahre alt ist. Seit diesem Frühjahr ging er dreimal wöchentlich zum Schwimmtraining und hatte Mut gefasst, sich zur Aufnahmeprüfung für den Schwimmkader anzumelden. Es hatten sich sehr viele Achtjährige angemeldet, und er wurde leider nicht genommen, was ihm aber in keiner Weise zu schaffen machte.

Schwere Schulprobleme und Krankmeldung

Nach den Sommerferien startete Emil als fast Neunjähriger in der vierten Klasse. Sowohl seine Klassenlehrerin als auch sein Mathematiklehrer wurden durch sehr junge und unerfahrene Lehrer ausgewechselt, die das Schuljahr damit begannen, erst einmal eine Woche Ferien zu machen. So verlief der Schulbeginn chaotisch und laut. Abiturienten, die weder pädagogisches noch fachliches Wissen mitbrachten, wurden als Ersatzlehrer angeheuert. Emil war ziemlich unglücklich. Es gab zwei Vorkommnisse, die in die Richtung Gewalttätigkeit und Mobbing gingen, die aber als »Kinderspiele« abgetan wurden, als der Klassenlehrer schließlich die Klasse übernahm.

So ging es im Herbst weiter, und Emil fühlte sich einsam und ausgeschlossen. Wir fanden heraus, dass er den ganzen Schultag über mit niemandem mehr sprach und erst zu Hause aus sich herauskam. Der Klassenlehrer nahm ihn jedoch als fröhlichen, stillen Jungen wahr, als unproblematischen Schüler, der auf keinen Fall einsam und ausgeschlossen sein konnte. Wenn wir Eltern diesen Eindruck hätten, dann könne das Problem nur bei uns liegen. Dieses Problem sei leicht zu lösen, indem wir Eltern uns bemühten, mit den anderen Eltern in Kontakt zu kommen. Im Verlauf des Herbstes hatten wir noch weitere Gespräche mit dem Klassenlehrer, denn wir sahen nicht, dass das Wohlbefinden eines Schülers davon abhänge, ob die Eltern sich mit anderen Eltern trafen oder nicht.

In dieser Zeit traten bei Emil erneut die klassischen Stresssymptome auf: Bauchschmerzen, Kopfschmerzen, Schlaflosigkeit. Oft musste er erbrechen und dann zu Hause bleiben oder, wenn es in der Schule passierte, von dort abgeholt werden. Wir luden immer wieder Mitschüler ein und organisierten Abende, an denen gemeinsam Kuchen gegessen und Videos angesehen werden konnten. Der Umgangston unter den Jungen war unüberhörbar barsch und hart. Es war ganz klar, dass dort ein Anführer Hof hielt und sich eine Gruppe aus Mitläufern um diesen populären Jungen scharte; unser Sohn hatte nicht den Mut, in dieser Gruppe mitzumischen. Für unsere Ohren gingen die Worte, die zwischen den Jungen gewechselt wurden, definitiv über die übliche Grenze hinaus. Und es war deutlich, dass Emil für die anderen keine Rolle spielte.

Wir sprachen mit dem Klassenlehrer über unsere Beobachtungen; es glückte uns aber nicht, ihn zur Kooperation zu bewegen. Im Februar ging es Emil physisch sehr schlecht: Er hatte oft Fieber, erbrach, hatte konstant Kopf- und Bauchschmerzen und bekam einen Ausschlag auf dem ganzen Körper, den weder Hausarzt noch Kinder- und Hautarzt erklären konnten und der weder durch Antibiotika noch durch Salben auch nur ansatzweise gemindert werden konnte. Wir wollten nicht hinnehmen, dass für unseren Sohn an der öffentlichen Schule kein Platz sei, und so schrieben wir auch eine Mail an die übrigen Eltern der Klasse.

Emil wurde von unserem Hausarzt krankgeschrieben, und diese Krankschreibung ging an den Schulleiter, der aber merkwürdigerweise am selben Tag mit sofortiger Wirkung von seinem Posten zurückgetreten war. So gelangte Emils Krankmeldung auf den Tisch des stellvertretenden Schulleiters. Gleichzeitig brach der Kontakt zum Klassenlehrer ab, und auch ein Anruf beim Schulpsychologen brachte keine Hilfe, denn wir wurden aufgefordert, als Erstes die Zusammenarbeit mit dem Klassenlehrer wieder in Gang zu setzen!

Uns Eltern ging es in dieser Zeit richtig schlecht. Ein Kind zu haben, das leidet, das man dauernd auffangen und aufbauen muss, und gleichzeitig auch darum zu kämpfen, dass der Schulbesuch wieder positiv verlaufen kann, aber dabei nur auf Widerstand und Voreingenommenheit zu stoßen, ist unbeschreiblich hart und niederschmetternd. Das ist etwas, das wir nicht einmal unseren schlimmsten Feinden wünschen würden. Wir versuchten, Emil wieder zur Schule zu schicken, und erhielten daraufhin einige säuerliche Mails vom vertretenden Schulleiter.

Während dieser Zeit machte Emil begeistert bei den Pfadfindern weiter, musste aber das Schwimmen wegen seiner körperlichen Erschöpfung und der häufigen Fieberanfälle einstellen. Außerdem traf er oft seine drei besten Freunde aus seiner Zeit an der kleinen Privatschule. Aber das eigentliche Schulleben macht in Dänemark ja einen großen Teil des Alltags der Kinder aus, und Emil stand klar außerhalb dieser Gemeinschaft. Ein Mädchen aus der Nachbarschaft, mit der er gespielt hatte, seit er klein war, und mit der er in der öffentlichen Schule in einer Klasse war, wandte sich völlig von ihm ab, weil er nicht zu den »Coolen« der Klasse gehörte. Sie verbreitete auch einige falsche und gemeine Gerüchte über Emil weiter, die sie aufgeschnappt hatte. Diese Gerüchte machten in der Klasse die Runde und verletzten Emil tief. Das schmerzte. Auch uns Eltern.

Schulwechsel von der öffentlichen Schule zurück in die kleine Privatschule

Schließlich hatten wir genug. Wir wollten nicht länger warten, und wir wollten unser Kind nicht länger dieser Situation aussetzen, in der uns Eltern kein Vertrauen entgegengebracht wurde und kein Interesse daran bestand, unserem Kind zu helfen. Wir meldeten Emil ab und reichten eine schriftliche Klage über das Geschehene beim Vorstand der Schule ein.

Im April fing Emil wieder an der kleinen Schule an, die mittlerweile einen neuen Vorstand und eine neue Schulleitung bekommen hatte. Die meisten Lehrer waren noch immer da. Wir können es nicht anders sagen: Es war ein Zurückkehren in ein herzliches, entgegenkommendes, wertschätzendes Zuhause. Wir wurden mit offenen Armen aufgenommen, wir Eltern, ziemlich erschöpft und desillusioniert, und ein zerrütteter Junge, der niemandem mehr vertraute und nicht wagte, etwas laut zu äußern, weil er Angst hatte, ausgelacht zu werden.

Eine neue Lehrerin war an die Schule gekommen, und sie wurde Emils Klassenlehrerin in der 4. und 5. Klasse. Die meisten Schüler waren ebenfalls neu, und so kam Emil als »neuer« Schüler in seine alte Klasse, aber als Einziger, der an dieser Schule angefangen hatte und nun mit einer zweijährigen Unterbrechung wieder dabei war. Am Anfang hatte Emil zu niemand anderem Vertrauen als zu seinem alten Mathematiklehrer, der mittlerweile Schulleiter geworden war. Der Lehrer, der maßgeblich dazu beigetragen hatte, dass sich unsere Töchter an dieser Schule so gut entwickelt hatten, sorgte nun auch dafür, dass Emils Start an der Schule gelingen konnte.

Wieder erlebten wir Emils unglaubliche Fähigkeit, sich einzufügen, und nach wenigen Wochen waren Bauch- und Kopfschmerzen verschwunden, Ausschlag und Erbrechen ebenso. Die neue

Klassenlehrerin nahm ihn unter ihre Fittiche, und Emil ging wieder gerne zur Schule und kam fröhlich nach Hause.

Emil heute: Interessen und »das mit dem Anderssein«

Die ganze 5. Klasse verging mit vielen ausschließlich positiven Schultagen mit guten Erlebnissen. Die Schule ist außerordentlich aktiv und schickt ihre Schüler einmal wöchentlich auf Ausflüge in die Region. Emil arbeitet nun in Mathematik auf dem Niveau der 6. und 7. Klasse und wird fachlich gefordert, ohne dass wir darum bitten müssen. Er liest Romane für Erwachsene, gerade hat er *Die gute Erde* von Pearl S. Buck gelesen und soll über diesen Roman eine Buchbeschreibung anfertigen. Kein Wort darüber, dass seine Buchwahl irgendwie problematisch oder Ähnliches sein könne, so wie er es früher zu hören bekommen hat.

Wenn Emil etwas bedrückt (er ist noch immer ein empfindsamer und weicher Junge, der sich alles zu Herzen nimmt), ist seine Klassenlehrerin immer für ihn da, und wir sind unglaublich glücklich darüber, dass Emil sich von selber an sie wendet, ohne dass wir vermitteln müssen. Er hat volles Vertrauen zu ihr, weil sie ihn ernst nimmt und seine Gefühle respektiert und ihn niemals mit Kommentaren wie »So sind Kinder nun einmal, das musst du nicht so ernst nehmen« oder »Sicher bist du es, der die Situation missverstanden hat« abspeist so wie sein früherer Klassenlehrer. Und es ist IMMER Zeit für ein Gespräch sowohl mit dem Klassenlehrer als auch mit dem Schulleiter für Emil und für uns Eltern. Sie sehen uns nicht als übertrieben besorgte »Curling-Eltern« oder Emil als überempfindlich. Aber Gespräche mit den Lehrern sind mittlerweile selten geworden. Endlich können wir aufatmen. Unser Alltag sieht völlig anders aus, seit wir ein Kind haben, das sich in der Schule wohlfühlt. Wir können den Lehrern gar nicht genug danken dafür, dass sie Emil aufgefangen haben, ihm zu verstehen gegeben haben, dass er sich auf sie verlassen kann und dass er nicht wieder in eine Mobbing-Situation kommen werde.

Dennoch sitzt bei uns noch immer die Enttäuschung tief, dass heute in der öffentlichen Schule kein Platz für einen richtig tüchtigen, gut sozialisierten Schüler ist, der sich von den anderen Kindern einfach nur dadurch unterscheidet, dass er empfindsamer ist und sich tiefergehende Gedanken macht. Es gibt nicht viele Zehnjährige, die sich darüber Sorgen machen, dass die Erdölressourcen zur Neige gehen oder dass die CO_2-Emissionen katastrophale Folgen für die Menschheit haben werden. Ebenso werden wenige Zehnjährige Bücher wie *Sieben Jahre in Tibet* oder *Die gute Erde* lesen, Spaß daran haben, die Abschlussarbeit in Mathematik zu rechnen oder abends vor dem Einschlafen populärwissenschaftliche Zeitschriften zu lesen und Meditationen zu hören, um gut schlafen zu können. Bei Weitem nicht alle Lehrer verstehen ein solches Kind. Vor allem macht uns unglaublich traurig, dass die meisten Lehrer, denen wir begegnet sind, es nicht einmal versuchen. Es ist einfach, einen stillen, tüchtigen Schüler in der Klasse zu haben, und es ist sehr leicht, so einen Schüler zu übersehen.

Unsere Hoffnungen für die Zukunft

Nachdem Emil sich endlich in der Schule gut aufgehoben fühlte, fasste er am Anfang der 5. Klasse den Mut, sich in einem Tauchkurs anzumelden. Die Tauchergruppe wird von einem ehemaligen Berufstaucher des Militärs geleitet. Im Kurs herrscht Disziplin. Das ist für Emil genau das Richtige: Die Kinder wissen genau, was von ihnen erwartet und welches Verhalten nicht geduldet wird. Dies gibt Emil Sicherheit, denn für Lärm, Unruhe und Ärgereien ist kein Raum. Emil plant, später einmal die Taucherprüfung abzulegen. Er genießt sein Tauchtraining, das zweimal wöchentlich stattfindet, ebenso die Nachmittage bei den Pfadfindern, und er hat angefangen, bei Ausstellungen zum Thema »Kind und Hund« mitzumachen. Jeden Morgen fährt er mit dem Fahrrad sieben Kilometer zur Straßenbahn, um von dort zur Schule zu gelangen, und nachmittags fährt er dieselbe Strecke zurück. Er selbst sagt, dass er ohne dieses Sportprogramm nachts nicht gut schlafen könnte.

Emil plant, sich als Rettungsschwimmer ausbilden zu lassen, wenn er zwölf Jahre alt ist, und mit 13 Jahren möchte er im nahe gelegenen Supermarkt jobben. Er möchte gerne nach der Gesamtschulzeit das Gymnasium besuchen, auf dem auch seine Schwestern sind, und überlegt, ob er das naturwissenschaftliche Profil mit Mathematik, Physik und Chemie als Schwerpunktfächern oder das Biologie-Profil wählt. Später möchte er entweder Atomphysiker oder Ingenieur mit der Ausrichtung erneuerbare Energien werden. Und er überlegt sich im Moment auch, ob er beim Abschlussball einen weißen Smoking tragen soll.

Noch immer hat Emil nicht besonders viele Freunde, eigentlich nur einen einzigen richtig guten, der leider nicht viel Zeit hat. Aber Emil kommt mit anderen Kindern zurecht, er kann sich gut anpassen und mit anderen zusammen arbeiten. Mit seinen Klassenkameraden fühlt er sich wohl – so sehr, dass er, der eigentlich überaus korrekt ist, zuweilen nach den Pausen zu spät zum Unterricht kommt, wie uns sein Klassenlehrer neulich mit einem Augenzwinkern berichtete. Ist es da ein Wunder, dass wir uns fühlen, als hätten wir im Lotto gewonnen?

Demnächst nimmt Emil zum vierten Mal an einem Sommercamp teil, das der Verein »Gifted Children« organisiert. Er freut sich darauf, obwohl es für einen stillen, sensiblen und schüchternen Jungen nicht einfach ist, sich unter so vielen Menschen zurechtzufinden. Aber Emil hat schon im letzten Sommer geübt, wie es ist, in Gruppen, in denen er niemanden kennt, mitzuspielen. Wir vereinbarten, dass er einfach jeden Tag mit irgendjemandem Kontakt aufnehmen solle (»Wie heißt du, wie alt bist du, wo wohnst du, wollen wir spielen?«). Und wir Eltern stupsen ihn im Alltag sanft an, damit er mehr und mehr Mut fasst, sich zu öffnen und seine Persönlichkeit zu zeigen. Wir hoffen, dass er auch den Mut findet, sich im Sommer für ein Pfadfinderlager anzumelden, und wir freuen uns darüber, dass er bald alt genug ist, um an einem Science Camp im »Talentcenter« in Sorø teilzunehmen, wo er hoffentlich einige gleichgesinnte Freunde finden wird.

Mit der Schule haben wir vereinbart, dass Emil im nächsten Jahr zwar schon das Pensum der 7. Klasse lernen wird, aber den Stoff der 8. und 9. Klasse in einem Zeitraum von drei Jahren durcharbeitet, damit er nicht zu jung ist, wenn er auf das Gymnasium kommt.

Im Hinblick auf Emils Zukunft sind wir nun zuversichtlicher, als wir es noch vor ein paar Jahren waren, als alles hoffnungslos aussah. Es ist für Eltern überhaupt nicht schön, wenn das Kind ausgeschlossen wird, den ganzen Schultag über mit niemandem spricht und nie nach der Schule von jemandem nach Hause eingeladen wird. Nach unserem Erleben ist es noch ein großes Tabu, ein Kind zu haben, das ein Außenseiter ist und sich von der Mehrheit der Kinder unterscheidet.

Wir würden uns wünschen, dass Lehrkräfte sich generell mehr dafür interessierten, wie es dieser kleinen Gruppe von Kindern geht, und die Stillen, Schüchternen, Empfindsamen und Nachdenklichen mehr in den Blick nähmen. Wir bitten weder um Extrastunden und Einzelunterricht noch um eine Extrabehandlung, sondern nur darum, dass diese Kinder so gesehen werden, wie sie sind – so, wie einige Lehrer es auch tun. Und wir würden uns Verständnis dafür wünschen, dass ein Kind, nur weil es hochbegabt ist, nicht weniger Aufmerksamkeit und Fürsorge benötigt.

Und es könnte gerne auch einen Kurs für Lehrer mit dem Titel »Hör den Eltern zu – oft verstehen sie, worum es geht, denn sie kennen ihre Kinder am besten« geben. Oder einen Kurs hierzu: »Lass dich nicht vom ersten Eindruck irreführen: Nur weil ein Kind lächelt, heißt es noch lange nicht, dass es sich in der Schule wohlfühlt«.

Es ist wichtig, identifiziert zu werden

Was es bedeutet, identifiziert zu werden

Je stärker wir empfinden, dass wir anders als andere sind, desto wichtiger ist für uns, dass Eltern und Freunde uns akzeptieren. Dann ist es auch wieder leichter, auf andere zuzugehen, Selbstbewusstsein und Mut aufzubringen, sich zu engagieren und dabei das Risiko einzugehen, Fehler zu machen. Jedes Kind, ob es nun als besonders begabt identifiziert worden ist oder nicht, braucht das Gefühl, als Mensch respektiert zu werden. Viele »Kinder mit besonderen Voraussetzungen« werden nie als solche identifiziert. Ihr Verhalten wird dann möglicherweise als unreif eingeschätzt; sie gelten als schwierig und in sich gekehrt oder auch als geltungsbedürftig und vorlaut.

Bei einzelnen Kindern werden Probleme aus dem Bereich der Kontakt- und Aufmerksamkeitsstörungen diagnostiziert, zum Beispiel Autismus-Spektrum-Störungen (ASS), Aufmerksamkeits-Defizit-Hyperaktivitäts-Störungen (ADHS) und Aufmerksamkeits-Defizit-Syndrom (ADS). Allzu oft wird das besonders intensive emotionale und intellektuelle Potenzial dieser Kinder nicht verstanden, geschweige denn aufgebaut – weder von den erwachsenen Bezugspersonen noch vom Kind selber.

Kinder, die in anderen Bereichen als den traditionellen Schulfächern begabt und kreativ sind, müssen oft ohne die notwendige Unterstützung zurechtkommen. Ein hohes intellektuelles Potenzial zu haben und talentiert zu sein, ist keineswegs eine Garantie für ein glückliches, produktives Leben. Eine amerikanische Studie (Janos & Robinson, 1985) zeigt, dass 20–25 % der »Kinder mit besonderen Voraussetzungen« Schwierigkeiten im sozialen und emotionalen Bereich zeigen. Ein Lehrer, der diese Schwierigkeiten beobachtet hatte, fasste Eltern gegenüber seinen Eindruck so zusammen: »Diese Kinder sind nicht so gut darin, Kinder zu sein, aber sie werden gut darin sein, erwachsen zu sein.«

»Viele wichtige Dinge können bis morgen warten.
Ein Kind kann es nicht, sein Name heißt: Heute!"
Gabriela Mistral

Neuere dänische Studien zeigen, dass bis zu 100 % der hochbegabten Schüler und Schülerinnen zu einem oder mehreren Zeitpunkten während ihrer Kindheit und Jugend existenzielle Krisen erlebt haben (Bisgard, 2010). Kinder haben uns allen gegenüber ein Recht darauf, dass sie unter den gegebenen kulturellen Bedingungen eine gute Kindheit erleben können.

Im Allgemeinen suchen sich Kinder ihre Lehrer und ihr Unterrichtsmilieu nicht selber aus. Sie werden einfach in eine Schule gegeben, und sie können dort wählen, ob sie sich anpassen, kämpfen oder aufgeben wollen, mit all den Auswirkungen, die diese Verhaltensweisen für ihr Selbstwertgefühl haben. Erwachsene können viel mehr Einfluss auf ihre täglichen Arbeitsbedingungen nehmen als Kinder, und sie haben es möglicherweise leichter, Freunde unter ihren Kollegen zu finden.

Für hochbegabte Menschen ist wichtig, dass sie dann, wenn sie etwas tun, ihr Engagement und ihre individuellen Qualifikationen einbringen können. Sie haben das Bedürfnis, sich für etwas zu engagieren, das sie als sinnvoll ansehen. Gerade in der Art und Weise, wie sie arbeiten, also in der Qualität ihrer Fähigkeiten und Leistungen, unterscheiden sie sich von der Norm. Neigungen nachzugehen und ein Talent zu entwickeln hat für »Menschen mit besonderen Voraussetzungen« eine große Bedeutung.

Mit Erwartungen und Leistungen umgehen

»Kinder mit besonderen Voraussetzungen« haben im Emotionalen und Sozialen andere und besonders individuelle Bedürfnisse, die über das hinausgehen, was in ihrem Alter als üblich angesehen wird. Diese werden jedoch nicht immer berücksichtigt. Gleichzeitig wird bei Kindern, die als talentiert und hochbegabt gelten, oft vorausgesetzt, dass sie Lösungen für individuelle Probleme selber finden.

Eine weitere Herausforderung, die wiederum innere Spannungen mit sich bringen kann, besteht darin, dass sie ihre eigene Begabung erkennen und akzeptieren müssen. Dazu gehört auch die Einsicht, dass das Niveau ihrer Leistungen nicht in allen Bereichen gleich hoch zu sein braucht.

Es kann vorkommen, dass sie einen Lösungsweg finden, dabei aber feststellen, dass er im Widerspruch zu den Erwartungen steht, die sie an ihre eigenen Leistungen stellen.

Mit neuen Aufgaben und unbekannten Themen konfrontiert zu werden kann eine Chance dafür sein, sich weiterzuentwickeln. Viele hochbegabte Teenager trauen sich nicht zu, Neuland zu betreten und Risiken einzugehen; sie verbauen sich so den Weg, beispielsweise die von ihnen gewünschte Ausbildung anzufangen.

Manche müssen sich entscheiden, ob sie den Erwartungen gerecht werden wollen, die andere an sie stellen, oder aber ihren eigenen Bedürfnissen. Sie müssen lernen, ihre Ungeduld zu zügeln, wenn es keine klaren Antworten auf ihre Fragen gibt, insbesondere im Hinblick auf persönliche Beziehungen oder berufliche Entscheidungen.

Sie müssen erkennen, dass sie den Bedürfnissen ihrer ganz individuellen Persönlichkeit gerecht werden müssen. Unreife Entscheidungen oder solche, die nicht ihrer Persönlichkeit entsprechen, können später die Chancen einengen, ihr Potenzial voll ausnutzen zu können.

Kinder müssen lernen, sich selber zu akzeptieren

Persönlichkeitsentwicklung und Identitätsfindung sind für alle Kinder wichtig. »Kinder mit besonderen Voraussetzungen« müssen jedoch zudem damit umzugehen lernen, dass sie sich von den meisten anderen unterscheiden. Bei Lehrern, Schulkameraden und sogar Eltern können sie deswegen auf Ablehnung stoßen. Daher ist wichtig, dass zunächst einmal die Eltern die Andersartigkeit ihrer Kinder akzeptieren und ihr Raum geben. Ebenso sollten sie verstehen, dass das Kind Zeit für sich allein benötigt, in der es seine Interessen und Fähigkeiten entwickeln kann – vielfach deutlich mehr, als für ein Kind üblicherweise als gut und förderlich angesehen wird. Eltern, ebenso aber auch die Kinder selbst, müssen das Unsicherheitsgefühl in den Griff bekommen, das entsteht, wenn jemand seine Zeit zwischen dem eigenen Bedürfnis nach Freiraum und den Ansprüchen der Gesellschaft nach Einordnung ausbalancieren muss.

Oftmals reagieren diese Kinder sensibler als andere auf Bemerkungen und Reaktionen anderer und sind damit leichter verletzbar. Missverstanden zu werden oder abgelehnt zu werden kann als besonders schmerzhaft empfunden werden. Für die gesunde Entwicklung dieser Kinder ist es deshalb so wichtig, dass sie lernen, Freundschaften aufzubauen.

Nicht selten ist es für »Kinder mit besonderen Voraussetzungen« im Teenageralter schwer, sich für passende Berufsmöglichkeiten zu entscheiden. Das große Angebot kann lähmend auf sie wirken, und eine falsche Entscheidung kann später einschränkend wirken. Für sie ist es hilfreich, mit anderen über Möglichkeiten und alternative Lösungswege für Probleme nachzudenken.

»Besondere Voraussetzungen« identifizieren

Sowohl internationale (Colangelo, Assouline & Gross, 2004) als auch dänische Untersuchungen (Nissen & Baltzer, 2011; Nissen, Kyed & Baltzer, 2011) zeigen, dass es hochbegabte Kinder gibt, die im Schulalltag Herausforderungen vermissen und deren Begabung nicht erkannt wird. Eine frühe Identifikation ist jedoch wichtig, um eine optimale Entwicklung zu sichern. Die Anwendung von Intelligenztests ist zeit- und kostenintensiv; zudem erfassen Tests nur Teilbereiche der Intelligenz. Die Tests sind auf der Grundlage eines theoretischen, wissenschaftlichen Zugangs zu der Frage entwickelt worden, was unter einem begabten Schulkind zu verstehen ist. Der in Dänemark am meisten angewandte Intelligenztest, der WISC, legt beispielsweise ein besonderes Gewicht auf die mathematisch-logische Intelligenz.

Im Ausland sind Checklisten entwickelt worden, mit deren Hilfe Eigenschaften hochbegabter Kinder erfasst werden, beispielsweise von der amerikanischen Psychologin Linda Kreger Silverman (1984). Diese Checklisten sind jedoch für die Identifikation von Kindern in einem bestimmten kulturellen Kontext erarbeitet worden und lassen sich nicht ohne Weiteres auf andere Länder übertragen.

Daher wurden in Dänemark auf der Grundlage dänischer Spezifika zwei Checklisten entwickelt. In der einen (Nissen, in press) gleicht die Testdurchführung einem kurzen »Screening-Verfahren«. Im ersten Schritt werden in einem »multi-informanten-Verfahren« begabte Schüler sowie ihre Eltern und Lehrer gebeten, für 25 Charakterisierungen anzugeben, wie weit sie sie für relevant halten. Mit einer »2« wird markiert, wenn die Aussage zutreffend ist oder oft zutrifft, mit »1« wird markiert, wenn sich der beschriebene Sachverhalt manchmal einstellt, und mit »0«, wenn die Äußerung nicht zutrifft. Diese Checklisten wurden für die Identifikation der oberen »5 % der begabten Schulkinder« entwickelt. Das Verfahren dauert nur wenige Minuten. Sogenannte »cut-off-Zahlenwerte« werden hinzugezogen, um zu ermitteln, mit welcher Wahrscheinlichkeit es sich um ein begabtes oder hochbegabtes Kind handelt. Für diese Checklisten ist auch eine App entwickelt worden.

Eine andere Checkliste wurde auf der Grundlage von Untersuchungsergebnissen bei hochbegabten Kindern mit einem Intelligenzquotienten von 130–160 entwickelt. Auch diese Liste besteht aus 25 Items, und auch hier kann man zwischen den Werten »0«, »1« und »2« wählen, je nachdem wie sehr das Merkmal zutrifft. Und auch hierfür wurden für die Auswertung Schwellenwerte errechnet, die Aufschluss darüber geben, wie hoch das Begabungspotenzial des getesteten Kindes aller Wahrscheinlichkeit nach ist. Erreicht ein Kind bei diesem Testverfahren beispielsweise 35 Punkte, kann man mit einer Wahrscheinlichkeit von 95 % davon ausgehen, dass das Kind hochbegabt ist. Die Intention, die hinter der Entwicklung dieser

Checklisten steht, ist nicht, zwischen hochbegabten und »normalen« Kindern unterscheiden zu können. Es geht vielmehr gezielt darum, Schüler zu identifizieren, die ihr Potenzial nicht optimal ausnutzen. Diese Listen können auch für eine ganze Schulklasse verwendet werden, vermitteln Lehrern dann einen Eindruck von den Potenzialen ihrer Schüler und können folglich eine effektive Grundlage für potenzialdifferenzierenden Unterricht sein (Nissen, Kyed & Baltzer, 2011).

Auch Checklisten können (wie Intelligenztests) nicht für sich alleine stehen. Die Informationen, die sie liefern, müssen mit konkreten Aussagen von Eltern und weiteren Personen, die das Kind über einen längeren Zeitraum hinweg kennen, zusammengeführt werden. Eltern, Lehrkräfte und Pädagogen wissen, wie sich ein Kind verhält, wenn es spielt, wenn es an unterschiedlichen Aktivitäten teilnimmt und wie es sich gegenüber anderen Kindern und Erwachsenen verhält. Dieser Schritt ist bei einer Begabungsdiagnostik unerlässlich: Man muss dabei die Bedingungen einbeziehen, unter denen ein Kind lebt, und die Netzwerke, zu denen es gehört (Familie, Schule und weitere Institutionen).

Um ein Kind, das zur Untersuchung in meine Praxis kommt, kennenzulernen, lasse ich das Kind oft zunächst einmal von sich erzählen und ich höre ihm zu, wie es Dinge sieht oder wie es Probleme löst. Anknüpfungspunkte können gezielte Aufgaben sein, ebenso persönliche Themen oder Fragen des Zusammenlebens mit anderen. Oft verwende ich auch Aufgaben wie CHIPS (Childrens Problem Solving) oder den Raven-Matrizentest, aus denen sich Anhaltspunkte über die generellen Fähigkeiten des Kindes zur Problemlösung und zur Bewältigung von schulischem Lernstoff ableiten lassen.

Für das Kind ist es wichtig, dass wir uns auf seine individuelle Wahrnehmung der Sachlagen einlassen, bevor wir unsere eigene Sichtweise einbringen – genau wie es der dänische Philosoph Søren Kierkegaard 1859 formuliert hat: »Wenn wir jemandem helfen wollen, müssen wir zunächst herausfinden, wo er steht. Das ist das Geheimnis der Fürsorge.«

Frejas Geschichte

Unsere Tochter war als Säugling in keiner Weise auffällig. Sie war aufgeweckt, fröhlich und stark wie ein Stier. Aber in intellektueller Hinsicht stach sie nicht hervor, sie lernte nicht besonders früh laufen, und sie begann in einem »normalen« Alter zu sprechen. Nichts in ihrem Verhalten hätte unsere Aufmerksamkeit auf das Thema »besondere Intelligenz« lenken können. Das einzig Bemerkenswerte war, dass sie schon die ganze Nacht durchschlief, als sie erst einen Monat alt war – etwas, das sich bei ihrem kleinen Bruder im Übrigen wiederholte.

Kleinkindalter

Mit sechs Monaten kam Freja für einige Stunden in der Woche in einen Kinderhort. Damals, 1994, war es noch sehr ungewöhnlich, dass so kleine Kinder einen Platz bekamen, und sie war die Einzige in ihrem Alter. Wir hatten keine gleichaltrigen Kinder in unserer Umgebung, mit denen wir sie hätten vergleichen können, und so sahen wir noch immer nichts Auffälliges an ihrem Verhalten. Sie war fröhlich und entwickelte sich gut. Sie hatte – und das ist so geblieben – ein hohes Energieniveau und schlief jede Nacht wie ein Murmeltier. Rückblickend betrachtet können wir sehen, dass sie mit allen Herausforderungen und Spielen extrem gut zurechtkam, aber das registrierten wir damals noch nicht. Sie war unser erstes Kind, und wir gingen einfach davon aus, dass all die Spiele, für die wir uns Zeit nahmen, genau das Richtige für sie waren.

Ihre Großmutter, die 25 Jahre lang Tagesmutter gewesen war und daher ein gutes Auge für die Entwicklung von Kindern hat, und ihr Großvater, der Psychologe war und sich mit hoher Intelligenz auskannte, haben uns beide – unabhängig voneinander – gesagt, dass Freja ein intelligentes Mädchen sei. Wir haben uns dabei nichts gedacht und hielten dies eher für typische Kommentare glücklicher und liebevoller Großeltern.

Kindergartenalter

Unsere Tochter kam früh, schon mit zwei Jahren, in den Kindergarten. Im Laufe ihrer Kindergartenzeit erlebten wir, dass sie zum ersten Mal Probleme mit anderen Kindern hatte. Sie war meistens mit älteren Kindern zusammen; die Spiele der Gleichaltrigen interessierten sie nicht so sehr. Je älter sie wurde, desto kleiner wurde für sie daher die Gruppe älterer Spielkameraden, weil diese in der Zwischenzeit eingeschult worden waren, und während ihres letzten Kindergartenjahres langweilte sie sich unbeschreiblich.

Charakteristisch für sie war, dass sie sich extrem um Kontakte zu Erwachsenen bemühte: sowohl zu Erwachsenen, die sie kannte, als auch zu Fremden. Auf dem Spielplatz oder am Strand konnte sie beispielsweise fremde Erwachsene ansprechen, sich auf diese Weise das Vergnügen eines vernünftigen Gesprächs verschaffen und dann zur »Basis« zurückkehren.

Als Eltern eines so vertrauensvollen und offenen Kindes macht man sich natürlich Sorgen, dass es eines Tages auf Menschen stoßen könnte, die es nicht gut mit ihr meinten. Wir sprachen mit ihr über dieses Risiko, achteten aber darauf, sie damit nicht zu erschrecken. Kurz hatten wir auch darüber nachgedacht, ob sie möglicherweise von uns nicht genug Aufmerksamkeit erhielt; wir glaubten aber, wirklich ausreichend für sie da zu sein, und vermuteten, dass diese Kontaktaufnahmen mehr durch ihre neugierige Persönlichkeit motiviert war. Eine Neugierde, die außerdem Hand in Hand mit dem Wunsch ging, alles genau zu untersuchen – alles musste angefasst werden, und zwar nicht auf zerstörerische Weise, sondern forschend und untersuchend.

In diesem Alter war sie geradezu eine lebende Ausgabe des Fernseh-Quiz »20 Fragen an den Professor«, eines Ratespiels. Sobald sie wach war, stellte sie Fragen zu allem zwischen Himmel und Erde. Ozonschicht, Inlandseis, wer die Kartoffel entdeckt hat, was die Polizei tut und so weiter. Ihr Bruder stellte ebenfalls fortwährend Fragen, aber sie betrafen eher spezifische Themen. Er interessierte sich lange Zeit sehr für das Universum und wollte detailliert über schwarze Löcher, Galaxien, Big Bang und so weiter informiert werden. Beide wollten Dinge verstehen. Freja hat sehr viel breitere Interessen und geht zugleich etwas oberflächlicher mit den Themen um, während ihr Bruder bei seinen nicht so zahlreichen Interessen in die Tiefe vordringen möchte.

Die Kindergartenzeit, die eigentlich verhältnismäßig ruhig und idyllisch war, wurde durch erste Erlebnisse mit Mobbing und Schwierigkeiten im sozialen Umgang gestört, als Freja fünf Jahre alt war. In der Freizeit kam es zu ersten Hänseleien durch Gleichaltrige, und kurz darauf ergaben sich solche Situationen wiederholt auch im Kindergarten. Doch nie waren diese Vorkommnisse besonders gravierend; sie bewegten sich im Rahmen dessen, womit man einfach rechnen muss. Aber es erschwerte die Situation für Freja natürlich, dass die Probleme sowohl innerhalb als auch außerhalb des Kindergartens auftraten.

Wir machten uns über diese Mobbing-Situationen natürlich doch etwas Sorgen und versuchten unsere Tochter zu unterstützen, indem wir mit ihr über ihr eigenes Verhalten sprachen und auch einige Eltern von Kameraden auf das Problem hinwiesen. Uns blieb nicht verborgen, dass unsere Tochter sich die Hänseleien sehr zu Herzen nahm und dass sie verletzlich war. Sie selber sprach davon, dass sie sich als anders als die anderen Kinder empfand. Wie sie dies genau formulierte, daran erinnern wir uns nicht mehr, aber für sie war dieses Anderssein etwas Negatives. Auch damals erlebten wir sie noch immer nicht als hochbegabt. Wir wussten zwar, dass sie ein heller Kopf war, aber da wir die Merkmale von Hochbegabung nicht kannten, kamen wir nicht auf die Idee, dass sich ihr Verhalten mindestens zum Teil aus ihnen erklären ließ. Wir waren uns aber im Klaren darüber, dass sie sich von anderen unterschied, und gerade diese Erkenntnis war wichtig.

Wenn es zu Zusammenstößen mit den anderen Kindern kam, war das nicht immer die »Schuld« der anderen – oder konkreter gesagt: Sie haben nicht mit Absicht einen Konflikt mit Freja provoziert. Im Gegenteil, sie mochten Freja, und es war zu gleichen Teilen auch ihr eigenes, unbewusstes Verhalten, das zu den Konflikten führte. Sie ist ungeduldig, starrköpfig und übernimmt gerne die Führung, und keine dieser Eigenschaften ist aus Sicht anderer Kindern besonders angenehm. Gleichzeitig hat sie einen stark ausgeprägten Gerechtigkeitssinn. Deshalb wies sie andere Kinder zurecht, und auch dies rief bei den anderen Kindern negative Reaktionen hervor. Wir hatten unzählige Gespräche mit Freja, um sie davon zu überzeugen, diesen »Job« Erwachsenen zu überlassen, doch einen wesentlichen Effekt auf sie hatte dies nicht. Ihr Gerechtigkeitssinn ist in ihr so tief verankert, dass es ihr nicht gelang, ihn herunterzufahren. Es hat mehrere Jahre gedauert, bis sie eingesehen hat, dass man sich in solchen Fragen lieber zurückhalten sollte.

Für Außenstehende ist es vielleicht unverständlich, dass wir Freja nicht früher eingeschult haben. Sie ist im Frühjahr geboren und hätte daher ohne Probleme ein Jahr früher zur Schule kommen können. Um die Weihnachtszeit herum haben wir viel darüber gesprochen, ob sie kurz nach ihrem fünften Geburtstag oder nach ihrem sechsten eingeschult werden sollte. Obwohl sie sehr reif war, glaubten wir, sie habe einen großen Bedarf danach, zu spielen und »klein« zu sein. Wir kamen also zu dem Ergebnis, dass sie wohl nicht viel von einer frühen Einschulung haben werde, und diese Entscheidung haben wir auch später nicht bereut. Unsere Kinder sind beide in der gleichen Jahreszeit geboren, und so stellte sich uns die Frage bald darauf ein zweites Mal. Wieder trafen wir dieselbe Entscheidung, nur fiel sie uns beim zweiten Mal leichter, da unser Sohn keinen so deutlichen Entwicklungsvorsprung zeigte und nicht so reif schien wie unsere Tochter.

Freja wird sich immer deutlich von anderen unterscheiden, daher ist es eigentlich egal, ob sie jetzt, mit dem Beginn der Pubertät, mit Gleichaltrigen oder mit älteren Schülern zusammen ist, und wir sind froh darüber, dass sie diese Phase zusammen mit anderen erlebt, die in derselben Situation sind. Hätten wir sie früher eingeschult, läge sie im Hinblick auf ihre körperliche Entwicklung hinter den meisten ihrer Klassenkameraden zurück. In der Teenagerzeit, die eigene Herausforderungen mit sich bringt und in der nicht mehr alles mit den Eltern besprochen wird, ist es wichtig, andere um sich zu haben, die sich mit ähnlichen Gedanken und Gefühlen beschäftigen.

Die Zeit in der Vorschulklasse

Es waren etwas ungewöhnliche Umstände, unter denen wir wieder mit der Institution Schule in Kontakt kamen, nun also aus der Perspektive der Eltern. In dem Ort, in dem wir leben, hatte man einige Jahre zuvor, als die Kinderzahl gering war, die Distriktsschule verkauft und die Kinder in Nachbargemeinden verteilt, weil deren Schulen in geringer Entfernung genügend Schulplätze hatten. Als die Kinderzahl wieder stieg, wurde eine neue Distriktsschule gebaut und es den Eltern überlassen, ob sie ihre Kinder dorthin oder auf eine der »alten« Schulen schicken wollten. Wir haben hin und her überlegt und entschieden uns schließlich für die neue Schule.

Freja wurde daher gemeinsam mit ihrem Jahrgang in vorläufigen Schulräumen untergebracht, in denen nur die Vorschulklassen Platz hatten. Man muss sich das Ganze also als eine Schule vorstellen, die in vielem eine Fortsetzung der Kindergartenzeit war, nur mit dem Unterschied, dass die Sechs-und Siebenjährigen unter sich waren. Natürlich fanden außerdem die üblichen Vorschulaktivitäten statt.

Die Nachmittagsbetreuung fand ebenfalls in diesem Gebäude statt, so dass unsere Tochter nie Kontakt zu älteren Schülern hatte. Frejas Bedarf an Kontakt mit Älteren konnte also nur über die Erwachsenen in der Schule gedeckt werden.

Freja war glücklich mit den Herausforderungen, die sie während der Schulstunden erhielt, langweilte sich aber unaussprechlich in der Nachmittagsbetreuung. Sie grenzte sich von den anderen ab. Während die Klassenkameraden draußen spielten oder etwas mit LEGO bauten, blieb sie oft drinnen und spielte zum Beispiel Backgammon mit den Pädagogen. Das war zwar nicht unmittelbar problematisch, zeigte aber wieder ihre Andersartigkeit, die sie von ihrer Kindergartenzeit an begleitet hat. Dabei war es nicht etwa unwichtig für sie, gleichaltrige Freunde zu haben, aber es fiel ihr einfach schwer, gute Beziehungen zu ihnen aufzubauen. Unser Eindruck war, dass sie nichts fand, was sie mit den anderen verband. Mit ihrem Verhalten unterschied sie sich einfach zu sehr davon, wie die anderen Mädchen spielten.

Außerdem ist sie sehr groß, und auch das trug dazu bei, dass sie sich von den anderen abhob. Sie war immer die Größte in ihrer Klasse – und so ist es bis heute geblieben. Wir wissen nicht mehr, wie groß sie in der ersten Klasse war, aber nun – mit 12, fast 13 Jahren – ist sie 1,70 m groß und sieht eher aus wie eine 14-Jährige. Man stellt nur allzu leicht zu hohe Ansprüche an ein Kind, das reif aussieht und körperlich weiter entwickelt ist. So wurde sie im Kindergarten dafür eingesetzt, auf die »Kleinen« aufzupassen, wenn die Gruppe unterwegs war. Auf den ersten Blick ist das eine attraktive Aufgabe, aber sie stellt auch hohe Ansprüche an ein sechsjähriges Kind. Dies macht auch deutlich, dass es nicht immer von ihr ausging, wenn sich ihr Verhältnis zu ihren Klassenkameraden als asymmetrisch darstellte.

Wir versuchten, sie mit intellektuellen Herausforderungen zu unterstützen, aber wir bemühten uns auch gleichzeitig darum, dass sie mit anderen Kindern zu spielen lernte. Und noch immer hatten wir nicht bemerkt, dass sie »besondere Voraussetzungen« hat, auch wenn wir uns intensiv Gedanken darüber machten, dass sie in sozialer Hinsicht so schlecht zurechtkam. Sie hatte eine Freundin in der Klasse, mit der sie manchmal spielte, aber nicht, weil sie miteinander befreundet waren, sondern eher deshalb, weil dieses Mädchen ihr gegenüber etwas zugänglicher war als die übrigen Kinder.

Mitten im Schuljahr begann sie sich für Sport zu interessieren, und dies hatte langfristig für sie große Bedeutung.

Der Übergang in die erste Klasse

Die Zeit in der ersten Klasse begann sehr positiv, mit neuer Energie und großer Lust darauf, etwas zu lernen. Die Klasse wurde in den provisorischen Räumen untergebracht. Ungünstig für Freja war, dass ihr Jahrgang noch immer die älteste Klassenstufe war und ihr somit die Interaktion mit älteren Kindern fehlte. Sie versuchte weiterhin, Kontakte zu Erwachsenen herzustellen, besonders zu einer Lehrerin und einem Pädagogen. Außerdem freundete sie sich mit einem Jungen aus ihrer Klasse an, der extrem lieb war. Von den anderen unterschieden sich die beiden jeweils auf eigene Weise. Der Junge brauchte Unterstützung und wich ebenso wie sie von der »Normalität« ab. Darin trafen sie sich also und kamen sehr gut miteinander zurecht.

Das erste Halbjahr der ersten Klasse verlief gut, Freja ging gerne zur Schule und fühlte sich wohl. Von der Kleinkinderzeit an hat sie ein fröhliches Gemüt, lacht gerne und ist gut gelaunt. Im Nachhinein betrachtet sehen wir aber, dass sie damals nicht mehr so fröhlich war wie zuvor, aber in der Situation selbst bemerkten wir das nicht. Vielleicht dachten wir, dass die Veränderung ein Teil des Älterwerdens war; wir schenkten dem jedenfalls keine Beachtung. Das aber hätte wir tun sollen. Gegen Ende des Schuljahres nämlich brach sie vollständig zusammen. Wie ein Blitz aus heiterem Himmel traf uns die Erkenntnis, dass es ihr richtig schlecht ging. Das Verhältnis zu ihrer Lehrerin war angespannt, und sie fühlte sich enorm unsicher dabei, einzuschätzen, was richtig und was falsch ist. Wir versuchten, mit der Schule ins Gespräch zu kommen, aber da das Problem sehr stark mit einer Lehrkraft zusammenhing, war es natürlich nicht einfach für die Beteiligten, zu einer Lösung zu gelangen. Das einzige Treffen, das wir hatten, förderte den Konflikt eher, als dass es ihn verkleinerte.

Aus der Distanz betrachtet ist es leicht zu verstehen, dass die Klassenlehrerin nicht professionell zur Lösung beitragen konnte, da das Problem für sie – ebenso wie für uns – sehr persönlich war. Ihre

Reaktion ist nachvollziehbar, aber in der Situation selber war es für uns sehr schwer zu akzeptieren, dass von der Schule keinerlei Hilfestellung zu erwarten war. Der einzige Rat, den wir in dieser leider sehr angespannten Situation erhielten, war, uns professionelle Hilfe für unser Kind zu suchen. Dieser Rat war mehr als Provokation gemeint, als Abwehr des Problems von Seiten der Schule. Also verfolgten wir diesen Gedanken zunächst nicht, doch er rückte später wieder auf die Tagesordnung. Wir zweifelten daran, dass dies der richtige Weg sei. Doch gleichzeitig standen wir der Situation ratlos gegenüber, dass es unserem Kind so massiv schlecht ging. Wir wussten überhaupt nicht, was wir tun sollten. Immer wieder besprachen wir die Situation miteinander. Die Idee, den Schulpsychologen einzubeziehen, verwarfen wir, denn die Schulstrukturen waren noch nicht so weit etabliert, dass es Zugang zu den sonst üblichen Hilfsmaßnahmen gab. Wir fühlten uns auch nicht wohl bei dem Gedanken, den Psychologen der Schule hinzuzuziehen, weil wir insgesamt das Vertrauen in diese Schule verloren hatten. Im Grunde waren wir auch sicher, dass mit unserer Tochter alles in Ordnung war. Wir schoben also alles auf die Umstände des Schulbeginns mit den zahlreichen Komplikationen, etwa den provisorischen Räumen, dem fehlenden Kontakt zu älteren Schülern. Auch dass gerade mit der Klassenlehrerin der Wunsch nach Kontakt mit Erwachsenen nicht erfüllbar war, hatte aus unserer Sicht dazu beigetragen, dass unsere Tochter aus dem Gleichgewicht geriet.

Trotzdem waren wir nicht sicher, ob wir die Situation richtig einschätzten. Schließlich suchten wir einen Kinderpsychologen auf, der uns empfohlen worden war, um eine unvoreingenommene Einschätzung und Hilfe zu bekommen. Unsere Tochter reagierte äußerst ängstlich darauf, einen Psychologen treffen zu müssen. Wenn es nach ihr gegangen wäre, wäre sie einfach weiter zur Schule gegangen, egal wie sie sich dabei fühlte. Zum Glück durften wir bei dem Gespräch mit dem Psychologen dabei sein; wir mussten lediglich hinter ihr sitzen, so dass sie uns nicht sehen konnte. Nach wenigen Minuten hatte der Psychologe ihre volle Aufmerksamkeit gewonnen, und es entwickelte sich ein langes, gutes Gespräch über alles Mögliche – auch darüber, wie es ihr im Alltag ging. Ein Intelligenztest wurde nicht durchgeführt, denn die Untersuchung konzentrierte sich auf ihre Situation. Zu unserer großen Erleichterung kam der Psychologe zu dem Ergebnis, dass ihr nichts fehlte und dass der Auslöser ihrer derzeitigen Probleme die angespannte Situation sei, die sich gegenüber der Klassenlehrerin entwickelt hatte. Wir dachten kurz über einen Schulwechsel nach, entschieden uns dann aber dafür, sie in ihrem vertrauten Schulumfeld zu lassen. Abschließend war der Psychologe noch auf das Thema »besondere Voraussetzungen« zu sprechen gekommen und hatte uns einige Artikel hierzu mit nach Hause gegeben.

Einen Kinderpsychologen zu konsultieren ist eine komplexe Angelegenheit. Die Untersuchung kann ergeben, dass dem Kind etwas fehlt; außerdem muss man seine Elternrolle hinterfragen. Probleme können ja auch auf etwas zurückgehen, das die Eltern tun bzw. unterlassen. Aber letztlich gibt es nur eines, das schlimmer ist, als zu erfahren, dass das Kind an einer psychischen Krankheit leidet – nämlich genau vor einer solchen Auskunft die Augen zu verschließen!

Für uns bedeutete dieser Besuch einen Wendepunkt: Uns war versichert worden, dass unsere Tochter gesund sei und ein gutes Verhältnis zu uns Eltern habe. Außerdem wurden wir darauf aufmerksam gemacht, dass sie möglicherweise überdurchschnittlich begabt sei, was uns interessanterweise nie aufgefallen war. Vor der Untersuchung waren wir handlungsunfähig gewesen. Nun konnten wir gegen viele Dinge, die im Alltag unserer Tochter nicht funktionierten, etwas unternehmen. In der Schule baten wir darum, dass zwischen der Klassenlehrerin und unserer Tochter eine gewisse Form von Distanz geschaffen wurde. Als neue Kontaktperson bekam sie einen jungen Pädagogen, mit dem sie sich gut verstand.

Wir informierten uns weiter über »Kinder mit besonderen Voraussetzungen«, lasen Fachliteratur zu diesem Thema und nahmen Kontakt zur Hochbegabtenorganisation Mensa auf, die ein Netzwerk für Kinder aufgebaut hatte. Das Gespräch mit der Mensa-Ansprechpartnerin war auch in emotionaler Hinsicht ein herausragendes Erlebnis. Zum allerersten Mal verschwand bei uns das bedrückende Gefühl, ein Kind zu haben, das anders war. Wir sprachen mit jemandem, der das Verhaltensmuster unserer Tochter verstand und dies alles gar nicht als »anders« empfand. Alle die »besonderen« Dinge, von denen wir erzählten, konnte sie als charakteristisch wiedererkennen. Wir meldeten unsere Tochter sofort an, ebenso unseren Sohn, der ebenfalls die typischen Merkmale zeigte.

Nach den Sommerferien war die neue Schule dann fertig. Hier gab es nun auch ältere Kinder (wenn auch relativ wenige), und außerdem war auch alles Organisatorische des Schulbetriebs etabliert worden. Wir hofften für unsere Tochter, dass es nun bergauf gehen würde.

Leider kam es anders. Die Probleme eskalierten im Laufe der 2. Klasse. Die Schule war sehr modern, ebenso auch der pädagogische Grundansatz. Im Schulinneren gibt es keine Trennwände, und so sind Räume entstanden, in denen jeweils drei bis vier Klassen untergebracht werden. Wieder hatten wir das Pech, weil Freja in eine Gruppe kam, in der sie zu den älteren Schülern gehörte. Und der Raumzuschnitt brachte mit sich, dass es sehr laut war. Die Kinder haben untereinander enorm viele Kontakte und müssen sich in diesem komplexen Netzwerk von Beziehungen zurechtfinden. Hinzu kam, dass die Energie der Lehrkräfte und Pädagogen sich nicht voll auf den Unterricht konzentrierte, weil vieles an der Schule noch nicht eingespielt war oder noch in Gang kommen musste. Die Energie, die hierfür aufgebracht werden musste, ging auf Kosten der Aufmerksamkeit, die die Kinder gebraucht hätten. Es fanden viele Konferenzen statt, es kam zu Ausfällen durch Krankmeldungen und Elternzeit, es gab viele Lehrerwechsel und somit wenig Kontinuität im Unterricht. Das hatte Konsequenzen für unsere Tochter, der man eben nicht auf den ersten Blick anmerkte, dass sie Unterstützung dabei brauchte, in einer Klassengemeinschaft einen Platz zu finden.

So erfüllten sich die Hoffnungen nicht, die wir an den Neuanfang geknüpft hatten. Freja freundete sich aber mit einem anderen Mädchen in der Klasse an, und wir hofften, dass dies ihrer sozialen Entwicklung gut tun würde. Leider zog diese Freundin bald darauf weg. Unsere Tochter lernte ein anderes Mädchen kennen, doch hier wiederholte sich das alte Muster, dass die Verbindung zwischen ihnen letztlich nur darin bestand, dass sie beide anders waren als die anderen.

Fachlich ging es unserer Tochter nicht besonders gut in der Schule. Es kostete sie offensichtlich unheimlich viel Kraft, sich in die Klassengemeinschaft einzufügen, so dass für die schulischen Arbeiten kaum Energie übrig blieb. Die Kinder waren inzwischen in einem Alter, in dem sie schreiben konnten, und jeden Tag erhielten sie die Aufgabe, zu Hause etwas Kurzes in ihr »Schul-Logbuch« zu schreiben. Wir hatten nicht den Eindruck, dass irgendjemand jemals durchlas, was sie schrieben, und für uns war es extrem schwer, unsere Tochter dazu zu bringen, dort etwas über ihren Schulalltag aufzuschreiben – der zudem vollständig chaotisch war. Wir versuchten, in diesem Punkt ein gewisses Pflichtbewusstsein aufrechtzuerhalten, mussten aber schließlich aufgeben. Es nahm für Freja traumatische Dimensionen an, bei den Hausaufgaben ihren unangenehmen Schultag gewissermaßen erneut durchleben zu müssen, und es kam uns völlig sinnlos vor, dass sie diese Belastungen auch noch aufschreiben solle.

Wir versuchten, Kontakt mit der Schulleitung aufzunehmen, und berichteten von den Ergebnissen der psychologischen Untersuchung. Unseren Hinweis auf »besondere Voraussetzungen« wertete der Schulleiter als »Behauptung«, die er mit der Bemerkung »Da kann ja jeder kommen« abtat. Im Nachhinein hätte diese Reaktion schon ausreichen müssen, um uns zu einem Schulwechsel zu bewegen, aber aus unerfindlichen Gründen haben wir diese Entscheidung nicht getroffen.

Ein Lichtblick für Freja war in dieser schwierigen Zeit, dass sie eine gute Freundin hatte, die an Wochenenden und in den Ferien bei ihrem Vater ganz bei uns in der Nähe war. Zwischen den Mädchen herrschte wechselseitige Sympathie, und hieraus entwickelte sich eine echte Freundschaft. Unsere Tochter freundete sich zwar auch mit anderen Kindern an, aber das Besondere an dieser Freundschaft war, dass sie über viele Jahre bestand (und bis heute hält).

Um unsere beiden Kinder herum hatte sich ferner ein stabiles Netzwerk aus Erwachsenen entwickelt. Als unser Sohn klein war, kümmerte sich ein junges Mädchen um ihn, die jetzt, zusammen mit ihrem Freund, immer noch bei uns wohnt. Für beide Kinder war es wertvoll, Erwachsene im familiären Umfeld zu haben, an die sie sich wenden konnten, wenn wir Eltern »nervten«. Eine weitere Bezugsperson war ein Nachbar. Mehrere der Bewohner unseres Hauses zeigten ein tiefes Verständnis für Frejas »besondere Voraussetzungen« und konnten auch Parallelen zu ihrer eigenen Kindheit feststellen.

Freja war nach wie vor eine begeisterte Sportlerin und fing an, zweimal pro Woche zu trainieren. Außerdem nahmen wir zum ersten Mal an einem Treffen teil, das Mensa organisiert hatte, und sie lernte dort gleichgesinnte Kinder kennen. Sowohl ihr als auch ihrem Bruder tat es gut, Kinder zu treffen, die »auf derselben Frequenz senden«. Vor allem mit einem gleichaltrigen Mädchen freundete sie sich an. Ihre Vertrautheit war für beide sehr wichtig, und ihre Freundschaft hat sich seitdem weiterentwickelt, so dass die beiden sich häufig sehen.

In den Sommerferien zwischen der 2. und 3. Klasse nahmen wir an einer von Mensa organisierten Familienfreizeit teil. Auch das war ein fantastisches Erlebnis für Freja, nicht zuletzt deshalb, weil sie einen gleichaltrigen Jungen aus Jütland kennenlernte, dem sie in ihrem Herzen einen speziellen Platz einräumte. Sie befanden sich einfach auf derselben Wellenlänge. Vor allem für den Jungen war diese Erfahrung ungewöhnlich, weil er sich sonst sehr schwer damit tat, mit anderen in Kontakt zu kommen. Für Freja war es ein Erlebnis, jemanden kennenzulernen, für den sie selber etwas Besonderes bedeutete. Etwas Vergleichbares hatte sie zuvor nicht erlebt. Es war also für beide aus jeweils verschiedenen Gründen eine besondere Freundschaft. Um sich zu besuchen, fuhren beide erstmals alleine im Intercity.

Die 3. Klasse und ein Wendepunkt

In der ersten Hälfte der 3. Klasse gab es keine auffälligen Vorkommnisse. Ohne dass es ihr besonders schlecht zu gehen schien, wirkte es doch so, als schleppe sie sich durch den Schulalltag. Relativ häufig fragte sie, ob sie nicht die Schule wechseln könne, aber wir meinten noch immer, dass wir ihr die vertraute Umgebung erhalten sollten, und erfassten die Dringlichkeit ihrer Frage nicht.

Kurz vor den Weihnachtsferien kam es zu einem Wendepunkt. Unsere Tochter war immer zu den Geburtstagen der anderen Kinder eingeladen worden und hatte ihre eigenen mit großem Eifer vorbereitet. Im Laufe des Dezembers nahte nun die Geburtstagsfeier eines ihrer Klassenkameraden. Ihre Reaktion auf die Einladung war völlig überraschend. Hier der Dialog (aus dem Gedächtnis wiedergegeben), der sich in diesem Zusammenhang ergab:

Tochter: Ich möchte nicht zu diesem Geburtstag.
Mutter: Warum nicht?
Tochter: Ich will einfach nicht.
Mutter: Aber glaubst du denn, dass die anderen Kinder zu deiner Geburtstagsfeier kommen mögen, wenn du nicht zu ihren gehst?
Tochter: Nein, das glaube ich nicht, aber sie sollen auch nicht herkommen!
Mutter: Warum nicht?
Tochter: Ich kann sie nicht leiden, und sie mögen mich auch nicht – und das bringt alles nichts.

Dieses kurze Gespräch zeigte uns, wie es um sie stand. Denn sonst liebte sie Feste, und natürlich auch ihre eigene Geburtstagsfeier.

Plötzlich wurde uns klar, dass sie aufgegeben hatte und nur noch darauf wartete, dass wir Eltern verstanden, wie sehr sie sich wünschte, diese Schule zu verlassen. Sie hatte kein Interesse daran, sich einen Platz in der Klassengemeinschaft zu erkämpfen, und hatte ihre Gefühle auf Stand-by gestellt. Später erzählte sie uns, dass sie in dieser Zeit oft abends im Bett geweint und sich im Alltag schlecht gefühlt habe. Aber nach außen hin ließ sie sich nichts anmerken, so dass wir annahmen, sie habe für sich einen Weg gefunden, mit den Gegebenheiten der Schule irgendwie klarzukommen. Dieses zufällige Gespräch über die Geburtstagseinladung öffnete uns nun die Augen, wie weit es gekommen war.

Dann stand der zweite Besuch bei einem Kinderpsychologen an, diesmal mit einem Kind, das sich unsagbar darauf freute. Es sollte ein Intelligenztest durchgeführt werden, weil in einem halben Jahr eine Schule für Kinder mit »besonderen Voraussetzungen« eröffnet werden sollte, die Mentiqa-Schule, und wir vorhatten, sie dort anzumelden.

Der Psychologe testete sie und bestätigte, dass ihre Testergebnisse in dem Bereich lägen, in dem man von Hochbegabung spricht, und dass sie bestimmt zur Zielgruppe der Mentiqa-Schule gehöre. Dennoch riet er uns ab, die Eröffnung der Schule abzuwarten, da in ihrer Situation ein Schulwechsel nicht ein halbes Jahr aufgeschoben werden könne, sondern so schnell wie möglich stattfinden müsse.

Freja hatte in dieser Zeit viel Halt beim Sport gefunden und ihr Training intensiviert. Aus unserer Sicht rettete sie sich damit vor einem vollständigen Zusammenbruch. Wenn sie trainierte, war sie glücklich, und so war in dieser Zeit das Training die einzige Zeit, in der sie überhaupt glücklich war.

Wir suchten nun also nach einer Schule, die bereit und auch in der Lage war, ein »Kind mit besonderen Voraussetzungen« aufzunehmen. Unsere Erfahrungen hatten uns gezeigt, dass Schule und Elternhaus darin einig sein müssen, was es für beide Teile bedeutet, einem »Kind mit besonderen Voraussetzungen« gerecht zu werden. Wir waren inzwischen sehr abgeklärt und wollten nicht noch einmal riskieren, auf mangelndes Verständnis von Seiten der Schule zu stoßen, aber auch keine Kompromisse eingehen.

Nachdem wir von einer Schule eine negative Rückmeldung erhalten hatten, fanden wir glücklicherweise eine Schule in unserer Nähe, deren Schulleiter Verständnis für unser Problem hatte. Zu diesem Zeitpunkt, also mitten in der 3. Klasse, konnte unsere Tochter weder lesen noch schreiben. An der neuen Schule bekam Freja einen fantastischen Lehrer, der nicht nur über »Kinder mit besonderen Voraussetzungen« Bescheid wusste, sondern auch in der Lage war, dieses Wissen praktisch umzusetzen. Er kümmerte sich gleichermaßen um Frejas fachliche Entwicklung und um ihre soziale Integration in ihre neue Klasse. Gegen Ende des Jahres hatte sie fachlich aufgeholt, und mit ihren Klassenkameraden ging es ihr so gut wie nie zuvor. Der einzige Wermutstropfen war, dass nach der dritten Klasse ein Lehrerwechsel anstand.

Es war eine enorme Erleichterung zu sehen, dass unsere Tochter wieder glücklich war. Dies soll nicht etwa bedeuten, dass wir nicht damit umgehen können, wenn Kinder traurig sind. Aber wenn man weiß, dass ein Kind von Natur aus eigentlich glücklich ist, ist es schwer mit anzusehen, dass es über eine lange Zeit hinweg bedrückt und traurig ist. Nun blühte sie auf und hatte auch wieder Energie dafür, sich auf andere einzustellen. Das machte es zweifellos leichter für sie, mit ihren neuen Klassenkameraden zurechtzukommen.

Mittelstufe

Für »Kinder mit besonderen Voraussetzungen« kann die Zeit bis zur 9. Klasse schwer sein, und darin war unsere Tochter keine Ausnahme. Auf der neuen Schule ging es mal besser und mal schlechter. Und zu Beginn der Mittelstufe, in der vierten Klasse, ging es schlecht. Das neue Lehrerteam tat sich schwer damit, ihre hohe Begabung zu sehen; das ist eigentlich nicht verwunderlich. Sie ist gut darin, diese Seite ihrer Persönlichkeit zurückzunehmen, vor allem wenn sie merkt, dass sie nicht verstanden wird. Dennoch hatten wir ein einigermaßen vernünftiges Gespräch mit dem Lehrerteam und einen sehr fruchtbaren Dialog mit der Schulleitung. Im Großen und Ganzen ging es also ganz gut. Das hing auch damit zusammen, dass wir vor dem Schulwechsel mit unserer Tochter darüber gesprochen hatten, wie sie selber zum Gelingen beitragen konnte. Sie hatte sich diese Ratschläge zu Herzen genommen und in manchen Situationen ihr Verhalten ändern können. Sie war außerdem älter geworden, konnte vieles besser reflektieren und die Reaktionen der anderen besser verstehen.

Sie wird wahrscheinlich nie jemand sein, der gerne im Mittelpunkt steht. In ihrer Kindheit war sie eher am Rande der Gruppen zu finden und traute sich nur ab und zu weiter in den Vordergrund. Das hat sie akzeptiert. Da sie an vier Tagen der Woche trainiert, ist sie für ihre Klassenkameraden nicht leicht erreichbar. Sie konzentriert sich auf die Freunde, die sie beim Sport kennenlernt. Für sie ist das so in Ordnung. Sie ist glücklich damit, mag die anderen Kinder, und die andern mögen sie. Die turbulente Zeit, die sie erlebt hat, scheint vorbei zu sein, und es wird immer leichter für sie, zur Schule zu gehen, je mehr sie und die anderen Kinder älter und damit reifer werden.

Wir Eltern können uns nun auf anderes konzentrieren. Für unser jüngstes Kind fängt jetzt die Kindergartenzeit an, und wir sind auf der Hut, dass sich die alten Geschichten nicht wiederholen. Zum Glück wissen wir jetzt viel mehr über das Thema Hochbegabung, und wir werden wohl kaum wieder so hilflos dastehen wie beim ersten Mal.

Epilog

Der erste Teil dieses Berichts endete, als Freja die Abschlussklasse der Gemeinschaftsschule besuchte. Zu dem Zeitpunkt hatten wir den Eindruck, dass es ihr insgesamt besser ging. Sie hatte sich auf die Schule eingestellt, und sie machte im Fachlichen Fortschritte, obwohl sie nicht besonders fleißig war.

Das menschliche Miteinander bereitete ihr – und damit indirekt auch uns – noch immer Probleme. Für sie ist es noch immer schwierig, mit Erwachsenen zurechtzukommen, die sich ihrerseits kaum darum bemühen, auf sie einzugehen. Hinzu kam, dass die schlechten Erfahrungen, die sie gemacht hatte, ihr Verhalten geprägt hatten. Es gab aber ein paar Erwachsene, zu denen sie ein gutes Verhältnis hatte, und auch das half ihr im Alltag weiter.

Mit den Gleichaltrigen kam sie einigermaßen zurecht. Sie hatte innerlich mit ihrer Umwelt eine Art Waffenstillstand geschlossen und versuchte, mit dem Strom zu schwimmen, war damit aber nicht wirklich erfolgreich. Darüber war sie weder traurig noch glücklich; es war ihr eher gleichgültig. In der Schule hatte sie einen guten Freund, einen Jungen aus der Klassenstufe über ihr, mit dem sie sich gut verstand. Vielleicht, weil sich der Kontakt außerhalb der Klasse entwickelt hatte und es damit keine schulischen Berührungspunkte gab.

Sie war weiterhin im Leistungssport sehr aktiv. Wir erinnerten sie daran, dass es schwierig sein würde, engere Beziehungen zu Schulkameraden aufzubauen, wenn sie fast ihre gesamte Freizeit im Sportverein verbrachte. Immer wieder musste sie Einladungen zu den typischen Teenager-Veranstaltungen absagen, weil sie am nächsten Tag Training oder Wettkämpfe hatte. Doch es war ihre eigene Entscheidung, dem Sport einen so großen Raum zu geben. Wir übten keinen Druck aus, sie zeigte von sich aus diesen hohen Einsatz. Im Sportverein hatte sie mehrere gute Beziehungen aufgebaut, von denen vor allem eine noch immer besteht.

In diesen Jahren hatten wir mit Freja viele Gespräche. Nicht so sehr über ihr Verhalten, das soziale Miteinander oder die Schule. Mit 14 Jahren hatte sie eine Essstörung entwickelt, die ihr Leben (und damit auch unseres) ein Jahr lang bestimmte. Sie hat eine empfindliche Seele. Sie aß nicht viel und verlor rasend schnell an Gewicht. Traurig, machtlos, wütend, unsicher, verschlossen fiel es ihr sehr schwer, Hilfe anzunehmen. Sie wollte nicht, dass wir ihr halfen, sie wollte auch nicht zu einem Psychologen gehen, sie wollte überhaupt nichts. Wir waren machtlos. Mit allem, was wir bieten konnten, versuchten wir, sie zu leiten und zu verstehen, was sie in diese Situation gebracht hatte und was sie aus ihr vielleicht wieder herausführen konnte; wir versuchten zu helfen, zu unterstützen, zu locken und zu drohen. Aber nichts half. Es war kein Ausweg für sie in Sicht.

Vielleicht war es der Wendepunkt, dass wir die Verantwortung an Freja abgaben. Sie hatte uns beteuert, dass sie die Situation im Griff habe und unsere Hilfe und Überwachung nicht brauche. In der Hoffnung, dass sie tatsächlich die Lage beherrschen könne, gingen wir schließlich darauf ein. Es sah aus, als wenn der erhoffte Effekt einträte. Aus unserer Sicht erlebte sie es so, dass wir, die zuvor eine Kontrollinstanz gewesen waren, zu zwei machtlosen Menschen geworden waren, die sie liebten und die innig wünschten, dass sie ihr Leben in den Griff bekomme. Uns ging es darum, unsere Sorge zurückzuhalten und stattdessen unsere Liebe für sie in den Vordergrund zu stellen. Trotzdem mussten wir ihr dabei auch klarmachen, dass sie ihr Leben normalisieren müsse. Und Schritt für Schritt fand sie selber den Weg. Die Beschreibung dieser Phase, die nur kurze Zeit andauerte, ist ausführlicher geworden, weil sie so viel Platz in unserem »mentalen Gepäck« einnimmt.

Nach der Gemeinschaftsschule wurde Freja für das Gymnasium vorgeschlagen. Das war ein Wunder, denn sie hatte viele Schultage versäumt. Entweder war sie krank gewesen, so dass es keinen Sinn gemacht hätte, sie zur Schule zu schicken, oder sie war zur Schule gefahren, hatte sich aber meistens nur in der Umgebung aufgehalten und nicht am Unterricht teilgenommen.

In den Sommerferien vor ihrer Gymnasialzeit lernte Freja einen älteren Jungen kennen, den sie sehr gern hatte. Zwischen ihnen bestand ein Altersunterschied von sieben Jahren, der uns zunächst verunsicherte. Doch dann wurde ganz deutlich, dass die Anziehungskraft zwischen beiden damit zusammenhing, was bei beiden im Kopf vor sich ging. Sie hatte einen Menschen gefunden, der auf derselben Frequenz sendete und in dessen Gesellschaft sie sich wohlfühlte. Wir sprachen kurz mit ihnen über den Altersunterschied, zu einem Zeitpunkt, als sie 16 Jahre alt war und er 23 Jahre, aber wir konnten sehen, dass die Beziehung für beide richtig war. Wir beide haben selber das Glück kennengelernt, einen anderen begabten Menschen zu treffen und mit ihm zusammenzuleben. Solche Menschen findet man nicht überall, und man hat unsagbares Glück, wenn es zu einer solchen Begegnung kommt.

Dann ging es darum, dass Freja ein Gymnasium suchen sollte. Wir wohnten in der Umgebung von Kopenhagen, und dort gibt es viele Gymnasien, zwischen denen man sich entscheiden kann. Freja traf, wie wir fanden, eine wohlüberlegte Wahl und meldete sich an einem Gymnasium an, an dem sie nicht auf ihre alten Mitschüler treffen würde. Sie war bereit für einen neuen Start, und es war schön zu sehen, dass die Anfangsphase gut verlief, doch auch hier war dieses Glück leider nur von kurzer Dauer. Recht schnell war die Luft raus, denn das Gymnasium war nicht das, was sie sich vorgestellt hatte. Es wurde zu viel Wert auf Feste und weniger Wert auf Fachliches gelegt, sowohl von Seiten der Schüler als auch der Schule. Die Folge war, dass sie uns nach dem ersten Jahr sagte, sie wolle nicht weitermachen. Ihre Erklärung akzeptierten wir, nicht aber ihren Plan, aus dem Ausbildungssystem herauszugehen, um zu arbeiten und dann später, wenn sie sich in der Lage dazu fühlte, den Schulabschluss nachzuholen. Wir kennen viele hochbegabte Erwachsene, die die Ausbildung nicht abgeschlossen haben, und wir waren nicht begeistert, dass sie diesen wenig aussichtsreichen Weg einschlagen wollte. Wir gelangten dann gemeinsam zu dem Ergebnis, dass Freja sich, wie sie es sich wünschte, in einer Einrichtung einschrieb, in der Jugendliche und Erwachsene unterrichtet werden. Es zeigte sich, dass das wirklich eine gute Lösung war. Das Jahr, das sie zusammen mit ihren älteren Klassenkameraden verbrachte, verlief positiv, und sie fühlte sich fachlich und menschlich gut aufgehoben.

Wie so oft schon in Frejas Leben hielt dieser Zustand nicht an. Ihr Freund zog weit weg nach Jütland, um dort zu studieren, und nachdem sie ein Jahr lang hin und her gependelt waren, entschied sich

Freja dafür, zu ihm zu ziehen. Mit 18 Jahren packte sie ihre Sachen zusammen und zog von zu Hause aus. Für uns war die Situation merkwürdig. Vor allem, weil wir diese Phase, in der es üblicherweise Spannungen zwischen Eltern und ihren halb erwachsenen Kinder gibt, nicht durchlebt hatten.

In ihrer neuen Umgebung lebte sie sich gut ein und kam auch häufig zu uns nach Hause. Dennoch verfolgten wir ihre Entwicklung nur noch aus der Ferne, und es war nicht einfach einzuschätzen, wie es eigentlich um sie stand. Es zeigte sich, dass es ihr in Wirklichkeit nicht gut ging. Sie hatte zwar die richtige Entscheidung getroffen, und es war gut für sie, mit ihrem Freund zusammenzuleben. Es tat ihr auch gut, von zu Hause weg zu sein, in einem neuen Umfeld zu leben und anzufangen, ihre Rolle als Erwachsene zu definieren. Aber ihre zarte Seele war mit umgezogen, und im ersten Winter bekam Freja Symptome einer Depression. Phasenweise ging es ihr sehr schlecht, aber mit Hilfe ihres Freundes und mit Antidepressiva konnte sie ihr Gleichgewicht wiederfinden. Sie schloss auch ihre gymnasiale Ausbildung fast vollständig ab, es fehlte ihr nur ein Fach, das an ihrem Wohnort nicht angeboten wurde.

Nach einem Jahr in Jütland zogen die beiden wieder nach Kopenhagen. Freja fand schnell einen Vollzeitjob und lernte abends, um das fehlende Fach nachzuholen, so dass sie schließlich nach Jahren über verschiedene Umwege ihr Abitur in der Tasche hatte.

Nun leben Freja und ihr Freund in einer Wohnung in Kopenhagen, und Freja studiert Wirtschaft an der Kopenhagener Universität. Dort muss sie sich nun wieder darauf einstellen, mit Gleichaltrigen zu lernen. Genau das war früher für sie ein Problem gewesen. Diesmal hat sie sich von vorneherein überlegt, wie sie damit umgehen soll. Das fachliche Niveau ist für sie endlich in Ordnung, sie kann beim Lernen Gas geben.

Für uns ist es herrlich, zu sehen, dass alle die Sackgassen und Umwege, die die ersten Schuljahre für sie mit sich brachten, letztlich in eine für Freja richtige Richtung geführt hatten. Und es ist gut zu sehen, dass sie über manche der Probleme, mit denen sie zurechtkommen musste, gelernt hat, Situationen einschätzen und so reflektieren zu können, dass sie angemessen reagiert, während sie früher mit dem Kopf durch die Wand gegangen wäre. Sie ist eine selbständige, glückliche und liebenswerte junge Frau, die endlich dahin gekommen ist, dass sie ihr besonderes Potenzial nutzen kann.

Ich kann nicht einschätzen, ob Frejas Probleme daher kamen, dass sie verletzbar ist, oder ob sie verletzbar wurde, weil sie Probleme hatte. Aber ich glaube, dass es ihr geholfen hätte, wenn sie verstanden und anerkannt worden wäre. Wenn ihr Anderssein als Potenzial und nicht als Problem gesehen worden wäre. Zum Glück weiß man in Schulen und allgemein in der Gesellschaft inzwischen mehr über »Kinder mit besonderen Voraussetzungen«. Vielleicht hatte es unser jüngstes Kind, das ebenfalls begabt ist, deshalb einfacher. Es ist keinesfalls so, dass Grund- und Gemeinschaftsschulen nun spezielle Hilfsmittel und Techniken beherrschen, aber man ist nun aufgeschlossener, und die Lehrkräfte, mit denen wir Kontakt hatten, haben uns zugehört, wenn wir von Unterrichtsmethoden für begabte Kinder erzählt haben. Oder anders formuliert: Die Generation von »Kindern mit besonderen Voraussetzungen«, der Freja angehört, hat den folgenden Generationen den Weg geebnet. Sie hat den Kampf auf sich genommen, unter anderem mit dem Schulsystem. Das wird den nachfolgenden Schülergenerationen zugutekommen.

Liegen die Leistungen des Kindes weit unter seinem Potenzial?

Minderleistung und mangelndes Engagement in der Schule sind ein schwerwiegendes Problem, das alle Lehrkräfte kennenlernen. Shirley Kokot berichtet in ihrem Buch »Hilfe! Mein Kind ist hochbegabt« (1999) von Forschungsergebnissen dazu, dass 25 bis 58 % der »Kinder mit besonderen Voraussetzungen« in der Schule mindere Leistungen erbringen. Entsprechend bekannt ist, dass Schulanfänger motiviert, voller Energie und Begeisterung fürs Lernen starten und nach wenigen Jahren das Interesse verlieren. Vielen Eltern wird von Lehrkräften dann gesagt, dass ihre Kinder in der Schule besser wären, wenn sie einen größeren Einsatz zeigten.

Für Minderleistung gibt es keine einfache, eindimensionale Erklärung. Dafür sind wir Menschen zu komplex und zu individuell. Letztlich ist Minderleistung das Resultat einer enormen Verschwendung an Ressourcen, weil die Ursachen nicht gründlich erfasst sind und man erst recht keine Mittel zur Abhilfe kennt.

Natürlich ist untersucht worden, warum »Kinder mit besonderen Voraussetzungen« in ihren schulischen Leistungen hinter ihrem Potenzial zurückbleiben. Doch schon die Tatsache, dass eine Randgruppe unter Bedingungen aufwächst, die zu weitgehend an den Bedürfnissen der Mehrheit orientiert sind, kann zu Minderleistung führen.

Das »Seestern-Modell« (Kokot, 1999) gibt ein nuanciertes Bild von den komplexen, ursächlichen Zusammenhängen. Wenn – von diesem Bild eines Seesterns ausgehend – auch nur einer oder zwei Arme mangelhaft entwickelt sind, entsteht eine Form von Minderleistung. Glücklicherweise ist es möglich, dass sich diese Arme wieder zu voller Funktion entwickeln. Diese Beobachtung kann zum Anlass dafür genommen werden, optimale Bedingungen zu schaffen, so dass sich das Potenzial entfalten kann.

Nicht alle »Kinder mit besonderen Voraussetzungen« sind in

allen Bereichen hochbegabt. Manchmal erkennen wir die besonderen Stärken eines Kindes auch nicht, weil eine Lernstörung vorliegt, weil weder im Elternhaus noch in der Schule eine angemessene Förderung stattfindet oder weil zu hohe bzw. zu niedrige Erwartungen an das Kind gestellt werden. Manche Kinder wachsen auch unter schwierigen Bedingungen auf, etwa wenn psychische Erkrankungen, Alkohol- oder Drogenkonsum den Familienalltag prägen.

Um ein Talent zu entwickeln, gleichgültig, wie groß die natürlichen Begabungsvoraussetzungen sind, sind intensive und konstante Arbeit und Training notwendig. Hier trifft das alte Sprichwort »Übung macht den Meister« zu: Ohne Übung und Training kann man keine Kompetenz entwickeln, ob es sich nun um ein Schulfach, um Sport, Musik oder irgendetwas anderes handelt. Das Interesse und die Unterstützung von Erwachsenen können Kinder motivieren und Wunder bewirken. Im Normalfall ist grundlegend, dass ein Kind mindestens eine Bezugsperson in der näheren Umgebung hat, die ihr Potenzial erkannt hat und bereit ist, es zu fördern. Leider treffen wir Psychologen oft Kinder, deren Leistungen weit hinter ihrem Potenzial zurückbleiben und die deshalb ein nur geringes Selbstwertgefühl entwickelt haben. Andere haben sich Arbeitsgewohnheiten angeeignet, die nicht zielführend sind und negative Leistungsresultate nach sich ziehen.

Es gibt Kinder, die nicht robust genug sind, um Chancen zu ergreifen, oder von einem Gefühl von Perfektionismus daran gehindert werden. Ob ein Kind in emotionaler Hinsicht unreif ist, unter Stress leidet, anderen misstraut oder einen unterdrückten Zorn mit sich herumträgt, um all dies sollten wir uns kümmern und uns gründlich bemühen, diese Probleme zu verstehen. Wir sollten versuchen, die Lebenssituation des Kindes so umfassend wie möglich kennenzulernen. Einem Kind, das im Teufelskreis minderer Leistungen gefangen ist, ist nur schwer zu helfen.

»Kinder mit besonderen Voraussetzungen«, die in der Schule keinerlei Leistung zeigen, aber in fachlichen Tests und Gesprächen gut zurechtkommen, haben sich möglicherweise noch gar nicht näher mit dem jeweiligen Stoff beschäftigt. Probleme können auch entstehen, wenn Eltern oder Lehrkräfte Kinder dazu zwingen, Aufgaben zu bearbeiten, deren Stoff sie schon beherrschen. Ihnen wird häufig gesagt, dass sie ihre schriftlichen Leistungen noch verbessern sollten oder Dinge noch einmal üben sollten, die sie aber eigentlich schon beherrschen. *Kinder brauchen nicht alle unbedingt dasselbe Ausmaß an Training, sondern die reiferen sollten sich eher mit Themen beschäftigen, die sie herausfordern und ihr Interesse und Engagement wecken.*

Aufgrund solch schlechter Erfahrungen entwickeln manche Kinder eine negative Einstellung gegenüber der Schule. Das kann dazu führen, dass sie sich schon früh in ihrer Schullaufbahn eine ungünstige Arbeitseinstellung zulegen und schlechte Arbeitsgewohnheiten aneignen. Je eher wir also bemerken, dass ein Kind mindere Leistungen erbringt, desto früher können wir einer ungünstigen Entwicklung vorbeugen. Allerdings gehen Lehrer und Eltern bei »Minderleistung« oft von verschiedenen Kriterien aus.

Anzeichen für Minderleistung, die Eltern auffallen können

- Das Kind fühlt sich von seiner Familie abgelehnt und hat den Eindruck, den Erwartungen der Eltern nicht gerecht werden zu können.
- Das Kind verhält sich ablehnend gegenüber Autoritäten und zeigt Erwachsenen gegenüber Misstrauen. Dies kann sich in Form von Aggressivität und Widerstand äußern.
- Das Kind zeigt Widerstand gegenüber dem Einfluss der Eltern und hält an den eigenen Sichtweisen fest. Die eigenen Rechte und Interessen sind ihm wichtiger als die der anderen.
- Das Kind zeigt eine allgemeine negative Einstellung gegenüber der Schule und einzelnen Lehrkräften.
- Das Kind verhält sich aufsässig.
- Das Kind zeigt eine depressive Haltung (»das Leben ist nicht lebenswert«).

- Das Kind sieht sich als Opfer und macht andere bzw. die Umstände für sein Scheitern verantwortlich.

Anzeichen für Minderleistung, die Lehrkräften auffallen können

- Die Leistungen des Kindes liegen in einem oder mehreren Fächern unter dem Klassendurchschnitt.
- Das Kind zeigt aber ansonsten ein außerordentlich gutes Verständnis für Themen, für die es sich interessiert.
- Die mündlichen Leistungen des Kindes sind sehr viel besser als die schriftlichen.
- Das Kind hat ein außergewöhnlich großes Allgemeinwissen.
- Das Kind vermeidet unbekannte Aktivitäten (um möglicherweise nicht perfekte Leistungen zu vermeiden). Dieses Verhalten kann auf Perfektionismus und der grundsätzlichen Angst davor, Fehler zu machen, beruhen.
- Das Kind zeigt prinzipiell Unbehagen dabei, sich in eine Gruppe einzufügen, unabhängig davon, ob es sich um eine große oder um eine kleine Gruppe handelt.
- Die Motivation, vor allem die intrinsische Motivation, ist schlecht. Das Kind möchte nicht einbezogen werden, verliert sehr schnell das Interesse und kann sich nicht lange auf seine Arbeit konzentrieren. Sinnvolle Aktivitäten und konzentrierte Beschäftigung mit nur einer Sache dauern nicht lange an.
- Das Kind hat sich schlechte Arbeitsgewohnheiten angeeignet: Aufgaben werden nicht beendet, Hausaufgaben werden nicht ordentlich erledigt.
- Das Kind zeigt wenig Flexibilität und Offenheit in seinen Gedanken.
- Das Kind ist weniger fleißig, weniger durchsetzungsstark und zurückhaltender als Kinder mit guten Leistungen.
- Das Kind hat wenig Hobbys oder Interessen – oder auch

besonders viele Interessen bzw. eine besondere Kompetenz außerhalb der schulisch relevanten Bereiche.

- Das Kind leidet unter Prüfungsangst.
- Das Kind hat keine Ambitionen oder keine klaren Ziele für die (berufliche) Zukunft.
- Das Kind ist überzeugt, dass es für soziale oder akademische Berufe ungeeignet sei. Es zieht Berufe in Betracht, bei denen manuelle Tätigkeiten, Verkauf und Geschäftliches eine Rolle spielen oder bei denen es darum geht, andere zu überzeugen.

»Verglichen mit dem, was wir sein könnten, sind wir nur halb wach. Wir nutzen nur einen kleinen Teil unserer physischen und geistigen Ressourcen.«
William James

Minderleistende Kinder suchen sich oft Freunde, die ihre negative Einstellung gegenüber der Schule, Autoritäten und Erwachsenen teilen. In Gruppen, die sich gezielt schulfeindlich und antisozial engagieren, können sie zu führenden Persönlichkeiten werden. In der Gemeinschaft außerhalb dieser Gruppierungen sind sie meist nicht besonders anerkannt und werden selten eine zentrale Funktion übernehmen. Denn minderleistende Kinder haben oft soziale Probleme.

Ihr negatives Selbstbild spiegelt im Allgemeinen ihr geringes Selbstwertgefühl wider. Hinter ihrem Misstrauen und ihrer Gleichgültigkeit (bis hin zu Feindseligkeit gegenüber anderen) steckt ein Minderwertigkeitsgefühl. Diese Kinder gehen davon aus, dass sie bei anderen grundsätzlich unbeliebt sind. Sie zeigen gleichzeitig Anzeichen dafür, dass sie sich selber nicht mögen, und richten Aggressivität oft auch gegen sich selber.

Ein Gefühl von Hilflosigkeit bewirkt also, dass sie keine Verantwortung für ihre eigenen Handlungen übernehmen wollen. Sie tendieren dazu, die Schuld für Konflikte und Probleme auf andere zu schieben – oder einfach darauf, Pech gehabt zu haben. Zu dem Gefühl der Hilflosigkeit gesellt sich vielleicht auch Ängstlichkeit, Anspannung und Unsicherheit sowie Unreife im emotionalen Bereich.

Anzeichen für Minderleistung

- Mündliche und schriftliche Leistungen klaffen weit auseinander
- großes Allgemeinwissen
- Vermeidungsstrategien gegenüber neuen Aktivitäten
- massive Selbstkritik
- Angst vor Niederlagen
- Perfektionismus
- mangelnde soziale Integrationsfähigkeit
- geringe Motivation
- vermeidet Engagement
- lässt rasch in seinem Interesse nach
- kann sich nicht über längere Zeit konzentrieren
- schlechte Arbeitsgewohnheiten
- bringt Arbeiten nicht zum Abschluss
- beendet Hausaufgaben nicht
- bewegt sich in festgefahrenen Gedankengängen
- Rückzug aus der Klassengemeinschaft
- hat entweder nur wenige Interessen oder interessiert sich für sehr vieles
- zeigt besonderes Interesse an Nicht-Intellektuellem
- hat keine Ambitionen

Mangelnde Selbstdisziplin, zögerliches Verhalten, ein Widerwille gegenüber Herausforderungen, Impulsivität, die Tendenz, sich leicht ablenken zu lassen, hypersensible Reaktionen auf alles, was die eigene Person betrifft, oder die Einstellung, generell die Verantwortung für die eigene Situation nicht zu akzeptieren, sind weitere leicht erkennbare Charakteristika.

Minderleistung ist nicht nur eine Verschwendung von Ressourcen im Hinblick auf die Gesellschaft, sondern schränkt die Lebensqualität und die Entfaltung der Persönlichkeit der betroffenen Kinder mit radikalen Folgen für ihr weiteres Leben ein.

»Lesen ohne nachzudenken ist wie Essen ohne zu verdauen.«

Edmund Burke

Gustavs Geschichte

Ursprünglich hatten wir uns ein hochbegabtes Kind immer so vorgestellt, dass es mit vier Jahren auf einem Bein stehend Mozart auf der Geige spielen und dabei das russische Alphabet aufsagen könne. Jedenfalls nicht weniger als das. Also waren unsere eigenen Kinder völlig normal – jedenfalls ließ nichts in ihrem Verhalten auf Hochbegabung schließen. Bevor unser Sohn Gustav zur Schule kam, interessierte er sich nicht für Buchstaben, Zahlen oder Ähnliches – so war da nichts, was uns hellhörig werden ließ.

Aber er war immer anders als die anderen. Vor allem in der Kindergartenzeit bemerkten wir einen großen Unterschied zwischen ihm und den anderen Kindern. Er war nie ein Teil der Gemeinschaft, war am liebsten für sich, um die verschiedensten Dinge zu entwerfen und zu bauen. Draußen Fußball zu spielen, war das Schlimmste, was man ihm antun konnte. Ebenso unangenehm waren ihm Ausflüge mit unbekanntem Ziel, mit vielen Kindern und wenigen Erwachsenen. Und er entwickelte sehr früh die Fähigkeit, Erwachsene zu manipulieren, so dass er stets um die Kindergarten-Ausflüge, die ihm nicht behagten, herumkam. Hatte er stattdessen die Möglichkeit, mit einem Pädagogen in die Bibliothek zu gehen oder etwas einzukaufen, war das Glück für ihn perfekt. Kontakt zu Erwachsenen fand er besser als Kontakt zu Gleichaltrigen, und wilde, kämpferische Spiele oder Lärm waren keineswegs etwas, das ihn anzog.

Im Kindergarten

In der Kindergartenzeit wurde deutlich, dass sein Denken deutlich weiter entwickelt war als das der Gleichaltrigen. An eine Episode erinnere mich besonders gut. Eines Tages – er war gerade fünf Jahre alt geworden – wollte ich ihn aus dem Kindergarten abholen und wurde dabei von einem sehr zornigen Pädagogen zur Seite genommen.

Ich bekam zu wissen, dass mein Kind rassistische Äußerungen von sich gegeben habe. Das sei in einem multi-ethnischen Kindergarten völlig inakzeptabel. Ich war natürlich erschüttert und fragte nach, was passiert sei. Da weder mein Mann noch ich eine abwertende Haltung gegenüber anderen Kulturen haben, wusste ich, dass solche Ideen nicht von zu Hause kommen konnten, und ich glaube nicht, das 5-Jährige aus sich selbst heraus zu kleinen Rassisten werden könnten. Mir wurde nun berichtet, dass an jenem Tag ein Mädchen neu in die Gruppe gekommen sei, und mein Sohn habe sich geweigert, neben ihr zu sitzen. Das Mädchen stamme aus dem Ausland und spreche kein Dänisch. Die Reaktion des Pädagogen sei schnell und heftig gewesen. Mein Sohn war an der Hand in einen anderen Raum gezogen und ausgeschimpft worden; man hatte ihm gesagt, dass er, wenn jemand ihm einen Platz zuweise, dort zu sitzen habe. Er habe nur geweint und habe nicht mit dem Pädagogen reden wollen. Schließlich war entschieden worden, dass er, wenn er Obst und Kuchen haben wolle, neben dem Mädchen sitzen MÜSSE. Widerstrebend habe er schließlich aufgegeben und sich neben das Mädchen gesetzt.

Ich war natürlich erschüttert, sowohl über die Heftigkeit, mit der mein Kind reagiert hatte, als auch darüber, dass der Pädagoge sich so unsouverän verhalten hatte und zu physischen Mitteln gegriffen hatte. Auf dem Heimweg unterhielten wir uns wie immer, und wie immer kam ich auf die Geschehnisse des Tages zu sprechen. Natürlich fragte ich genau nach, WARUM er nicht neben dem Mädchen habe sitzen wollen, und er erklärte es mir sofort. Das neue Mädchen komme aus einem Land, in dem die Menschen kämpften, und er habe Angst gehabt, dass sie ihn schlagen könne. Ich erklärte ihm, dass sie ihr Land verlassen habe und zu uns gekommen sei, gerade weil man sich hier nicht schlage, er brauche also keine Angst vor ihr zu haben. Daraufhin erzählte er mir, dass sie ihm nichts getan habe, als er schließlich neben ihr gesessen habe. Sie sei nett gewesen. Daher wolle er morgen wieder neben ihr sitzen. Er könne ihr ja Dänisch beibringen.

Die Art und Weise, mit der er seine Gedanken und Ängste beschrieb, hat mich sehr beeindruckt. Und dennoch zog ich damals keine Rückschlüsse darauf, dass er besonders begabt sei.

Die Schulzeit

Als Gustav sechs Jahre alt war, wurde er in eine christliche Privatschule eingeschult, die ganz in unserer Nähe lag. Aber er war nicht glücklich in der Schule. Zu Hause weinte er oft darüber, dass nichts so laufe, wie er es gerne wolle. Es fiel ihm schwer, mit den Klassenkameraden zu spielen, und er empfand auch den Schulalltag als anstrengend. Seine Lehrer berichteten uns, dass er es sich nicht einfach mache, weil er große Anforderungen an sich selber stelle. Fachlich sei er deutlich besser als der Rest der Klasse, aber seine Ansprüche an sich selber seien noch höher. Obwohl er also schon mehr als das wusste, was verlangt wurde, erlebte er aufgrund seines Perfektionismus eine Niederlage nach der anderen.

Im Rückblick kann ich seine besonderen Fähigkeiten erkennen. Außerdem verstehe ich jetzt, dass seine Entwicklung nicht in allen Bereichen gleich weit fortgeschritten war. Diese Asynchronie bewirkte einfach, dass er mit seiner perfektionistischen Seite nicht umgehen konnte. Wir Eltern kamen damals aber nicht auf den Gedanken, dass es hier um Hochbegabung gehen könnte – eher im Gegenteil.

Mitten im Schuljahr mussten wir in einen anderen Landesteil ziehen. Wir entschieden uns, ihn erneut in die erste Klasse zu schicken. In den acht Monaten, die dort bis zur Einschulung vergingen, wurde er deutlich reifer, so dass er nach dem Schulbeginn von dort zumeist fröhlich nach Hause kam. Sehr schnell knackte er den Lese-Code, und nach kurzer Zeit in der ersten Klasse konnte er schwierige, lange Wörter lesen. Doch noch immer kamen wir nicht auf die Idee, an Hochbegabung zu denken, wir meinten einfach, dass er ein schneller Leser war.

Das alles hört sich wahrscheinlich nach einer unbeschwerten Zeit an: Dem Jungen ging es gut, er lernte lesen, und alles war in

Ordnung. Aber so war es nicht. Immer wieder gab es Zeiten, in denen es Gustav nichtig schlecht ging. Manchmal hatte er Schwierigkeiten mit seinen Klassenkameraden, weil ihre Art zu spielen offensichtlich so anders als die seine war. Wenn er anfing, Weltraumraketen zu bauen, wollten die anderen mit Bauernhoftieren spielen. Wenn er von Dinosauriern erzählte, aufschlüsselte, wann sie gelebt hatten, und mit ihren lateinischen Namen um sich warf, wollten die anderen Fußball spielen. Wenn er die anderen für exotische Schlangen, Kriechtiere und Skorpione begeistern wollte, reichte ihr Interesse maximal bis zu Blattläusen und Asseln.

Oft habe ich mit einem zutiefst unglücklichen Kind in den Armen dagesessen, das mich weinend fragte, warum es nicht so sei wie die anderen. Und ich wusste nicht, was ich darauf antworten sollte.

Der Wendepunkt

Der Wendepunkt oder die Grundlage dafür, dass für Gustav eine neue Zeitrechnung begann, kam, als in der zweiten Klasse eine Schwangerschaftsvertretung die Klasse übernahm. Er bekam eine 25-jährige Lehrerin, die außerdem eine Zusatzausbildung als Sonderpädagogin hatte. Die ganze Klasse bekam die Aufgabe, eine Projektarbeit über ein Tier ihrer Wahl anzufertigen. Während der Rest der Klasse sich mit Hund, Kaninchen, Katze und Blattlaus beschäftigten, schrieb Gustav über die Schwarzhalsige Speikobra. Er gab sein Herzblut in diese Aufgabe, fand eine Menge Informationen im Internet, malte farbenfrohe Zeichnungen von der Schlange und hob sich mit dieser Arbeit weit vom Rest der Klasse ab.

Beim folgenden Gespräch sagte uns die Lehrerin, dass Gustav mit Sicherheit hochbegabt sei. Sie riet uns, schnellstmöglich Kontakt zu Mensa aufzunehmen. Mit einem unbehaglichen Gefühl in der Magengegend (denn war das wirklich die richtige Adresse für uns – er konnte doch nichts überragend) wählte ich eines Abends die Kontaktnummer für »Gifted Children« bei Mensa. Und plötzlich war da ein Mensch, der mich verstand, der Dinge erwähnte, die alle anderen an meinem Kind als merkwürdig empfunden hatten, und darüber sprach, als wäre dies das Natürlichste auf der Welt! Meine Schultern sackten etwas herunter, und das unbehagliche Gefühl ließ nach.

Der Test

Wir beschlossen dennoch, ihn testen zu lassen. Nicht in erster Linie seinetwegen, sondern weil wir selber eine weitere Bestätigung für seine Begabung brauchten. Wir gingen zu einem Psychologen, der uns empfohlen worden war, und das Ergebnis des Tests war eindeutig, Gustav liegt intelligenzmäßig in den obersten 5 %. An jenem Tag begann für ihn eine neue Zeitrechnung. Er spricht heute von der Zeit »bevor und nachdem ich herausfand, warum ich so bin, wie ich bin«.

Es gibt viele Dinge, die uns noch heute ein schlechtes Gewissen bereiten. Kleine Episoden, die sich unter Tränen und heftigen Diskussionen zu wahren Albträumen auswuchsen, weil wir nicht ahnten, was mit unserem Sohn los war und was in seinem Kopf vor sich ging. Ausflüge am Wochenende konnten nicht spontan stattfinden. Gustav konnte nicht aus dem Haus bewegt werden, wenn er nicht genau wusste, was geplant war. Und selbst dann, wenn alles erklärt und erzählt worden war, wollte er meistens nicht mitkommen. Die Geborgenheit zu Hause schien für ihn sehr viel wichtiger zu sein als alles, was ihm draußen geboten werden konnte.

Oft fielen unsere Erklärungen nicht so gründlich aus, wie er es brauchte. Auch das lastet heute auf unserem Gewissen. Ebenso erinnern wir uns an die vielen Male, bei denen wir uns mit den Worten »Weil ich das sage …« einfach durchgesetzt haben. Inzwischen wissen wir, dass diese Erklärungen für ihn extrem wichtig gewesen wären. Dinge, die in letzter Sekunde geändert wurden, brachten seine Welt zum Einstürzen. In seiner Vorstellung mussten die Dinge geplant und geordnet sein, so dass er alles im Griff hatte. Heute verstehen wir, dass es, weil ihn so viele Gedanken und Ideen beschäftigen, für ihn wichtig ist, ein System zu haben, um die Dinge ordnen zu können.

Nach dem Test haben wir uns intensiv mit dem Thema Hochbegabung beschäftigt. Wir lasen alles darüber, was wir finden konnten, und mussten dabei unsere Elternrolle neu definieren. Das war eine sehr harte Zeit, und es war nicht einfach für uns, denn wir entdeckten immer wieder Dinge, die wir verkehrt gemacht hatten. So viele Episoden tauchten in unserer Erinnerung auf, die plötzlich Gustavs sonderbares Verhalten erklärten.

Und während wir selber verzweifelt versuchten, einen Weg für unseren Sohn und uns als Eltern zu finden, mussten wir Stellung dazu beziehen, wie wir unsere Situation gegenüber anderen erklären sollten. Wie um Himmels Willen erklärt man, dass man ein Kind hat, das begabter ist als andere? Wie vermittelt man das, ohne angeberisch zu wirken – oder soll man lieber gar nicht darüber sprechen? Es fiel uns schwer, einzuschätzen, was wir damit anrichten würden. Im Rückblick möchte ich sagen, dass wir ein Jahr gebraucht haben, um mit unserem neuen Wissen umzugehen. Bei allem aber war uns klar, dass wir etwas tun mussten. Es gab so vieles, was in der Schule nicht richtig für ihn war. Wir nahmen daher Kontakt mit der Schule auf und vereinbarten einen Termin gemeinsam mit dem Schulpsychologen. Gleich zu Beginn des Gesprächs fragte er, was wichtig daran sei, ein »Kind mit besonderen Voraussetzungen« bzw. ein hochbegabtes Kind zu haben. Das verschlug uns vollkommen die Sprache! Hier saßen wir mit einem Fachmann, und dann waren wir diejenigen, die mit unserem neuerworbenen Wissen erklären sollten, worum es ging.

In der folgenden Zeit ging es in der Schule mal besser und mal schlechter. Und doch hatten wir Glück, weil wir immer wunderbar von der Schulleitung und von den Lehrkräften unterstützt wurden.

Unser Sohn ist noch immer ein Minderleister, er zeigt nicht, was er eigentlich alles könnte. Aber die Schule setzt sich für ihn ein. Einmal in der Woche erhält er eine Stunde Einzelunterricht, in der er nach seinen Bedürfnissen arbeiten kann, und wir können einen Unterschied feststellen: Diese eine Stunde pro Woche gibt ihm zusätzliche Kraft, so dass er den Rest der Woche durchhalten kann.

Seit diese Extrastunde stattfindet, haben wir zu Hause ein ganz anderes Kind. Hausaufgaben werden ohne Diskussion einfach erledigt (meistens hat er sie auch schon in der Schule erledigt), und wir bemerken mehr Gelassenheit in seinem Verhalten gegenüber den Klassenkameraden.

Unser Sohn nutzt seine fachlichen Ressourcen nicht aus, aber für uns ist das nicht das Wesentliche. Das Wichtigste ist, dass er zu einer ausgeglichenen Persönlichkeit heranwächst und als Erwachsener seinen Platz in der Gesellschaft findet. Wir wünschen uns, dass er eines Tages zu uns nach Hause kommt und uns sagt: »Ihr habt das Beste, was ihr konntet, für mich getan.« Wir wünschen uns, dass er sich wohlfühlt und glücklich ist, dass er zusammen mit anderen ist, ohne sich fehl am Platz zu fühlen. Zurzeit erleben wir ihn als einen glücklichen Jungen.

Unser jüngster Sohn ist sieben Jahre alt, und er tendiert in die gleiche Richtung. »Aus Schaden wird man klug, aber selten reich«, heißt ein Sprichwort. Daher verfolgten wir die Entwicklung des Kleinen aufmerksam. Der Test, den wir vor Schulbeginn durchführen ließen, zeigte das gleiche Ergebnis wie bei Gustav. So sind wir eine kleine Familie mit zwei hochbegabten Kindern.

Wir können deutlich merken, dass die Art, wie wir mit seinem jüngeren Bruder und mit seinen Krisen umgehen, weit von dem entfernt ist, wie wir uns unserem älteren Sohn gegenüber verhalten haben. Und es tut in der Seele weh, wenn wir daran denken, womit Gustav konfrontiert worden ist, nur weil wir es nicht besser wussten.

Anfangs, wenn wir jemandem von der Hochbegabung erzählten, verwendeten wir viel Energie darauf zu erklären, was er alles nicht konnte. Als ob wir eine Entschuldigung dafür suchten, dass er andere Sachen besser konnte als andere, er konnte ja auch dies oder jenes nicht … Und wir haben sicherlich unbewusst dazu beigetragen, sein Selbstwertgefühl zu schwächen.

Im ersten Jahr haben wir uns viel Wissen angeeignet. Später sahen wir, dass wir unser Kind am besten damit unterstützen, wenn wir seine Begabung einfach selbstverständlich hinnehmen. Begabung ist nichts, wofür man sich in irgendeiner Form schämen muss. Ich habe noch nie jemanden getroffen, der sich dafür entschuldigt hat, dass sein Sohn gut Fußball spielt, warum sollte ich mich also dafür entschuldigen, dass mein Sohn gut in Englisch ist?

Als Eltern begabter Kinder begegnete man uns auf sehr unterschiedliche Weise. Einmal wurde ich gefragt: »Von wem von euch hat er das, man sagt doch, es sei erblich …« Und was soll man auf so eine Frage antworten? Nach seiner Geburt ist er im Krankenhaus bestimmt vertauscht worden, denn wir beide sind strohdumm? Oder soll man mit einem IQ-Test wedeln, der einmal mit einem von uns im Laufe eines Bewerbungsverfahrens durchgeführt worden ist? In erster Linie ist es unser Kind, um das es sich hier dreht.

Wir haben auch sehr positive Reaktionen erlebt, und erstaunlicherweise kamen diese von Eltern, deren Kinder schulisch schwach waren. Vielleicht deshalb, weil Eltern von Kindern, die man nicht gleich in eine Schublade stecken kann, sich besser verstehen?

Wir haben gelernt, hinter bzw. neben unseren Kindern zu stehen. Inzwischen haben wir keine Angst mehr vorzutreten und zu sagen: Hier sind unsere Kinder, und sie sind so, wie sie sind. Wir haben gelernt, lächelnd den Kopf über die zu schütteln, die nicht verstehen wollen oder können. Es ist deren Problem, nicht unseres.

Und so lernen wir dank unserer Kinder eine Menge. Alle diese wunderbaren Fragen, die beantwortet werden müssen. Fragen, die nicht mit einem »Das weiß ich nicht« erledigt sind. Warum haben Giraffen eine dunkelblaue Zunge? Wie heißt der kleinste Affe der Welt? Können Skorpione hören? Und in dem Maße, in dem sie älter werden, verändern sich die Fragen. Wie sähe die Welt heute aus, wenn Hitler nie geboren wäre?

Ich bin einmal gefragt worden, ob ich mir jemals gewünscht hätte, dass meine Kinder normal begabt wären. Hierauf kann ich klar mit »nein« antworten. Weil ich sie so, wie sie sind, kenne und liebe, und nicht als etwas, das anders hätte sein können. Vielleicht habe ich mir manchmal, wenn das Leben für meinen Sohn schwer war, gewünscht, es wäre anders. Wenn ich an das erste Sommercamp für hochbegabte Kinder zurückdenke, zeigt ein einziger Satz, wie hart das Leben sein kann, wenn man nicht so ist wie alle anderen. Als 11-Jähriger sagte er: »Nun kann ich eine ganze Woche lang normal sein.«

Epilog

Es sind nun einige Jahre vergangen, seit wir Gustavs Geschichte aufgeschrieben haben. Gustav ist heute 21 Jahre alt, ein hübscher, sehr individueller junger Mann, aber auch jemand, der Narben in seiner Seele hat. Leider konnte die Schule die Extrastunden nicht lange finanzieren. Er musste auf diese Stunden verzichten und verbrachte wieder die gesamte Unterrichtszeit in seiner Klasse. In den ersten Jahren ging es gut, aber je älter die Klassenkameraden wurden, desto deutlicher traten die Unterschiede hervor. Gustav interessierte sich nicht für Markenklamotten, hatte die Nase ständig in einem Buch, fand es nicht witzig, den Vertretungslehrer zu mobben, machte während der Schulstunden keinen Ärger, und er tat grundsätzlich nichts, was seinem Gerechtigkeitsempfinden und seiner Empathie zuwiderlief.

Dafür, seinen eigenen Prinzipien treu zu sein, musste er einen hohen Preis bezahlen. Einladungen zu Festen und anderen gemeinschaftlichen Aktivitäten blieben aus, und in der 9. Klasse war verbales Mobbing an der Tagesordnung. Erniedrigende Bemerkungen wie »Riesenbaby« gehörten zur Normalität. Versuche, die Schule um Hilfe zu bitten, blieben ohne Resultat. Gustav musste also feststellen, dass Erwachsene ihm nicht helfen konnten, auch seine Eltern nicht. Er erzählte wenig, und so fanden wir erst, als es zu spät war, heraus, wie schlimm alles für ihn gewesen war.

Eine weitere Herausforderung war, dass Gustav (vor allem in der 9. Klasse) erlebte, dass die Lehrkräfte bei dem Abstraktionsniveau und den komplexen Überlegungen, die in seinem Kopf vor sich gingen, nicht folgen konnten. Für Aufgaben, die er mit großer Sorgfalt und Hingabe bearbeitet hatte, bekam er schlechte Zensuren, weil die

Lehrer seine Gedanken und ihre Komplexität nicht verstanden oder nicht verstehen wollten. Die Aufgaben, die er Sonntagsabends kurz vor Abgabeschluss einfach schnell runterschrieb, brachten ihm im Gegenzug Top-Noten ein. Damit war es für uns Eltern unmöglich, ihm beizubringen, dass man sich gründlich mit Dingen auseinandersetzen müsse.

Gustav verließ die Gemeinschaftsschule mit einem recht guten Durchschnitt, in den meisten Fächern waren seine Noten sehr gut. Der Weg schien frei fürs Gymnasium, und so begann er nach den Sommerferien auf einem Technischen Gymnasium. Es zeigte sich aber, dass zwischen Gemeinschaftsschule und Gymnasium ein himmelweiter Unterschied bestand, besonders wenn man nicht gelernt hatte, gründlich zu arbeiten, und grundsätzlich keine Hausaufgaben gemacht hatte.

Dann wurde Gustavs Vater plötzlich ernsthaft krank; es hatte sich ein Blutgerinnsel im Gehirn gebildet. Das passierte kurz vor Gustavs 18. Geburtstag, und die große Feier wurde auf unbestimmte Zeit hinaus verschoben, weil sein Vater drei Monate lang im Krankenhaus war. Es war eine unglaublich harte Zeit für uns alle, und Gustav litt obendrein sehr unter dem großen Druck, der sich von Seiten der Schule aufgebaut hatte. Der Druck ging aber auch von ihm selber aus, denn er hatte das Gefühl, jetzt in Rekordzeit erwachsen werden und mehr Verantwortung übernehmen zu müssen, als er verkraften konnte. Gleichzeitig hatte er Angst, seinen Vater zu verlieren.

Schließlich vereinbarte er mit seinem Kontaktlehrer, die Klasse zu wiederholen. Doch leider zeigte sich dennoch, dass Gustav von der gesamten Situation überfordert war. Einerseits machten ihm seine Erlebnisse aus seiner Gemeinschaftsschulzeit zu schaffen. Hinzu kam die Sorge um seinen Vater. Also informierte er sich über schulische Ausbildungsmöglichkeiten an einer Institution der Erwachsenenbildung, an der Abschlüsse bis zur allgemeinen Hochschulreife erworben werden können, und entschied sich, dort weiter zur Schule zu gehen. Dort fand er die notwendige Ruhe, um seine Gefühle wieder in den Griff zu bekommen. Das inhaltliche Niveau war niedrig im Vergleich zu Gustavs Fähigkeiten, somit fühlte er sich fachlich nicht unter Druck gesetzt. Zu diesem Zeitpunkt machte Gustav sein niedriges Selbstwertgefühl zu schaffen; er litt unter Ängsten und einer Depression und hatte eine soziale Phobie entwickelt. Doch das verhältnismäßig niedrige Niveau der Ausbildungsinstitution trug dazu bei, dass Gustav langsam den Glauben daran zurückgewann, etwas leisten zu können. Außerdem fanden wir einen Psychologen, der Gustav weiterhalf.

Gustavs Vater erholte sich von seiner Krankheit, nicht zuletzt dank seines starken Willens, denn er hatte sich das Ziel gesetzt, ohne Einschränkungen leben zu wollen. Das ließ ihn hart an seiner Wiederherstellung arbeiten. Nach einem Jahr nahm der seine Arbeit wieder auf, und obwohl er weiterhin an den Folgen der Erkrankung leidet, hat Gustav seinen Vater, so wie er ihn kennt und liebt, wieder. Wir haben als Eltern versucht, Gustav bestmöglich zu unterstützten, aber wir mussten erfahren, wie schwer es ist, mit Angst, Depression und sozialen Phobien umzugehen. Sowohl für den Betroffenen als auch für sein Umfeld. Heute geht Gustav auf eine Schule, auf der auf Gymnasialniveau unterrichtet wird. Seit einem Jahr hat er eine wunderbare Freundin, und es ist für uns eine Freude zu sehen, wie gut sie es miteinander haben.

Im März 2014 ist Gustav in eine eigene Wohnung gezogen. Das bedeutete ihm viel, und wir sind stolz darauf, dass er mit seinen Aufgaben gewachsen ist. Es ist vor allem gut für ihn, dass er im Alltag nun die notwendige Ruhe hat. Zeitweise war es zu Hause für ihn nicht einfach: mit einem kleinen Bruder, der ein sehr aktiver Handballspieler ist, und Eltern (vor allem einer Mutter), die im ehrenamtlichen Bereich sehr aktiv sind. Darunter leidet manchmal die Struktur des Alltags, die Kontrolle darüber, wer wann zu Hause ist, was an einem Tag alles ansteht oder wann zu Abend gegessen wird.

Gustav geht zur Schule und jobbt; er arbeitet aktiv an seinen Ängsten und seiner sozialen Phobie. Es scheint, dass eine medikamentöse Behandlung vorübergehend hilfreich sein kann. Wir sagen uns, dass man eine Zeitlang auf Krücken gehen muss, wenn man ein gebrochenes Bein hat. Gustavs Seele braucht im Moment solche Krücken, und wenn der Heilungsprozess weiter fortgeschritten ist, kann er sie wieder zur Seite legen. Gustav und wir Eltern sehen daher optimistisch in die Zukunft. Gustavs Persönlichkeit wird immer stabiler, und er erlebt immer öfter, dass er mit Situationen, die soziale Teilnahme erfordern, zurechtkommt. Gustav spricht fließend Englisch und hat gerade heute an seine Studienkameraden gemailt, dass er denjenigen, denen Englisch schwerfällt, nach der Schule Unterstützung beim Lernen geben kann. Und wie er selber sagt: »Als ich dieses Angebot gemacht hatte, wurde mir klar, dass ich dazu vor nur drei Monaten noch nicht fähig gewesen wäre.«

Wenn Auffälligkeiten in der psychosozialen Entwicklung auftreten

Geht es bei den Schwierigkeiten um mehr als um Intelligenz?

Wenn Eltern zu mir in die Praxis kommen, um die Intelligenz ihres Kindes beurteilen zu lassen, finden sie ihre Vermutung, dass ihr Kind besonders pfiffig und aufmerksam sei, oft bestätigt. Nicht selten sorgen sich die Eltern, ihrem Kind gehe es nicht gut; sie vermuten Lernschwierigkeiten oder eine Entwicklungsstörung, die genauer diagnostiziert werden müssten, damit zielgerichtete pädagogische Maßnahmen in die Wege geleitet werden können. Oft beobachten Eltern, andere Familienangehörige oder Freunde zwischen dem Kind und Gleichaltrigen Verhaltensunterschiede. Manchmal bestätigen Erzieher und Lehrer diese Einschätzung und verstärken so die Sorge der Eltern.

Wenn ein hochbegabtes Kind Verhaltens- oder Kontaktschwierigkeiten zeigt, ist es wichtig, sich diesem Problem zu stellen. In der Fachsprache werden hochbegabte Kinder, die gleichzeitig spezifische Schwierigkeiten haben, als »doppelt außergewöhnlich« bezeichnet. Tatsächlich kann es um spezifische Lernschwierigkeiten gehen, um Störungen in der Regulierung der Aufmerksamkeit, um Angst oder auch um Zustände, die Zwangsstörungen ähneln.

Hochbegabung ist aber keine Krankheit, sondern eine angeborene Gabe, ein Geschenk (wie das englische Wort »gifted« andeutet) – ein Geschenk, das erkannt und verstanden werden muss. Genauso wie alle anderen Kinder haben auch hochbegabte ein Recht darauf, ausgehend von ihren individuellen Voraussetzungen und eventuellen Schwierigkeiten gefördert zu werden.

Trifft die Diagnose einer Krankheit wirklich zu?

In Dänemark, ebenso wie in Deutschland, sind Psychologen, Lehrkräfte, Pädagogen, Kinderärzte, Krankenschwestern etc. traditionell nicht darüber informiert, was es für ein Kind oder einen Jugendlichen bedeutet, von Geburt an ein hohes intellektuelles Potenzial zu haben. Noch immer ist das Wissen in diesem Feld mangelhaft, im Hinblick sowohl darauf, wie diese Kinder identifiziert werden können, als auch auf den geeigneten pädagogischen Zugang. Dieser Mangel an Wissen kann dazu führen, dass Charakteristika hochbegabter Kinder mit Merkmalen neurologischer oder psychiatrischer Probleme verwechselt werden. Überraschend ist dies keineswegs, denn die Merkmale der beiden Gruppen sind einander ähnlich.

Um diese Merkmale genauer zu erkennen, muss man ermitteln, ob das Verhalten eines Kindes situationsabhängig ist, und beispielsweise der Frage nachgehen, ob die Schwierigkeiten unter bestimmten Umständen stärker hervortreten als unter anderen. Wenn eine psychiatrische Krankheit vorliegt, werden ein bestimmtes Verhalten oder besondere Merkmale situationsabhängig immer auftreten. Das trifft bei hochbegabten Kindern nicht zu. Denn bei ihnen wird man feststellen, dass die Schwierigkeiten vermindert auftreten oder ganz verschwinden, wenn sich das Kind in einem sozialen Umfeld mit Gleichgesinnten befindet und sich als ein Teil dieser Gemeinschaft fühlt.

Wie ich in der Praxis ein Kind kennenlerne

Eltern haben sich oft sehr gründlich Gedanken gemacht, ehe sie mit ihrem Kind zur Konsultation in meine Praxis kommen. Ihnen können Entwicklungsunterschiede zwischen ihrem Kind und anderen, gleichaltrigen Kindern aufgefallen sein. Bestimmte Entwicklungsunterschiede können mit einer Hochbegabung in Zusammenhang stehen. Es kommt auch vor, dass sich Familie, Freunde und Pädagogen Sorgen über auffälliges Verhalten des Kindes gemacht haben und den Eltern zu einer Untersuchung geraten haben. Wenn sich das Kind aber ansonsten gut entwickelt und wohlfühlt, wird selten ein pathologisches Verhalten vorliegen. Vielmehr hat man es dann ganz einfach mit mangelndem Wissen über die Merkmale zu tun, die typisch für hochbegabte Kinder sind.

Suchen die Eltern mich auf, weil es dem Kind nicht gut geht und es ein problematisches Verhalten zeigt, kann dahinter also einfach die Reaktion des Kindes auf eine Situation oder einen sozialen Zusammenhang stehen, in dem sich das Kind nicht wohlfühlt. Es kann zum Beispiel sein, dass ein Kind in der ersten Klasse das Alphabet »lernen« soll, obwohl es schon lesen kann. Solche Kinder verhalten sich eventuell unruhig und stören den Unterricht, und die Lehrkräfte vermuten dann pathologische Verhaltensprobleme. Wenn die Lehrkräfte eine mögliche Hochbegabung nicht sehen und das Kind nicht fördern, sondern stattdessen versuchen, es »zu erziehen und ihm Grenzen zu setzen«, können schwierige Situationen entstehen.

Manche Eltern vermuten über längere Zeit hinweg, dass bei ihrem Kind Hochbegabung vorliegen könnte. Wenn aber das Kind nicht die Unterstützung erhält, die es braucht, kann dies dazu führen, dass es sich nicht gut entwickelt. Und es ist gleichermaßen problematisch, wenn es nichts von seinen Problemen nach außen dringen lässt oder nach außen hin entsprechende Reaktionen zeigt. Es können sich ernstzunehmende Symptome von Angst oder Depression entwickeln, die nicht auf einer pathologischen Veranlagung beruhen, sondern aus mangelnder Rücksichtnahme auf die Bedürfnisse resultieren, die das Kind hinsichtlich seiner Entfaltung und dem Sammeln von Lernerfahrungen hat.

Andere Eltern wiederum möchten nähere Informationen über die Intelligenz ihres Kindes haben, weil in ihrem Umfeld das Kind nicht nur als hochbegabt wahrgenommen wird, sondern auch als emotional unausgeglichen; oft wird auch auf große Stimmungsschwankungen sowie auf Phasen von Mutlosigkeit und Rastlosigkeit hingewiesen. Bei einem solchen Kind besteht dann das Risiko einer schweren Fehldiagnose, wenn die Entwicklungs-Asynchronie nicht berücksichtigt wird. Diese Asynchronie entsteht, wenn manche intellektuelle Fähigkeiten besonders weit entwickelt sind, andere aber altersentsprechend erscheinen; daraus können Stimmungsschwankungen resultieren, ebenso Reaktionen, die vom Umfeld als sehr unreif und vielleicht sogar als pathologisch wahrgenommen werden können.

Es wenden sich auch Eltern an mich, deren Kinder neben ihrer hohen intellektuellen Leistungsfähigkeit auch tatsächlich Schwierigkeiten neurologischer bzw. psychiatrischer Art haben. Es kann sich um Lernschwierigkeiten, Legasthenie, Aufmerksamkeitsdefizit-/Hyperaktivitätsstörung (ADHS), Aufmerksamkeitsdefizitstörung ohne Hyperaktivität (ADS), Zwangsstörungen (OCD) oder um Autismus-Spektrum-Störungen handeln. Bei diesen Kindern wird man folglich feststellen, dass die jeweiligen Schwierigkeiten in jeder Situation auftreten. So zum Beispiel, wenn es einem Kind schwerfällt, sich in der Schule unter dem Einfluss von Lärm und äußeren Einwirkungen zu konzentrieren, die Konzentrationsschwierigkeiten aber ebenso in einer ruhigen Umgebung, etwa zu Hause, auftreten.

Es ist wichtig, dass auch bei diesen Kindern die Intelligenz bestimmt wird, um genau zu sehen, welche Ursachen ein bestimmtes Verhalten hat. Intelligente Kinder haben nämlich außerordentliche Fähigkeiten, ihre Einschränkungen zu kompensieren. Ein hochbegabtes Kind mit einer autistischen Störung (früher als Asperger-Syndrom bezeichnet) entwickelt in seinem Sozialisierungsprozess individuelle Strategien im Umgang mit anderen. Dem Kind gelingt es mit der Zeit, Situationen wiederzuerkennen, die eine bestimmte Reaktionsweise erfordern oder eine bestimmte Initiative, um gute soziale Beziehungen zu bewahren. Ein hochbegabtes Kind mit einer ADS-Diagnose kann aufgrund seiner Fähigkeiten, zu abstrahieren und auf einer Metaebene zu reflektieren, ebenfalls eigene Umgangsformen entwickeln, von denen die eigentlichen Entwicklungsprobleme verdeckt werden.

Wenn man dann den Blick über das Handicap hinaus auf die besonderen Ressourcen des Kindes richtet, können Bezugspersonen und Lehrkräfte das Kind dabei unterstützen, auf seinen Stärken aufzubauen und Schwächen zu minimieren. So kann das Erleben einer positiven Entwicklung in den Vordergrund treten. Einem Kind, das beispielsweise gerne spricht und erzählt und sich gerne bewegt, kann man entgegenkommen, indem man es eine Aufgabe mündlich bearbeiten lässt.

Wie bereits erwähnt, gibt es Merkmale Hochbegabter, die mit Symptomen verschiedener Krankheitsbilder verwechselt werden können. Im Folgenden möchte ich auf die Diagnosen ADS, ADHS, Autismus-Spektrum-Störungen und OCD eingehen. Neben den Verwechslungsmöglichkeiten geht es aber auch darum zu erkennen, dass ein Kind hochbegabt und außerdem an einer psychiatrischen Störung erkrankt sein kann, dass es also »doppelt außergewöhnlich« ist.

Unterschiede zwischen Kindern mit ADS/ADHS und hochbegabten Kindern

Es ist nicht einfach zu erkennen, ob die Verhaltensprobleme bzw. Reaktionen, die im Einzelfall konstatiert werden können, auf hohe Intelligenz oder auf ADS bzw. ADHS zurückzuführen sind. Für Eltern eines hochintelligenten Kindes liegt es auf der Hand, Probleme wie beispielsweise Rastlosigkeit, Impulsivität oder mangelnden Fokus auf ein nicht stimulierendes Umfeld zurückzuführen. Umgekehrt liegt es für Fachleute aus der Psychologie und der Psychiatrie nahe, an Krankheitsbilder zu denken, also an den Bereich, in dem ihr fachliches Wissen angesiedelt ist. Aus diesem Grund ist es so wichtig, genau hinzusehen, denn sowohl das Übersehen einer Krankheit als auch eine Fehldiagnose schaden der weiteren Entwicklung des Kindes.

Man kann jedoch feststellen, dass das Medikament Ritalin bei einem hochbegabten Kind keine Wirkung zeigt, während man positive Effekte bei einem Kind mit ADHS erzielen kann.

ADS/ADHS

Vier Merkmale, die bei Kindern mit ADS häufig auftreten

1. Hyperaktivität (hohes Energielevel und Unruhe)
2. Desorientierung (Unaufmerksamkeit oder Konzentrationsschwierigkeiten)
3. Impulsivität (emotionale Ausbrüche und Unterbrechungen bei Aktivitäten)
4. Unordnung (Schwierigkeiten, Dinge zu finden und Sachen in Ordnung zu halten)

Kinder mit ADS (ohne Hyperaktivität) zeigen oft folgende Merkmale:

- Wirken abwesend.
- Träumen in den Tag hinein.
- Sind leicht ablenkbar und können ihre Aufmerksamkeit nur kurze Zeit aufrechterhalten.
- Können Risiken oder Konsequenzen ihres Handelns nicht einschätzen.
- Haben Schwierigkeiten, aufmerksam und konzentriert zuzuhören, Anweisungen zu befolgen und Aufgaben zu Ende zu führen.
- Suchen kaum das soziale Miteinander und wirken eher still und schüchtern.
- Achten nicht auf Details und machen Flüchtigkeitsfehler.
- Sind desorganisiert und vergesslich, verlieren Dinge und schaffen es nicht, ihre Hausaufgaben in die Schule mitzunehmen und umgekehrt Informationen von Seiten der Schule an die Eltern weiterzugeben.

Kinder mit ADHS zeigen oft folgende Merkmale:

- Wirken wie »aufgezogen«.
- Wirken rastlos; es fällt ihnen schwer, stillzusitzen.
- Stehen im Unterricht ohne Erlaubnis auf.
- Bewegen sich pausenlos und suchen Gelegenheiten zum Laufen und Klettern.
- Sprechen ununterbrochen, ohne abwarten zu können, bis sie an der Reihe sind.
- Haben Schwierigkeiten dabei, etwas zu teilen.
- Unterbrechen andere im Gespräch oder beim Spielen.

In der folgenden Liste sind Verhaltensweisen aufgeführt, die bei hochbegabten Kindern vorkommen können und Verhaltensweisen von Kindern ähneln, die an ADS oder ADHS leiden.

Ähnlichkeiten

- Es fällt ihnen schwer, Aufgaben auszuführen und zu Ende zu bringen.
- Sie brechen Regeln.
- Sie haben oft Probleme im sozialen Miteinander mit Gleichaltrigen.
- Sie sind oft physisch unruhig, und es fällt ihnen schwer, ihre Aufmerksamkeit zu steuern.

Diese Verhaltensmerkmale, die die beiden »Gruppen« miteinander gemeinsam zu haben scheinen, haben jedoch jeweils unterschiedliche Ursachen. Bei Kindern mit ADS/ADHS treten die Probleme unabhängig von der Situation auf, in der sie sich befinden; sie bestehen fortwährend. Bei hochbegabten Kindern treten sie jedoch situationsabhängig auf. Es gibt also Situationen, in denen die Probleme wie weggeblasen erscheinen.

Einem Kind mit ADS/ADHS kann es aus verschiedenen Gründen schwerfallen, eine Schulaufgabe fertigzustellen. Entweder hat es sie vergessen oder verlegt, oder es erinnert die Aufgabenstellung nicht, weil es zu unkonzentriert war, um der Erklärung zu folgen, oder es gelingt ihm ohnehin nicht, ein Thema kontinuierlich zu bearbeiten. Dagegen hat das hochbegabte Kind oft bewusst eine Entscheidung getroffen. Es hat die Situation in Frage gestellt und aufgrund einer persönlichen Einschätzung eine eigene Richtung gegeben: Das Kind hat sich entschieden, die Aufgabe nicht zu bearbeiten, weil es sie zu leicht oder zu uninteressant empfindet (und überspringt beispielsweise die ersten 25 von 50 Rechenaufgaben). »Warum muss ich mit der ersten Rechenaufgabe anfangen und bis zur Aufgabe 25 rechnen, wenn ich Plus-Aufgaben schon rechnen kann?« Es löst die Aufgabe also auf seine Art, ohne die Anleitung zu befolgen.

Wenn hochbegabte Kinder Probleme im sozialen Miteinander mit Gleichaltrigen haben, liegt das oft daran, dass sie in ihrer intellektuellen Entwicklung an einer anderen Stelle stehen; ihre Art zu denken und Dinge zu erleben ist oft von einer sehr schnellen, kreativen und neugierigen Herangehensweise geprägt. Für Kinder mit ADS/ADHS liegt das Problem eher darin, dass sie als Folge ihrer Schwierigkeiten bei der Regulierung ihrer Aufmerksamkeit und ihrer Hyperaktivität an den Ideen und Wünschen der Gleichaltrigen vorbeipreschen und damit Konflikte hervorrufen.

Auch hochbegabte Kinder können unaufmerksam sein (und als »zerstreuter Professor« abgestempelt werden). Genau dies macht die Unterschiede aber deutlich: Denn sie können sich in etwas vertiefen, das sie interessiert, haben es aber schwer, aufmerksam zu sein, wenn etwas sie nicht interessiert. In einer für sie langweiligen Situation gehen sie anderen, für sie interessanten Impulsen nach, die entweder von außen oder auch aus ihrer eigenen Gedankenwelt stammen. Das kann z. B. der Text auf einem Michkarton sein, über dem sie vergessen, weiter zu frühstücken.

Und auch hochbegabte Kinder können unruhig wirken. Diese Unruhe entwickelt sich aufgrund ihres Bedarfs an Stimuli. Wenn dieser Bedarf berücksichtigt wird und sie sich mit etwas beschäftigen können, das sie interessiert, werden sie wieder ruhig. Sie können dann so konzentriert arbeiten, dass sie leicht in einen Flow-Zustand gelangen. Diese Möglichkeit haben Kinder mit ADS/ADHS nicht. Sie werden von einer grundsätzlichen Unruhe getrieben, die sich sowohl physisch als auch mental äußert. Physisch haben sie es also oft schwer, ruhig zu bleiben, unabhängig von der Situation oder Aufgabe; und mental haben sie es schwer damit, sich zu konzentrieren, selbst wenn sie sich mit einer Aufgabe beschäftigen, die sie eigentlich interessiert.

Während ein Kind, das an ADS/ADHS leidet, grundsätzlich in verschiedenen Lebenssituationen Schwierigkeiten hat, werden sich hochbegabte Kinder bei Aktivitäten, die sie interessieren, fokussierter und zielgerichteter verhalten; sie können sich intensiv und über längere Zeit hinweg konzentrieren.

Unterschiede

In der folgenden Übersicht sind Verhaltensmerkmale hochbegabter Kinder aufgelistet, die mit Charakteristika von Kindern mit ADS/ADHS nicht übereinstimmen, direkt zu ihnen in Widerspruch stehen und Anlass dazu geben müssten, eine bereits gestellte ADS/ADHS-Diagnose wieder in Frage zu stellen.

Merkmale, die nur bei hochbegabten Kindern vorkommen, nicht aber bei Kindern mit ADS/ADHS

- Die Probleme entstehen mit dem Start im Kindergarten bzw. mit Schulbeginn.
- Das Kind zeigt selektive Fähigkeiten: Es widmet sich interessanten Aufgaben bzw. entzieht sich solchen, die es als uninteressant empfindet.
- Das Kind konzentriert sich anhaltend und intensiv auf anspruchsvolle Aufgaben, die es interessieren, auch ohne

dass eine unmittelbare, greifbare Belohnung in Aussicht steht.

- Das Kind nimmt die Umgebung kaum wahr, wenn es sich auf eine Aufgabe konzentriert.
- Das Kind ist leicht abgelenkt, wenn es eine Aufgabe bearbeitet, die es nicht interessant findet, versucht aber trotzdem, andere nicht zu stören.
- Das Kind antwortet nicht sofort, gibt aber etwas später eine durchdachte Antwort.
- Das Kind führt Aufgaben willentlich nicht zu Ende (z. B. wenn es um Auswendiglernen geht).
- Spontane Antworten des Kindes sind häufig korrekt.
- Das Kind unterbricht ein Gespräch, um auf einen Fehler, der jemandem unterlaufen ist, hinzuweisen.
- Das Kind kann problemlos von einer interessanten Aktivität zur anderen wechseln.
- Das Kind schneidet in einem Aufmerksamkeitstest gut ab und kann den Fokus wechseln, wenn es dazu motiviert ist.
- Das Kind wendet sich einer interessanten Aufgabe schnell wieder zu, wenn es abgelenkt worden ist oder die Arbeit unterbrochen worden ist.

Webb, J. T. et al., 2005

Unterscheidung zwischen Kindern mit Autismus-Spektrum-Störung und intelligenten Kindern

Zur Beschreibung psychischer Krankheiten gibt es zwei internationale Grundlagen: einerseits das »Diagnostic and Statistical Manual of Mental Disorders« (DSM, englisch für »Diagnostischer und statistischer Leitfaden psychischer Störungen«), andererseits die »International Classification of Diseases« (ICD). In der 5. Auflage des DSM, die im Mai 2013 erschien, wird das »Asperger-Syndrom« nicht mehr als eigenständige Krankheit aufgeführt, sondern fällt nun unter

Autismus-Spektrum-Störungen. Zwar ist das DSM international in der Forschung und in vielen Kliniken und Instituten gebräuchlich, doch etwa in den USA ist die ICD das offizielle psychiatrische Klassifikationssystem. An der nächsten Fassung der ICD wird zurzeit gearbeitet, und auch hier ist in der Entwurfsfassung definiert, dass das Asperger-Syndrom unter »die Autismus-Spektrum-Störung« eingereiht wird; die Bezeichnung Asperger-Syndrom ist weggefallen. Es ist also damit zu rechnen, dass die Asperger-Diagnose allgemein durch die breitere Diagnose Autismus-Spektrum-Störung ersetzt wird. Eine mögliche Konsequenz ist, dass wahrscheinlich zwischen 5 bis 15 % weniger Patienten die Diagnose »Autismus« erhalten werden (Jørgensen, 2013), weil die Schwelle höher wird – es müssen mehr Symptome vorliegen als bislang, um die Diagnose zu rechtfertigen.

Im Folgenden wird die ursprüngliche Asperger-Diagnose dennoch beibehalten, mit der kindliche Funktionsbeeinträchtigungen in einem Zusammenwirken von drei Aspekten charakterisiert wird (Beyer & Gammeltoft, 2003): soziale Interaktion, Kommunikation und Flexibilität im Denken. Bei kleinen Kindern ist das Asperger-Syndrom (im Gegensatz zu ADS/ADHS und infantilem Autismus) schwierig zu diagnostizieren. Da soziale Kompetenzen und die Interaktion des Kindes mit Gleichaltrigen in den Diagnoseprozess einbezogen werden, sind erst mit der Einschulung des Kindes Bedingungen geschaffen, unter denen eine Beurteilung stattfinden kann. Das bedeutet, dass viele Eltern von hochbegabten Kindern mehrere Jahre im Ungewissen bleiben, ohne Aussicht darauf, dass ihre Sorgen bestätigt oder entkräftet werden.

Eltern hochbegabter Kinder, die einen Psychologen konsultieren, haben oft über mehrere Jahre hinweg festgestellt, dass ihr Kind gewisse Schwierigkeiten damit hat, soziale Signale zu dekodieren und sich in Gemeinschaften einzufügen, und sie sind auf diese Schwierigkeiten oft auch von Dritten hingewiesen worden. Sein eigenes Kind einzuschätzen kann schwierig sein, weil es in der vertrauten Umgebung mit Menschen, die ihm nahestehen, oft als empathisch und sozial gut integriert erlebt werden kann, während außerhalb dieses

Kreises Schwierigkeiten hervortreten und das Kind in Konflikte involviert ist oder sich in Isolation begibt. Oft wird es daher Kontakt zu Erwachsenen suchen, die ihm mehr Sicherheit geben können und die es als interessanter und gewinnbringender wahrnimmt.

Autismus-Spektrum-Störung (Asperger-Syndrom)

Kinder mit Asperger-Syndrom

- Vermeiden direkten Augenkontakt mit anderen.
- Haben Schwierigkeiten damit, stabile Freundschaften aufzubauen und ein Teil der Gemeinschaft zu sein.
- Zeigen einen Mangel an Empathie für andere und können soziale Situationen nicht einschätzen.
- Haben eine monotone Art zu sprechen und eine wenig nuancierte Körpersprache.
- Sind nicht in der Lage, sich auf »Smalltalk« einzulassen.
- Haben es schwer, in sozialen Gruppen in sich zu ruhen.
- Wiederholen gewisse motorische Handlungen, entwickeln Ticks, sodass der Verdacht »Tourette-Syndrom« geäußert wird.
- Haben ein leidenschaftliches Interesse für ein ungewöhnliches Thema.
- Haben Schwierigkeiten im sozialen Miteinander: Es fällt ihnen schwer zu verstehen, was zwischenmenschlich vorgeht.
- Haben Schwierigkeiten damit, Gefühle zu verstehen und zu analysieren.
- Haben Schwierigkeiten damit, Gefühle mit abstrakten Gedankengängen zu verbinden.
- Haben Schwierigkeiten damit, ihre Gefühle bewusst zu regulieren und die Regulierung ihrer Gefühle in der Kommunikation mit anderen wirksam werden zu lassen.

Das Asperger-Syndrom ist erblich bedingt. Typische Verhaltensweisen beruhen also nicht darauf, wie Kinder aufgezogen werden. Gleichzeitig bringt diese Störung große Herausforderungen für das familiäre und soziale Umfeld mit sich. Sie kann unterschiedlich stark ausgeprägt sein, und die Probleme können sich auf unterschiedliche Weise äußern – auch hier spielen die Individualität des Kindes und die Lebenserfahrungen, die es geprägt haben, eine große Rolle.

Im Vergleich zu den anderen Ausprägungen autistischer Störungen haben Menschen, die am Asperger-Syndrom leiden, weniger Schwierigkeiten im Hinblick auf die sprachliche Entwicklung, und sie haben im Allgemeinen keine allgemeinen Lernschwierigkeiten.

Ähnlichkeiten

Menschen mit Asperger-Syndrom, die durchschnittlich bis überdurchschnittlich intelligent sind, zeigen viele Merkmale, die auch bei hochbegabten Kindern auftreten, bei denen aber kein Asperger-Syndrom vorliegt. Aus diesem Grund kann es außerordentlich schwer sein festzustellen, ob das traditionelle »Asperger-Syndrom« vorliegt oder ob ein Kind einfach »nur« intelligent ist. Im Folgenden werden einige der Merkmale aufgelistet, die für beide Gruppen zutreffen können.

Merkmale, die bei hochbegabten Kindern vorkommen und denen von Asperger-Patienten ähneln

- Das Kind hat ein hervorragendes Gedächtnis für Begebenheiten und Fakten.
- Das Kind ist sprachlich weit entwickelt und hat einen großen Wortschatz.
- Das Kind redet und fragt viel.
- Das Kind reagiert hypersensitiv auf unterschiedliche Stimuli.
- Es liegt eine asynchrone Entwicklung vor.
- Das Kind zeigt besonderes Interesse für spezielle Themengebiete.

Webb, J. T. et al., 2005

Sowohl Kinder mit Asperger-Syndrom als auch hochbegabte Kinder zeigen Verhaltensweisen, die andere als auffällig oder schwer nachvollziehbar empfinden. Bei hochbegabten Kindern kann ihr hohes intellektuelles Niveau zu altersuntypischem Verhalten führen; zudem fallen ihr oft spezieller Humor und ihr sehr großes Engagement für ein oder mehrere besondere Themen – Themen, über die Gleichaltrige nichts wissen – als ungewöhnlich und möglicherweise irritierend auf. Sowohl hochbegabte als auch Kinder mit Asperger-Syndrom können ausgeprägte verbale Fähigkeiten besitzen und sich auf einem hohen intellektuellen Niveau befinden, über ein fantastisches Gedächtnis verfügen und ungewohnt viele Fragen stellen.

Dieses auf den ersten Blick ähnlich erscheinende Verhalten von hochbegabten Kindern und Kindern mit Asperger-Syndrom beruht aber auf unterschiedlichen Ursachen und unterscheidet sich auch in der Art und Weise, wie es auftritt. Während Kinder mit Asperger-Syndrom oft über ein großes Wissen innerhalb eines begrenzten spezifischen Feldes verfügen, das für andere wenig Relevanz hat (das können zum Beispiel genaue Kenntnisse über Waschmaschinen der Marke Siemens seit den 1950er-Jahren sein), wollen hochbegabte Kinder, die ein großes Interesse in einem spezifischen Bereich haben, ihr Wissen mit anderen teilen und gemeinsam weiterentwickeln. Ein Kind mit Asperger-Syndrom gibt sein Wissen oft auf eine monotone, pedantische Weise weiter, ohne wirklich mit den Personen, an die es sich richtet, zu interagieren. Dagegen ist das hochbegabte Kind eifrig darum bemüht zu vermitteln und die Aufmerksamkeit und das Interesse des Gegenübers zu gewinnen.

Beide Gruppen haben eine besondere Art von Humor. Ein Kind mit Asperger-Syndrom hat die Tendenz, Dinge wortwörtlich zu nehmen, während ein hochbegabtes Kind Sinn für Doppelbedeutungen hat. Beides kann zu witzigen Assoziationen und Ideen führen. Der Sinn für Humor eines hochbegabten Kindes ist für andere jedoch meist leichter zugänglich.

Obwohl diese beiden Gruppen sich in mehreren Punkten ähneln, fällt ein Kind mit Asperger-Syndrom im Gegensatz zu einem hochbegabten meist deutlicher auf. Wenn Kinder beispielsweise Veränderungen als unangenehm empfinden und stark darauf reagieren, wird ein hochbegabtes Kind reagieren, wenn es zum Beispiel gerade intensiv mit etwas beschäftigt ist und es ihm deshalb schwerfällt, sich auf etwas anderes einzulassen. Für ein Kind mit Asperger-Syndrom ist der Wechsel an sich eine Herausforderung. Unabhängig von den näheren Umständen wird die Veränderung an sich vom Kind aufgrund seiner Sensibilität als unangenehm empfunden.

Unterschiede

In der folgenden Übersicht sind Verhaltensweisen hochbegabter Kinder aufgelistet, die inkompatibel oder auch klar im Widerspruch zu Verhaltensmerkmalen von Kindern mit Asperger-Syndrom sind oder eine bereits bestehende Asperger-Diagnose möglicherweise in Frage stellen.

Unterschiede im Verhalten hochbegabter Kinder gegenüber Patienten mit Asperger-Syndrom

- Das Kind hat ein relativ normales interpersonelles Verhältnis zu den Personen, die seine bzw. ihre Interessen teilen.
- Das Kind zeigt intensives Interesse und umfassendes Wissen, ohne dass weitere Verhaltensweisen, die für eine Asperger-Diagnose relevant sind, auftreten.
- Das Kind hat keine Schwierigkeiten mit abstrakten Ideen, unstrukturierten Situationen und unbekannten Aktivitäten.
- Das Kind hat jegliche Form von atypischen Bewegungsmustern unter bewusster Kontrolle.
- Jegliche Form von abweichenden Bewegungsmustern steht im Zusammenhang mit Stress oder überschüssiger Energie.
- Das Kind ist motorisch ungeschickt.
- Das Kind zeigt Verständnis für die Gefühle anderer Menschen und zwischenmenschliche Beziehungen.

- Das Kind zeigt im Allgemeinen Gefühle, die der jeweiligen Situation angemessen sind.
- Das Kind zeigt in verschiedenen Situationen Empathie und Sympathie.
- Die Art der Kommunikation und der Humor des Kindes ähneln mehr dem eines Erwachsenen.
- Das Kind versteht Humor und setzt selber Humor in sozialen Interaktionen ein. Sein Humor geht über Wortspiele oder auswendiggelernte »One-Liner-Jokes« hinaus.
- Das Kind ist sich seiner Persönlichkeit bewusst und hat ein Gefühl für die Wirkung, die es auf andere hat.
- Das Kind nimmt wahr, wie es von anderen wahrgenommen wird.
- Das Kind toleriert plötzliche Veränderungen in seiner Routine oder übt nur einen passiven Widerstand.
- Das Kind versteht die Bedeutung von Metaphern oder Redewendungen, wie zum Beispiel die Redewendung »den Weg des kleinsten Widerstandes gehen«.
- Ablenkungen und Aufmerksamkeitsschwierigkeiten werden durch äußere Einflüsse hervorgerufen und entstehen nicht in erster Linie aus dem Denken und den Ideen des Kindes selbst.

Web. J. T. et al., 2005

Offenbar gibt es zwei zentrale Bereiche, auf die man sich bei der Unterscheidung zwischen einem Kind mit Asperger-Syndrom und einem Kind, das hochintelligent ist, konzentrieren sollte.

Zum einen sind solche Situationen in den Blick zu nehmen, in denen das Kind seine besonderen Interessen anderen – Gleichaltrigen oder älteren Interessierten – zu vermitteln versucht. Ein Kind mit Asperger-Syndrom wird in solchen Situationen einen Mangel an Empathie bzw. Einfühlungsvermögen zeigen, und es wird eine Form von sozialer Unzulänglichkeit erkennbar sein. Das hochintelligente Kind dagegen wird sich sozial angemessen verhalten und diese

Situation genießen, in der andere Interessierte involviert sind. Das hochintelligente Kind wird eine größere Vorstellungskraft besitzen und kreativer im Problemlösen sein, generell flexibler denken und in der Lage sein, sich in die Sichtweisen der anderen hineinzuversetzen.

Ein weiterer Anknüpfungspunkt ist die Selbstwahrnehmung des Kindes. Wie sieht das Kind sich selber und ist es sich bewusst darüber, wie sein Verhalten auf andere wirkt? Hochintelligente Kinder haben Einsicht darein, wie andere sie als Individuen bzw. als Teil einer Gruppe wahrnehmen. Wenn oder falls sie als andersartig auffallen, sind sie sich dessen schmerzlich bewusst; sie sind gestresst, frustriert oder traurig darüber, anzuecken. Kinder mit Asperger-Syndrom sind sich nicht in diesem Grad bewusst darüber, wann sie soziale Regeln brechen und wann ihr Verhalten als andersartig auffällt. Sie können ihre Berichte über das, was sie besonders interessiert, lange Zeit fortsetzen, ohne wahrzunehmen, dass die anderen sich langweilen oder nicht mehr zuhören. Ihnen entgehen die nonverbalen Signale der Gesprächspartner.

Hochintelligente Kinder können sich allerdings so tief in das vertiefen, was sie interessiert, dass es ihnen schwerfällt, sich wieder davon zu lösen und den Fokus auf etwas anderes zu richten. Wenn Gleichaltrige nicht in der Lage sind, ihren Ausführungen zu folgen oder zu verstehen, worum es geht, können Hochbegabte auf eine Art reagieren, die wie ein Mangel an Empathie wirken kann, hinter der jedoch eher ein Mangel an Toleranz steht – etwas, was auch als Arroganz wahrgenommen werden kann. Doch wenn diese hochintelligenten Kinder zusammen mit anderen sind, deren mentale Prozesse ebenso schnell ablaufen, und zudem mit Aktivitäten beschäftigt sind, die alle gleichermaßen ansprechen, zeigen sie Empathie und Gefühle in der Interaktion. Wiederum muss man im Blick behalten, ob die Fähigkeit zu sozialer Interaktion konstant problematisch ist oder ob sie sich in Abhängigkeit zu den äußeren Bedingungen ändert.

Wenn ein Kind nicht nur intelligent, sondern außerdem auch introvertiert und ungewöhnlich sensibel ist, liegt der Verdacht auf

Asperger-Syndrom nahe. Doch auch in so einem Fall gilt, dass das Kind, sobald es sich mit anderen Menschen oder in einer Gruppe sicher oder in einer bestimmten Situation wohlfühlt, seine soziale Kompetenzen zeigen wird.

Auf ein hochintelligentes Kind kann die Beschreibung passen, dass es gewissermaßen die Realität ausblendet, wenn es sich in einem kreativen Prozess befindet. Wenn das Kind in diesem Flow-Zustand der mentalen Vertiefung ist, ist das mit einem angenehmen Gefühl verbunden, und es ist der Prozess selber, der Spaß macht und motiviert. Wenn daraus harte Arbeit wird, bei der das Kind den Erwartungen anderer genügen soll, erlischt der kreative Funke. Der Arbeitsprozess zählt genauso viel wie das Ergebnis. Allgemein hören hochintelligente Kinder selbst dann nicht auf, kreativ zu arbeiten, wenn sie dafür wenig Anerkennung bekommen. Sie handeln mehr aus einem inneren Antrieb heraus.

Unterscheidung zwischen Kindern mit OCD, OCPD und intelligenten Kindern

Zwangsstörung (OCD für englisch Obsessive compulsive disorder,) und Zwanghafte Persönlichkeitsstörung (OCPD für englisch Obsessive compulsive personality disorder) treten gewöhnlich erst zu Beginn der Jugend (Pubertät) oder im Alter von Anfang 20 auf. Ein Auftreten in der Kindheit ist möglich, aber ungewöhnlich.

OCD (OBSESSIVE COMPULSIVE DISORDER) ist eine psychiatrische Erkrankung, die durch wiederkehrende Zwangsgedanken und/oder Zwangshandlungen gekennzeichnet ist

- Zwangsgedanken (Obsessionen) sind Ideen, Vorstellungen oder Einfälle, die im bewussten Zustand wieder und wieder auf eine gleichartige Weise auftreten. Oft ist mit ihnen die Angst, sich selber oder anderen zu schaden, verbunden, die Angst vor Ansteckung oder vor Chemikalien, übertriebener Zweifel oder das Bedürfnis nach Ordnung/Symmetrie. Die Gedanken werden fast immer als peinlich empfunden, dabei aber als ungeheuer schwer zu steuern.
- Zwangshandlungen und Rituale sind wiederkehrende Handlungen, die nach einem bestimmten Muster ausgeführt werden, oft um eine bevorstehende Begebenheit, die mit Angstgefühlen verbunden ist, zu umgehen. Oft werden sie von Zwangsgedanken hervorgerufen. Zu den häufigsten Zwangshandlungen gehören Wasch- und Reinigungsrituale, Kontrollrituale, Zählrituale oder Ordnungs- und Symmetrierituale.

www.ocd-foreningen.dk

Manche Betroffene haben nur Zwangsgedanken, andere zeigen fast »nur« Zwangshandlungen. Am häufigsten liegt allerdings eine Kombination aus Zwangsgedanken und -handlungen vor.

OCPD

Wenn bestimmte Persönlichkeitseigenschaften überhandnehmen, spricht man von einer Persönlichkeitsstörung. Die Diagnose *Obsessive compulsive personality disorder* baut auf eine Persönlichkeit auf, die auf Englisch » the conscientious personality« genannt wird, also als »gewissenhafter Persönlichkeitstyp« übersetzt werden kann.

Der gewissenhafte Typ

- Widmet sich intensiv und zielgerichtet seiner Arbeit.
- Möchte »es richtig« machen.
- Hat starke moralische Prinzipen und Werte; Dinge sollen »auf die richtige Weise« getan werden.
- Möchte keine Fehler machen.
- Ist perfektionistisch.
- Besitzt Durchhaltevermögen.
- Besitzt einen ausgeprägten Ordnungssinn.
- Ist ausgesprochen vorsichtig.
- Ist sparsam.
- Kann unter Sammelleidenschaft leiden.

Oldman & Morris, 1995

Ähnlichkeiten

Hochbegabte Kinder zeigen Merkmale, Verhaltensweisen und Gedanken, die auf unterschiedliche Weise denen von Personen ähneln können, die an OCD oder OCPD leiden. Die Forschung bestätigt einen Zusammenhang zwischen hoher Intelligenz und Perfektionismus (Rogers & Silverman, 1997). Perfektionismus verstärkt oft Gefühle von Angst und Schuld, auf die Personen beider Gruppen intellektuelle Auswege suchen, indem sie über Möglichkeiten nachdenken, um die Situation noch stärker zu kontrollieren. Hochintelligente verwenden so viel Zeit darauf, zu überlegen, wie sie sich (und andere) verbessern können; sie sind sehr idealistisch und nehmen sich große ethische Probleme zu Herzen, wägen ab, was moralisch richtig oder verkehrt ist. An sich selber stellen sie hohe Ansprüche, ebenso daran, wie die Welt aussehen müsste, wenn es gerecht zugehen würde. Obdachlose auf der Straße, Kriege in der Welt und hungernde Kinder, die sie im Fernsehen sehen, bereiten ihnen Sorgen.

Diese konstante Sorge kann an Zwangsgedanken erinnern, da es schwer ist, die Betreffenden zu beruhigen. Diese Gedanken können auch zu einem Verhalten führen, das zwanghaft wirkt, zum Beispiel wenn Kinder immer für Arme sammeln und all ihr Taschengeld spenden.

Unterschiede

Die beiden Gruppen unterscheiden sich darin, wie sie selber ihre eigenen Handlungen einschätzen. Die hochintelligenten Kinder werden ihre Sorgen als sowohl logisch als auch vernünftig bewerten. Sie können bis in die kleinsten Details erklären, warum sie sich Sorgen machen. Sie sind sich dabei bewusst, dass sie nur wenig ausrichten können, und gerade das ist es, was sie ängstigt und nachts wach hält, denn die Gedanken wandern und die Sorgen führen dazu, dass sie konstant Schuld und Verantwortung empfinden. Das »merkwürdige« Verhalten eines hochbegabten Kindes, das eventuell zwanghaft wirkt, wird in den meisten Fällen von einem positiven Ziel gesteuert sein und mit Kreativität und der Freude verbunden sein, etwas, das »falsch läuft«, in die richtigen Bahnen zu lenken.

Kinder und Jugendliche mit OCD, die unter Zwangsgedanken leiden und die versuchen, Stress und Angst zu reduzieren, sind sich oft im Klaren darüber, dass ihr Verhalten unlogisch und vielleicht sogar albern ist. Rein verstandesmäßig sind sie sich dessen bewusst, dass sie zum Beispiel das Leben eines Familienmitglieds nicht dadurch retten, dass sie nicht auf Linien treten, empfinden aber dennoch eine Erleichterung, wenn sie derartige Rituale ausführen. Das Kind hat außerdem durch vielfältige Begrenzungen mehr oder weniger große Schwierigkeiten, im Alltag zurechtzukommen.

Das »doppelt außergewöhnliche« Kind

Im vorausgehenden Abschnitt lag der Fokus auf einer Reihe von Problembereichen, auf ADS/ADHS, Autismus-Spektrum-Störung und OCD sowie OCPD, weil sich für Eltern, die mich aufsuchen, oft die Frage stellt, ob ihr Kind hochintelligent ist, an einer neurologischen Störung leidet oder psychiatrische Probleme hat. Wie beschrieben, ist dies nicht immer einfach zu erkennen, weil die gleichen Probleme, die gleichen Denkmuster und das gleiche Verhalten durch unterschiedliche Ursachen hervorgerufen werden kann. Aber es ist natürlich nicht immer so, dass allein die hohe Intelligenz das Verhalten eines intelligenten Kindes prägt. Ein solches Kind kann (wie alle anderen Kinder) zusätzlich diverse, komplexe Schwierigkeiten haben. Diese Kinder werden als »doppelt außergewöhnlich« bezeichnet. Das bedeutet, dass sie neben ihrer Intelligenz weitere Verhaltensweisen zeigen, die zu einer Diagnose führen.

Die Bezeichnung »doppelt außergewöhnlich« trifft zu, wenn ein deutlicher Unterschied zwischen den intellektuellen Ressourcen sowie den sozialen und emotionalen Kompetenzen im Vergleich zu seinen Leistungen in der Schule besteht. Ein Kind mit einem hohen Intelligenzpotenzial kann außerdem spezifische Lernschwierigkeiten oder sozial und psychisch bedingte Schwierigkeiten haben und sich seinem Alter und der Einschätzung seiner Intelligenz entsprechend verhalten. Derartige Schwierigkeiten können zum Beispiel eine schwere Legasthenie (Dyslexie), eine Beeinträchtigung der Sinneswahrnehmung (Sehen, Hören) oder schwere psychische Probleme sein.

Wenn intelligente Schülerinnen oder Schüler Verhaltens- oder Kontaktschwierigkeiten zeigen, ist es sinnvoll zu untersuchen, ob zudem Lernschwierigkeiten vorliegen. Diese können als spezifische Lernstörungen neurologisch bedingt sein. Die Schwierigkeiten können sich im Umgang mit visuellen Reizen zeigen, in der Art und Weise, wie diese wahrgenommen und verarbeitet werden, ebenso in der auditiven Verarbeitung; sie können in Form von Aufmerksamkeitsstörungen oder Schwierigkeiten mit der Ausführung verbaler Arbeitsanweisungen auftreten. Diese Probleme haben oft Einfluss auf die konkreten fachlichen Leistungen, ebenso auf exekutive Funktionen, mit denen Menschen planen, organisieren, justieren und das eigene Denken und Handeln aufeinander abstimmen. Die Wissenschaft geht davon aus, dass diese Funktionen in der präfrontalen Hirnrinde koordiniert werden. Sie helfen uns dauernd, unsere Gefühle, Gedanken und unser Verhalten zu steuern und zu koordinieren. Eine Störung der exekutiven Funktionen kann mit bedeuten, dass ein Kind unter innerem Chaos und Stress leidet. Dem Orchester fehlt sozusagen der Dirigent.

Je älter Kinder werden, desto mehr Anforderungen werden gestellt, und der Druck steigt, dass sie ihre Handlungen und ihr Verhalten zielgerichtet einbringen können und dass das Verhalten differenzierter und der Situation angemessener ist. Einem »Kind mit besonderen Voraussetzungen« tut man keinesfalls einen Gefallen damit, wenn es zu leichte Aufgaben erhält und die Anforderungen zu niedrig bleiben. Das kann im Gegenteil problematisch sein und zu Langeweile, Motivationsmangel und Trotzverhalten führen. »Kinder mit besonderen Voraussetzungen« brauchen einen individuell ausgearbeiteten Lernplan, der auf ihren spezifischen Bedürfnissen aufbaut und insbesondere Kreativität und Denken auf hohem Niveau fordert. Ein Kind, dessen Stärken im abstrakten Denken, Argumentieren oder gesunden Menschverstand liegen, kann Schwierigkeiten mit mehr mechanischen Aufgaben, beispielsweise Schreiben, Lesen, Rechnen, oder mit traditionellen fachlichen Routineaufgaben haben, die es als langweilig, beschwerlich und ohne Sinn empfindet.

Nicht selten ist zu beobachten, dass ein Kind beispielsweise eine schlechte Handschrift hat, Rechtschreibprobleme oder auch Schwierigkeiten dabei, sich zu organisieren und systematische Strategien zur Problemlösung zu entwickeln. Gleichzeitig kann dieses Kind ausgeprägte Fähigkeiten im Sprachlichen haben, also eine hervorragend entwickelte Ausdrucksfähigkeit und einen großen Wortschatz besitzen, sowie ein großes Allgemeinwissen und ein gutes Auge für Details haben.

Umgang mit »doppelt außergewöhnlichen« Kindern

Wenn ein Kind hochbegabt ist und außerdem eine Störung oder Krankheit diagnostiziert worden ist, kann die hohe Intelligenz des Kindes dazu beitragen, sein Selbstverständnis und seine positive Entwicklung zu stützen. Die Begabung ermöglicht es dem Kind, verschiedenen Werkzeugen, die die Selbstregulierung betreffen oder wie man sich in der sozialen Welt verhält, mit Offenheit zu begegnen und sie zu implementieren. Auf dieser Grundlage kann beispielsweise ein hochbegabtes Kind mit Asperger-Syndrom in der Lage sein, sich als Erwachsener unauffällig zu verhalten, weil diese Person seit seiner Kindheit daran gearbeitet hat, soziale Spielregeln wahrzunehmen, zu verstehen, zu kopieren und zu implementieren.

Dasselbe gilt für hochintelligente Kinder mit ADS/ADHS. Ihre Intelligenz und ihre Fähigkeit, Situationen aus einer Metaperspektive zu betrachten, kann ihnen helfen, von einer Situation Abstand zu nehmen und dadurch einen Überblick zu gewinnen, der ihnen ermöglicht, ihre Gefühle zu kontrollieren und sie auf die Situation abzustimmen. Eine Voraussetzung hierfür ist, dass sich das Kind, ebenso wie seine Umgebung, über seine Schwierigkeiten im Klaren ist und gezielt an Entwicklungsmöglichkeiten arbeitet.

Auf die doppelt außergewöhnlichen Kinder trifft im besonderen Maße zu, dass man, um ihnen dabei zu helfen, ihre Fähigkeiten zu entwickeln, ihre potenziellen Stärken erkennen und dafür sorgen muss, dass sie sich entfalten können, während man sie gleichzeitig dabei unterstützt, ihre Schwächen zu kompensieren und mit ihren spezifischen Schwierigkeiten zu leben.

»Das Große ist nicht, dies oder das zu sein, sondern man selbst zu sein – und das kann jeder Mensch, wenn er es will.«
Søren Kierkegaard

Hochbegabte Kinder mit ADS/ADHS kommen im Leben relativ gut zurecht und haben viele Freunde, obwohl es auch oft Konflikte geben kann. Ihre Freundschaften bauen darauf auf, dass sie engagiert, herzlich, empfindsam, aber auch energisch, tatkräftig, neugierig und einfallsreich sind. Sie können auch vertrauensvoll sein, können anderen Fehler verzeihen und sehr loyal sein.

Wenn Probleme gelöst werden sollen, ist es wichtig, dass das Kind mit einbezogen wird. Aufgrund ihrer neurologisch bedingten Schwierigkeiten kann es ihnen schwerfallen, ihre Fürsorge für andere und ihre oft hochmoralische Haltung in die Tat umzusetzen. Daher können leicht Frustrationen auftreten, und die Kinder fühlen sich sehr unglücklich. Wenn Eltern oder andere Erwachsene den Kindern den Rücken stärken, indem sie sie etwa beim Spielen im Blick behalten und ihnen helfen, mit schwierige Situationen umzugehen, können die guten Absichten des Kindes hervortreten und es kann Methoden der sozialen Interaktion lernen.

Wenn es einmal nicht gelingt, eine solche Situation zu meistern, ermöglicht die hohe Intelligenz des Kindes, dass man hinterher besprechen kann (ohne das Kind zu kritisieren und ihm die Schuld zu geben), was passiert ist und warum es schiefgegangen ist: An welchem Punkt ist es schiefgegangen, was war deine Wahrnehmung, was haben die anderen wahrgenommen usw. Ein solches Gespräch hilft dem Kind dabei, sich den notwendigen Überblick zu verschaffen und Ursache und Wirkung zu unterscheiden, so dass sie künftig daran arbeiten können, Gefühle und Verhalten auf die jeweilige Situation abzustimmen.

Gleichermaßen profitieren hochbegabte Kinder mit einer Diagnose in einer Lernsituation von der Unterstützung eines Lehrers. Es kommt vor, dass sie eine niedrige Frustrationstoleranz haben und es ihnen schwerfällt, ihre impulsiven Reaktionen zu kontrollieren, obwohl sie im Grunde genau wissen, wie sie reagieren sollten. Vergleichbare Schwierigkeiten bei der Steuerung können auch auftreten, wenn sie intellektuelle Leistungen zeigen sollen. Auch hier ist es außerordentlich wichtig, dass man, obwohl man an den Problemen des Kindes arbeitet, seine Stärken wertschätzt und diese zum Ausgangspunkt nimmt.

Ebenso nimmt man bei einem hochbegabten Kind mit Asperger-Syndrom die Stärken des Kindes zum Ausgangspunkt einer unterstützenden Maßnahme. Vor allem die Eltern können dem Kind dabei helfen, seine sozialen Kompetenzen zu trainieren, indem sie ausgehend von einem Interessengebiet ihres Kindes Aktivitäten gemeinsam mit anderen Kindern organisieren oder solche Aktivitäten aussuchen, bei denen das Kind sein gutes Gedächtnis oder andere Stärken einbringen kann. Sie können auch Veranstaltungen besuchen, die das Kind interessieren. In solchen Veranstaltungen wird das Kind Anerkennung für sein fachliches Wissen ernten und hieraus Motivation ziehen können, auch an seinen weniger starken Seiten zu arbeiten, wie beispielsweise an seinem sozialen und emotionalen Verhalten, und dabei wichtige Fertigkeiten zu erproben.

In der Schule kann man ebenso die Stärken des Kindes als Ausgangspunkt dafür nehmen, soziale Fertigkeiten zu stärken. Oft zeigen sich die guten Eigenschaften dieser Kinder, wenn sie als Klassensprecher fungieren und zum Beispiel das gemeinsame Aufräumen organisieren, eine Gesprächsrunde leiten oder Aufgaben als Schülersprecher übernehmen. Hier können sie eine Reihe von Stärken einbringen, etwa ihre Ordnungsliebe, ihren Sinn für Details, ihre Akzeptanz gegenüber Regeln, ihr gutes Gedächtnis (wer hat zuletzt was gesagt) und ihren Widerwillen, Zeit mit Smalltalk und oberflächlichem Gerede zu verlieren. All dies kann dazu beitragen, dass das Kind einen Platz in der Gemeinschaft findet. Ebenso wird das Kind bei Quiz-Spielen, Wortspielen, fachlichen Klassenwettkämpfen usw. ein gefragtes Teammitglied sein.

Es ist wichtig, sich darüber bewusst zu sein, dass diese erzieherischen und pädagogischen Interventionen am erfolgreichsten sind, wenn sie in feste Regeln und Strukturen eingebunden sind, klar und deutlich und in einer positiven, aufmunternden Stimmung kommuniziert werden.

Zusammenfassung

Wie zuvor beschrieben, ist es in einigen Fällen schwierig einzuschätzen, ob ein Kind »nur« hochintelligent ist oder ob ein neurologisches Problem vorliegt, dem genauer nachgegangen werden muss. Das liegt daran, dass bei hoher Intelligenz mitunter Merkmale vorkommen, die u. a. bei ADS/ADHS, Asperger-Syndrom oder OCD auftreten. Hinzu kommt, dass diese Störungen in milder Form bis hin zu ausgeprägten, stark einschränkenden Formen auftreten können. Dies ist auch ein Grund dafür, dass das Diagnosemanual ICD-11 (International Classification of Disease) es schwerer macht, Autismus-Spektrum-Störung zu diagnostizieren.

Eine Konsequenz hieraus ist, dass es problematischer ist, in der Schule spezielle Förderung zu erhalten, da in Dänemark die Voraussetzung hierfür ist, dass eine Krankheit diagnostiziert worden ist. Doch unabhängig davon, ob eine Diagnose vorliegt oder ob Probleme bestehen, die ausschließlich auf eine hohe Intelligenz zurückgehen, kann Förderbedarf bestehen.

Es ist wichtig anzuerkennen, dass Eltern mit dem Wissen, das sie über ihre Kinder haben, und dem Fachwissen, das sie sich aneignen, alle Möglichkeiten haben, die Entwicklung ihres Kindes maßgeblich zu unterstützen. Indem Eltern aktive Mitspieler sind, die sich in die Interessen ihres Kindes und in seinen Wirkungskreis einbringen, beispielsweise indem sie in der Schule an Elterntreffen oder anderen Schulaktivitäten teilnehmen, haben sie gewissermaßen den Finger am Puls und können vorbeugen und ihr Kind durch problematische Situationen leiten.

Wenn man an den Interessen seines Kindes Anteil nimmt, kann man in diesem Bereich für zusätzliches Wissen und Herausforderungen sorgen, um den Wissensdurst des Kindes zu stillen und so einen Ausgleich dafür zu schaffen, dass es in der Schule etwas langsamer vorangeht. Indem man die Freunde seiner Kinder sowie deren Eltern, Klassenkameraden und auch deren Eltern kennt, besteht eher die Möglichkeit, dem Kind zu helfen, mit Konflikten oder anderen schmerzlichen Situationen so umzugehen, dass die Interessen aller respektiert werden. Auf diese Weise lernt das Kind und entwickelt sich weiter. Mit anderen Worten: Unabhängig davon, ob das Kind ausschließlich hochintelligent ist, sich im Grenzbereich zwischen Hochbegabung und einer diagnostizierbaren Störung befindet oder doppelt außergewöhnlich ist, wird die zukünftige Entwicklung eines Kindes primär von den Eltern geleitet.

Henriks Geschichte

Ich bin neun Jahre alt und lebe in Nordseeland in einem Reihenhaus mit einem kleinen Garten, der direkt an einen Spielplatz angrenzt. Ich habe viel Energie und verbringe viel Zeit auf meinem Trampolin und an meiner Strickleiter. Es ist oft hart, viel Energie zu haben, weil man sie in der Schule nicht braucht, ebenso wenn man im Auto sitzt oder beim Essen. Ich finde, es ist hart, hochbegabt zu sein, obwohl ich auf eine Schule für hochbegabte Kinder gehe. Ich bekomme keine schweren Aufgaben, selbst dann nicht, wenn ich danach frage. In den Schulstunden weine ich oft, weil es so langweilig ist, einfach nur dazusitzen und zu warten. Meine Lehrer finden, dass ich das Einmaleins lernen MUSS und dass meine Handschrift schön sein MUSS und solche Sachen. Aber ich möchte lieber etwas über Atomverbindungen, über Pythagoras, schwere Grammatik und Einsteins Relativitätstheorie lernen. Auf meiner vorigen Schule war es dasselbe, aber da hatte ich keine Freunde – alle wollten Fußball spielen, und ich wollte lieber etwas über Länder und Flaggen lesen. Ich mag es gerne, wenn die ganze Zeit jemand zum Spielen da ist, weil ich sonst nichts zu tun habe. Mein bester Freund heißt Jonas, er geht auf eine gewöhnliche Schule. Wir haben Flaggenspiele gespielt, als wir uns kennengelernt haben – nun mischen wir unsere Interessen; er ist begeistert von Disney, ich von Hunden, Physik, Chemie, Geografie, Englisch und Astrophysik. Ich wünschte, wir wären jeden Tag im Ferienlager, damit wir immer spielen können. Mein Lieblingsfach war Astrophysik, aber das gibt es jetzt nicht mehr.

Henriks Mutter erzählt

Henrik kann gut ausdrücken, was er braucht, zum Beispiel sagt er Bescheid, wenn er fachliche Stimuli benötigt. Es fällt ihm sehr schwer zu verstehen, warum dieser Bedarf nicht gedeckt wird. Wenn er längere Zeit keine fachlichen Herausforderungen erhält, ist er gestresst, leicht irritierbar und aufbrausend, und er bewegt sich merkwürdig, indem er herumläuft, dabei mit den Armen schlenkert und Selbstgespräche führt. Er weint und schreit, wenn er etwas Milch beim Abendessen verschüttet. In Zeiten, in denen er Herausforderungen bekommt oder mit Freunden spielt, ist er ruhig, geduldig und fröhlich. Leider ist Henrik ein sogenanntes doppelt außergewöhnliches Kind, und damit ist es selbst an einer Schule wie Mentiqa schwer, ihm passende Herausforderungen zu bieten. Sein Niveau in den Fächern Physik, Mathematik, Englisch und Dänisch ist, was Verstehen und Wissen angeht, extrem hoch, aber er hat Schwierigkeiten im Schreiben und Lücken im Basiswissen wie etwa beim Einmaleins oder bei englischer Aussprache. Seine Feinmotorik macht ihm zu schaffen, und er findet, dass es zu lange dauert, Aufgaben schriftlich zu beantworten. Henrik ist ständig dabei, sich Wissen anzueignen und sich neue Dinge beizubringen. Es ist hart für ihn, einfach nur zu warten, dass die Schulstunden vorübergehen. Eine Zeitlang wurde er in der 6. Klasse als Hilfslehrer für Geografie eingesetzt, und er hat in einer höheren Klasse am Unterricht über Astrophysik teilgenommen. Sogar dort, so der Lehrer, war er der Beste der Klasse und stellte Fragen, die schwer zu beantworten waren. Henrik spielte außerdem Schach und bekam Extraunterricht in Mathematik. In dieser Zeit war er ausgeglichen und fröhlich, hätte aber ohne Weiteres noch mehr Stimulation vertragen können. Seine Spielkameraden bringt er oft an ihre Grenzen – er kann die ganze Nacht über spielen und reden, ohne müde zu werden, aber seine Freunde halten nicht so lange durch wie er. Er weiß nun, dass er ihnen Pausen geben und sich beim Spielen auch nach ihren Vorstellungen richten muss, und er hat gelernt, dass sie Physik, Astrophysik, komplexe Fachausdrücke usw. nicht verstehen. Er ist besser darin geworden, Fachausdrücke zu erklären, damit alle verstehen können, worüber er spricht. Eine Zeitlang haben wir versucht, jede Minute seiner Freizeit mit Extraunterricht, Spielbesuchen und Übernachtungen bei Freunden zu füllen, und in dieser Zeit ging es ihm richtig gut. Leider bedeutet das einen enormen Einsatz von unserer Seite, denn seine

Freunde wohnen recht weit entfernt, außerdem hat Henrik noch zwei Geschwister, die auch zu ihrem Recht kommen müssen.

Gifted Children

Am glücklichsten ist Henrik in den Sommercamps, die »Gifted Children« jedes Jahr organisiert. Dort gibt es an jedem Tag ein Lern-Angebot in Form von Vorträgen, Workshops oder auch Spielen, die von Erwachsenen organisiert werden, zum Beispiel Quizspiele. Jeden Tag können die Kinder mit Gleichgesinnten spielen, auf dem Spielplatz toben, es gibt Hüpfkissen, einen Pool und vieles mehr. Wir sehen Henrik nur zu den Mahlzeiten. Er liebt es, sich seinen Tagesablauf selber zu gestalten. Dies gelingt ihm tatsächlich auch sehr gut, und er geht abends glücklich und müde ins Bett.

Eltern eines Kindes wie Henrik zu sein, ist eine Herausforderung. Seit seiner Säuglingszeit ist sein Schlafbedarf minimal. Er schläft erst gegen 23.00/23.30 Uhr ein und wird morgens um 6.20 Uhr geweckt. Er ist dann noch müde, aber er ist niemals müde in der Schule. Er ist immer frisch, um zu lernen oder zu rennen usw. Wir müssen dicht an ihm und seinen Bedürfnissen dranbleiben und vor allem für ihn da sein, wenn er an Unterforderung leidet oder wir ihn zu seinen zahlreichen Freizeitaktivitäten fahren müssen. Doch es gibt auch Zeiten, in denen unser Fokus auf anderen Dingen liegen muss. So war zum Beispiel seine große Schwester vier Wochen lang schwer krank und musste im Krankenhaus behandelt werden. Es war in dieser Zeit unmöglich, Besuche mit Spielfreunden zu arrangieren oder sich Zeit für seine mathematischen Interessen zu nehmen oder mit ihm auf Englisch zu diskutieren. Henrik sah in dieser Zeit viel Fernsehen, hüpfte im Wohnzimmer herum und wurde immer reizbarer. Wir erklärten ihm, dass es gerade einfach nicht anders gehe und dass er selber Verabredungen in die Wege leiten müsse, etwas lesen könne usw. Er weinte viel, und es ging ihm in dieser Zeit richtig schlecht. In solchen Zeiten gerät Henrik leicht in einen Teufelskreis, er stößt Dinge um, ärgert seine Geschwister, weint über kleine Missgeschicke (vergossene Milch, die Notwendigkeit, sich für etwas zu bedanken, abbrechende Bleistiftminen usw.). Sein Weinen und seine Frustrationen setzen alle anderen unter Druck, und es ist nicht immer einfach, seine Probleme nicht dadurch noch zu vergrößern, dass man ihn korrigiert. Sobald wir Herausforderungen anbieten können, Museumsbesuche, Besuche von Spielfreunden, Schach, Tanzen oder Reiten, ruht Henrik wieder in sich und reagiert gelassen, zum Beispiel darauf, dass es kalt ist, wenn er aus der Badewanne kommt. Er schreit und weint nicht, sondern sucht sich still und ruhig ein Handtuch; ebenso schreit er dann auch nicht, wenn wir staubsaugen oder wenn er Milch vergießt.

Empfindsamkeit

Henrik ist extrem empfindsam: unheimliche oder traurige Musik, Filme oder Bücher berühren ihn zutiefst. Schon als er klein war, verstand er die Gemeinheiten oder Sorgen von Figuren in Zeichentrickfilmen und weinte darüber heftig. Wir lernten, einen Bogen um Disneyfilme zu machen, und wählten stattdessen harmlose Kinderfilme. Ein weiteres Problem ist sein visuelles Gedächtnis: Er visualisiert alles und beschreibt es so, als sehe er einen Film in seinem Kopf. Er weint, wenn man ihm ein Märchen von einem bösen Troll, dem der Kopf abgehackt wird, vorliest – das Bild, das er dann vor seinem inneren Auge hat, ist zu schrecklich, obwohl er ja doch versteht, dass der Troll böse ist. Wenn Henrik zuvor weiß, worum es in der Geschichte geht, kann er leichter damit umgehen. Als er klein war, wollte er nicht bei Spielen mitmachen, bei denen man nur »der da« war, weil er sich kein Bild von dieser Person machen konnte.

Er brachte sich mit zwei Jahren selber das Lesen bei, und das war im Hinblick auf seine Empfindsamkeit keine einfache Situation. Denn überall konnte er nun beunruhigende Schlagzeilen lesen, zum Beispiel »5-jähriges Mädchen erstickt«; jedes Mal fragte er ängstlich nach, was genau passiert war. Wir mussten ihm erklären, dass es nicht immer die reine Wahrheit sei, die in solchen Schlagzeilen berichtet wird, manchmal werde dergleichen geschrieben, um die Neugierde der Leute zu wecken, und wenn man die Zeitung kaufe, stehe da, dass das Mädchen fast vor Lachen erstickt war, als man ihm etwas Lustiges erzählt habe. Zeitungen, Radio- und Fernsehnachrichten waren in dieser Zeit aus unserem Alltag verbannt.

Angst

Als Henrik fünf Jahre alt war, interessierte er sich brennend für Länder und Flaggen. Das löste eine gewaltige Krise aus, weil er als Sechsjähriger etwas über Hitler und die nationalsozialistische Flagge aufschnappte. Er bekam Angst, wenn er die Flagge sah, und er konnte sie in einer Sammlung von Hunderten von Büchern sofort ausmachen. Wir versuchten alles, um diese Angst zu überwinden: Wir sprachen über den Zweiten Weltkrieg und erzählten, dass Hitler tot sei und den Krieg verloren habe. Aber dann hatte Henrik Angst davor zu sterben und Hitler zu treffen – denn was passiert eigentlich, wenn man tot ist? Wir zeichneten die nationalsozialistische Flagge und Hitler und spülten die Zeichnung in der Toilette hinunter. Wir lenkten ihn ab, wenn er auf das Thema kam. Wir besprachen dieses Problem mit Pädagogen und mehreren Psychologen – wir waren verzweifelt. Henrik hatte ständig Angst und ging angespannt umher, mit geballten Fäusten, immer auf der Hut davor, dass etwas wie eine nationalsozialistische Flagge aussehen konnte. Wenn er nur die drei Farben Rot, Weiß und Schwarz zusammen sah, bekam er Angst. Wir versuchten zu erklären, dass man alles, was mit Hitler zusammenhängt, erst verstehen könne, wenn man erwachsen sei, und dass wir ja keine Angst hätten; wir versprachen ihm, ihn immer zu beschützen. Es endete damit, dass er sein Interesse für Flaggen aufgab und sich dem Thema Physik zuwandte. Heute kann er ohne Probleme die nationalsozialistische Flagge ansehen und von Hitler hören, ohne dass er einen Angstanfall bekommt. Aber seine Verletzlichkeit und seine Empfindsamkeit sind dennoch sein größtes Problem; und wenn andere Kinder dies entdecken, wird er oft geärgert. Seine Klassenkameraden sagen oft: »Ah, wenn ich Henrik dieses Monster zeige, fängt er an zu schreien.« Seine Empfindsamkeit macht ihn zu einem leichten Mobbingopfer. Er empfindet alles mit größerer Intensität als andere Menschen, er empfindet mehr Traurigkeit, mehr Angst, aber auch mehr Sinn für Lustiges.

Mobbing

Im Kindergarten wurde er eine Zeitlang geärgert, geschlagen und bespuckt. Zu Hause erzählte er davon nur wenig. Den Ernst der Situation erfassten wir erst, als er anfing, nachts ins Bett zu machen. Wir sprachen mit dem Kindergartenpersonal, das aber seine Empfindsamkeit nicht verstand. »Die Jungen haben Machtkämpfe gemacht, und Henrik steht nun einmal ganz unten in der Hierarchie«, war die Antwort. Als Henrik in dieser Zeit feststellte, dass das Anderssein an ihm liege und nicht an seinen Freunden, erstarrte er gewissermaßen. Von einem Tag auf den anderen saß er plötzlich ganz allein im Kindergarten, starrte in die Luft oder ließ ein paar Steine durch die Finger gleiten. Vorher hatte er gespielt, einen besten Freund gehabt, war einigermaßen fröhlich gewesen, doch nun war er traurig: »Da ist keiner, der so ist wie ich. Überhaupt keiner, der mir gleicht.« Eltern gibt es einen Stich ins Herz, seinen Liebling mit nur fünf Jahren unglücklich zu sehen. Wir entschieden, den Kindergarten zu wechseln. Henrik war an der Entscheidung beteiligt, denn wir wollten ihm zeigen, dass wir ihm zuhörten und ihn ernst nahmen. Er bekam die Gelegenheit, einen anderen Kindergarten kennenzulernen, und wir meldeten ihn dort an, als er den Eindruck hatte, dass es ihm dort besser gehe.

Der neue Kindergarten

Leider kam er vom Regen in die Traufe. Bei unserem ersten Besuch hatten wir einen guten Eindruck vom Kindergarten gehabt, und Henrik hatte schnell Kinder zum Spielen gefunden. Aber es war ein

Kindergarten, in dem man alles so machte, wie es üblich war, und in dem die Kinder möglichst gleich sein sollten. In dieses Konzept passte Henrik nicht. Das Personal fand, dass Henrik schlechte Essmanieren habe, schlecht zeichne, schlecht sitze, sich schlecht aufführe, keinen Anweisungen folgen und nicht richtig spielen könne, dass es schrecklich sei, dass er schon lesen könne und so viele Fragen stelle. Sie fanden, dass es verkehrt war, ihn an der Entscheidung, den Kindergarten zu wechseln, zu beteiligen. Der Kindergarten verlangte psychologische Supervision, und damit waren wir einverstanden. Henriks Intelligenz wurde mit dem WISC-Test getestet. Auf diese mehrstündige Testung mit Fragen und Aufgaben hatte sich Henrik gefreut. Es überraschte nicht, dass er hochbegabt ist. Der Psychologe hob hervor, dass er im Kindergarten nicht gut behandelt werde und der Fokus dort zu sehr auf seine Schwierigkeiten gerichtet werde. Dort hatte man den Eindruck gehabt, er wirke autistisch, und nun wurde ihnen von einem Fachmann gesagt, dass er nicht autistisch sei. Sie beantragten eine zusätzliche Kraft zur Unterstützung. Leider gelang es nicht, jemanden zu bekommen, und so ergriff die Leiterin des Kindergartens die nächste Gelegenheit, um ihm beizubringen, dass er sich kindlicher zu verhalten habe und nicht so viele Fragen stellen solle. Wie sie uns erzählte, nahm sie ihn mit in den Wald und fragte ihn: »Warum heißt das hier ‚Wald'?« Er antwortete fröhlich und interessiert, dass er das nicht wisse. Daraufhin antwortete sie: »Weil das so ist – bei solchen Dingen stellt man keine Fragen.« Wir waren darüber traurig, denn wir fühlten, dass das Henrik schadete. Aber wir sahen ein, dass der Kindergarten recht darin hatte, dass er noch nicht schulreif war. Er konnte seine Schuhe nicht zubinden, kollektiven Anweisungen nicht folgen, nicht abwarten, bis er an der Reihe war, usw. Im Kindergarten wollte man ihn ein Jahr länger dabehalten, doch das wollten wir nicht. Der zuständige Schulpsychologe meinte, dass er eingeschult werden solle; wir befragten auch einen privatpraktizierenden Psychologen, und dieser gab uns denselben Rat. Und dann passierte es: Die Schule wollte Henrik nicht aufnehmen, weil für die letzten 1 ½ Monate eine Unterstützungskraft eingesetzt worden war. Sie wollten keine Kinder, die auf Unterstützung angewiesen waren. Wir führten viele Gespräche mit der Schule, mit Psychologen und anderen; schließlich gab die Schule nach und nahm ihn auf, allerdings unter der Bedingung, dass eine Unterrichtsbegleitung bewilligt werde und dass jemand aus der Familie während des Schulunterrichts dabei sei, bis die Unterrichtsbegleitung verfügbar sei.

Henrik lernte im ersten Jahr im menschlichen Miteinander sehr viel und fasste generell mehr Zutrauen zu Erwachsenen. Endlich wurde er herzlich aufgenommen und erhielt Antworten auf einige seiner Fragen. Aber er langweilte sich und war sozial isoliert. Am Anfang spielte er mit allen und bekam viel Besuch von Klassenkameraden, aber nach drei Wochen zog er sich zurück. Ich fragte ihn nach dem Grund und er antwortete: »Da ist keiner, zu dem ich passe.« Auch seine Lehrer bemerkten seine Einsamkeit. In seiner Freizeit spielte er viel mit seinem besten Freund, den er über das Netzwerk »Gifted Children« kennengelernt hatte, und wir konnten sehen, wie viel es ihm bedeutete, mit Gleichgesinnten zusammen zu sein. Wir entschieden, dass er zur Mentiqa-Schule gehen sollte, sobald diese öffnen würde.

Die Mentiqa-Schule

Ein Jahr später meldeten wir Henrik auf der neu eröffneten Mentiqa-Schule an, einer Schule für »Kinder mit besonderen Voraussetzungen«, und dort hatte er ab dem ersten Tag Freunde. Es störte ihn überhaupt nicht, dass es an Lehrkräften, an Platz zum Spielen und an Büchern mangelte – er spielte, war fröhlich und hatte auch noch überschüssige Potenziale dafür, anderen zu helfen. Seine Entwicklung machte große Fortschritte. In seiner Freizeit steckte er viel Energie ins Schachspielen und ins Reiten. Im zweiten Jahr ging es dann schief: Seine besten Freunde verließen die Schule, er wurde von den neuen Schülern geärgert, fachlich und sozial gab es nicht genug Anregungen. Jetzt, kurz vor Ende der zweiten Klasse, fragt er oft, warum er eigentlich zur Schule gehen müsse, und weint oft. Er wird wütend, wenn er etwas verschüttet oder verliert, weint, wenn wir staubsaugen oder wenn ihm etwas beim Legobauen nicht gelingt. Er fühlt sich fehl am Platze und anders als die anderen. Er möchte keine Geburtstagseinladungen verteilen, weil er befürchtet, dass jemand sie hässlich finden könnte. Das würde ihn so traurig machen, dass er es nicht aushalten könnte. Wir verschickten daher die Einladung per Mail. Er ist verletzlich und traurig, und wir müssen möglichst schnell eine Lösung finden.

Schlaglichter aus dem bewegten Leben eines Kindes

In seinem Leben hatte es viele Tränen gegeben, aber auch viel Fröhlichkeit: Als Henrik zwei Jahre alt war, ging er gerne alleine auf Entdeckungstour und hatte volles Vertrauen darein, dass wir ihn finden würden. Beim Einkaufen konnten wir ihn immer in der Spielzeugabteilung finden, wo er Automarken und Flugzeugtypen (seine große Leidenschaft in diesem Alter) studierte. Eines Tages konnten wir ihn dort nicht finden; wir hatten den Laden durchsucht und ihn über den Lautsprecher ausrufen lassen. Panik breitete sich in uns aus, bis wir ihn in der Gemüseabteilung fanden, damit beschäftigt, Zitronen zu »verkaufen«. Er reichte sie einer älteren Dame und erklärte, dass drei Stück 10 Kronen [umgerechnet etwa 1,40 €] kosteten – ob sie nicht auch meinte, dass das ein guter Preis sei? Sie nahm die Zitronen, und wir gingen lachend nach Hause. Die schönste Zeit des Tages war für ihn, wenn sein Vater von der Arbeit kam. Dann setzten sie sich für ein paar Stunden an den Wegesrand und sprachen über die Autos, die vorbeifuhren. Manche der Autofahrer starrten verwundert, wenn sie wieder zurückfuhren und die beiden noch immer dort sitzen sahen.

Ebenso, als Henrik sechs Jahre alt war, und wir Ferien in England machten. Wir besuchten einen Tierpark, und dort fand ein Wettbewerb statt: Das Kind, das mündlich die meisten Fragen über Seehunde beantworten konnte, durfte die Seehunde zusammen mit dem Tierpfleger füttern. Henrik meldete sich und konnte die Fragen beantworten, da er die lateinischen Namen der verschiedenen Seehundarten kannte. Er gewann den Wettbewerb mit seinem gebrochenen, selbstgelernten Englisch. Er liebt Wortspiele: »Isst man Sandwiches auf den Sandwich-Inseln?« Einmal fragte er mich, woraus Quark bestehe, und ich antwortete: aus Milchsäurebakterien. Er sah mich bestürzt an und sagte, dass Quarks die Teilchen seien, aus denen ein Atomkern bestehe. Während der Sommercamps, die der Verein »Gifted Children« organisiert, kommen jedes Mal Journalisten vorbei, und wir können sicher sein, dass sie mit Henrik sprechen wollen, weil er verrückte Sachen kann und weiß. Das beste Interview verlief so: »Wie kommt es eigentlich, dass du und dein Freund euch lieber über Geographie unterhaltet, als auf dem Spielplatz zu spielen?« Die beiden Jungen sahen einander an und riefen: »Spielplatz, super Idee!« – und weg waren sie.

Eine besonders schöne Eigenschaft von Henrik ist seine Ehrlichkeit: »Möchtest du 3 Euro für ein Eis haben?« Die Antwort: »Nein danke, Papa hat mit schon etwas gegeben.« Er käme nicht auf die Idee, auf diese Weise an ein zweites Eis zu kommen.

Er ist witzig und lieb und außerdem enorm stur. Er WILL alles lernen. Er beschwert sich und schimpft sich selber aus, würde aber niemals aufgeben oder etwas ruhig angehen lassen. Unsere ersten Skiferien waren ein Albtraum, weil er sofort alleine auf den Skiern stehen wollte. Er fiel hin und wurde zornig, blieb aber dabei, sich weiter abzukämpfen, so dass wir ihn zwischendurch wegtragen mussten. Inzwischen fährt er richtig gut Ski, aber er fällt noch immer hin und schimpft dann mit sich, weil er sich immer neue Herausforderungen sucht. Er wählt Abfahrten durch den Wald und versucht sich im Skispringen. Als wir das letzte Mal Ski fuhren, wollte er unbedingt eine schwarze Abfahrt fahren. Ich versuchte vergeblich, es ihm auszureden, und fuhr schließlich mit ihm hoch. Er schoss in einer Minute die Abfahrt hinunter, furchtlos und siegesgewiss, um hinterher die zehn Minuten, die ich brauchte, um hinunterzukommen, nach mir zu rufen und zu heulen. Er glaubte, dass er sich verirrt habe, und seine Welt brach zusammen. Leider bin ich nicht so mutig wie er, und ich brauchte zehn Minuten für diese Abfahrt, während ich rief: »Ich bin doch da, ich komme schon!« Aber er konnte es nicht hören. Diese Episode zeigt seine Entwicklung in der Nussschale: Im Grobmotorischen, Intellektuellen und Fachlich-Kognitiven ist er auf vielen Gebieten auf der Höhe eines Erwachsenen oder sogar noch weiter als viele. Aber emotional ist er klein und abhängig davon, umsorgt zu werden. Er konnte es nicht ertragen, alleine am Hang des Berges zu stehen.

Epilog

Seit wir den vorhergehenden Teil unseres Berichtes für die erste Ausgabe des Buches geschrieben hatten, sind neun Jahre vergangen. Unser Bericht von Henriks Geschichte endete zu der Zeit, als die Mentiqa-Schule sich in einer Krise befand. Henriks Klassenlehrer war damals ein Musiklehrer, der als Vertretungslehrer an der Schule angefangen hatte und dann Klassenlehrer wurde, weil es zu wenig Lehrer gab. Die Schule war in finanziellen Schwierigkeiten, und wir suchten nach einer neuen Schule für unseren Sohn. Er versuchte es sogar an einer altmodischen Realschule in Nordseeland, jedoch nicht länger als die Probezeit. Die Routinen und Regeln dort erinnerten zu sehr an die Atmosphäre seines alten Kindergartens. Henrik schrieb zu unordentlich, es dauerte zu lange, bis er sich zum Sportunterricht umzog usw. Nach fünf Tagen gaben wir auf. Er blieb auf der Mentiqa-Schule, die ihren Namen in Athene-Schule änderte. Der Schulleiter wurde ausgetauscht, und die Schule zog in ein anderes Gebäude um. Langsam stabilisierte sich die finanzielle Situation, und auch die Klassen wurden stabiler, waren also nicht länger vom Kommen und Gehen von Kindern geprägt, die große Probleme hatten. Henrik wurde eine Klasse zurückgestuft, weil die Schüler in größeren Gruppen zusammengefasst wurden und nicht ausreichend Schüler für seine derzeitige Klassenstufe zusammenkamen. Zunächst hatten wir ihn diese Klasse aufgrund seines fachlichen Niveaus überspringen lassen, aber es hatte sich gezeigt, dass er sich dort sozial nicht gut integrierte. Bis zuletzt blieb er auf dieser Schule und verließ sie erst nach der neunten Klasse mit einem schönen Abschlusszeugnis. Sein Freund Jonas, den er über »Gifted Children« kennengelernt hatte, war bis zuletzt in seiner Klasse.

All das klingt nach einer Geschichte voller Sonnenschein. Aber das war es nicht. In der vierten Klasse ging es Henrik zunehmend schlecht. Immer öfter brach er zusammen, ohne dass er erklären konnte, was in ihm vorging. Es ging um das Leben, den Tod und das Universum – näher konnte er es nicht beschreiben. Seine Schwierigkeiten zu schlafen nahmen zu, und morgens herrschte in seinem Zimmer ein merkwürdig strenger Geruch, und er musste die ganze Zeit urinieren. Plötzlich war er am Ende; er brüllte und schrie, und er war völlig verängstigt. Wir gingen mit ihm zum Arzt, aber der meinte, dass da nichts zu machen sei. Wir hatten den Eindruck, dass irgendein psychisches Problem auf ihm laste, aber er wollte keine Überweisung für eine psychiatrische Untersuchung geben. Henrik kam schließlich zu einer Psychologin, die eine kognitive Verhaltenstherapie durchführte, aber nach einigen Sitzungen aufgab, weil er sich in einer tiefen Krise befinde. Sie wandte sich an die Kinderpsychiatrie in Hillerød und fragte, ob man ihm dort helfen könne. Wir fanden einen privatpraktizierenden Psychiater, denn Henrik musste ununterbrochen einen Erwachsenen um sich haben und konnte nicht zur Schule gehen. Er litt schwer und sagte, es sei, also ob in seinem Kopf 100 verschiedene Fernsehbildschirme gleichzeitig liefen. Er vergaß alles. Er konnte zum Kühlschrank gehen, ihn öffnen und ihn dann offen stehen lassen, ohne etwas herausgenommen zu haben. Abends war er verzweifelt und weinte. Zweimal rief ich in der psychiatrischen Notaufnahme an und bat um Hilfe. Dort sagte man, dass man nichts tun könne, bis er untersucht sei. Wir fanden privat eine Psychiaterin, die diese Untersuchung durchführen konnte. Fünf Stunden Testungen und an zwei aufeinanderfolgenden Tagen Gespräche, dann bekam er Medikamente.

Allmählich begannen die Medikamente und die Gespräche mit der Psychiaterin bei Henrik positive Effekte zu zeigen. Wir blieben noch eine Zeitlang bei ihr, denn Henrik war zu verletzlich für einen Arztwechsel. Es war eine schreckliche Zeit, und die Privatbehandlung war sehr teuer. Dass wir (wie es so oft heißt) aus dieser Krise gestärkt herausgegangen seien, kann man nicht sagen. Wir litten mit unserem Kind. Wir weinten uns in den Schlaf. Die Großeltern weinten, ebenso die Geschwister. Man musste sie vor Henriks Äußerungen schützen, die tiefschwarz waren und vom Tod handelten. So ging ich, seine Mutter, nachmittags, wenn sein Vater nach Hause kam, oft mit Henrik zusammen zu seinen Großeltern. Zwei Jahre lang konnte ich nicht arbeiten, weil Henrik nicht zur Schule gehen konnte.

Es wurde eine schwere Depression und eine Zwangsstörung bei Henrik diagnostiziert. Das öffnete uns die Augen; hier also lag eine Wurzel für vieles aus seinem bisherigen Leben, das wir nicht hatten verstehen können. Henrik hatte immer an Ängsten aufgrund von Zwangsgedanken gelitten, und schließlich hatten ihn die Ängste völlig niedergedrückt. Die 100 Fernsehbildschirme in seinem Kopf waren 100 gleichzeitige Gedanken, die er nicht beherrschen konnte. Inzwischen ist die Zwangsstörung durch Medikamente eingedämmt. Wir sind aus der privaten psychiatrischen Behandlung wieder ins staatliche Gesundheitssystem zurückgewechselt. Dort wird seine Medikation fortlaufend justiert und sein Körpergewicht und die Nebenwirkungen überwacht. Nach zwei Jahren, die er zu Hause war, begann er langsam, wieder für einige Stunden pro Woche zur Schule zu gehen, und konnte schließlich, mit wöchentlich einem unterrichtsfreien Tag, wieder recht gut am Unterricht teilnehmen. Henrik ist gegenüber Stress sehr empfindlich geworden, und er braucht mehr Pausen als andere. Unsere Ehe konnte dies alles nicht aushalten und wurde schließlich geschieden. Es kam zeitweise zu Konflikten zwischen Henrik und seinem Vater, und die Situation wurde zu schwierig. Henrik wohnt nun seit vier Jahren bei mir.

Seine Freunde von der Athene-Schule waren fantastisch. Während der ganzen Jahre kamen sie zu Besuch, obwohl er zu nichts in der Lage war. Sie lasen ihm vor oder erzählten ihm von der Schule.

Auch jetzt kommen sie noch und nehmen weiterhin einen großen Teil seines Lebens ein. Sie richteten ihn auf und gaben ihm Mut, als er kurz vorm Aufgeben war und zu mir sagte: »Mein Leben und alle meine Gedanken sind so hart, dass ich eigentlich lieber sterben möchte, wenn das in Ordnung ist.« Wir haben dann darüber gesprochen, dass er doch auch Freunde und Familie habe. Sie waren über die Maßen treu.

Nach der 9. Klasse ist Henrik auf eine kleine, in Dänemark typische Nachschule gekommen, in der acht Schüler ebenfalls eine psychische Krankheit hatten, die übrigen 32 Schüler aber »ganz normal« sind! Aber, wie Henrik sagt, trifft das auf sie ja ebenfalls nicht zu, denn es gebe viele verschiedene Menschen, und er kenne so viele, die irgendwie anders seien und eine besondere Vorgeschichte hätten. In der Nachschule geht es ihm richtig gut und sie beschreiben ihn als »ihren kleinen Sonnenschein«. Fachlich fällt ihm der Unterricht leicht, er ist so etwas wie das Lexikon der ganzen Schule und macht begeistert bei allem mit. Plötzlich werden wir wieder daran erinnert, dass er hochbegabt ist. Wenn in der Schule Spezialisten zum Vortrag eingeladen sind, stellt er endlos Fragen. Er reißt alle anderen mit, wenn er Referate hält, und alle sind der Meinung, dass er weiter auf das Gymnasium gehen soll und später Philosophie, Theologie oder etwas Gesellschaftswissenschaftliches studieren soll. Für ihn war es ein Wendepunkt, aus der »Käseglocke« der Hochbegabten in der Athene-Schule herauszukommen. Er sieht seine Andersartigkeit nun als Stärke.

Die Depression ist weg, und die Zwangsstörung wird in Schach gehalten, lauert aber unter der Oberfläche, wenn er unter Anspannung steht, seine Medizin zu niedrig dosiert ist oder er sie einzunehmen vergisst. Über viele Jahre hinweg hat Henriks Hochbegabung für uns kaum eine Rolle gespielt, obwohl sie zu seiner Persönlichkeit dazugehört und natürlich auch bewirkt hat, dass seine Gedanken leider viel zu weit ausschweiften. Er hat gelernt, Filme und Bücher, die gewalttätige Szenen enthalten, zu umgehen und Gedanken, die ihn belasten, zu vermeiden. Er und auch wir haben gelernt, dass er

Pausen in seinen Alltag einbauen muss. Seine Empfindsamkeit wird immer da sein; sein Engagement, sein Schwung und auch sein fundamentales Interesse daran, Neues zu lernen, wird immer seine große Stärke sein. Er knüpft leicht Kontakte, weil er viel fragt und offen ist. Es ist immer noch wichtig für ihn (vor allem seitdem es ihm wieder besser geht), dass er intellektuell gefordert ist. Er verfolgt alle Nachrichten und die politischen Entwicklungen; er interessiert sich für alles, was auf der Welt passiert. Jetzt ist er ja fast erwachsen und kann, wenn er gerade nicht schlafen kann, die ganze Nacht lang im Internet Nachrichten lesen. Die Zukunft sieht zum ersten Mal seit vielen Jahren erstmals wieder hoffnungsvoller aus. Nicht zuletzt kommt ihm endlich seine Intelligenz zugute.

Angst bei hochbegabten Kindern

Wie die Elternberichte in diesem Buch zeigen, erleben viele hochbegabte Kinder Ängste. Aus den Epilogen, die in einigem Zeitabstand zu den Ausgangstexten verfasst wurden, geht hervor, dass solche Angstzustände bis in die Jugendzeit fortbestehen können, manchmal auch erst in dieser Lebensphase auftreten. In einigen Fällen entwickeln sich hieraus Depressionen, die wiederum in Konsum von Alkohol, Medikamenten oder Drogen umschlagen können. Die Frage liegt also nahe, ob für besonders intelligente und begabte Menschen ein erhöhtes Risiko besteht, Angstzustände zu erleben oder an einer Angststörung zu erkranken.

Die natürliche Angst

Um hierfür ein Verständnis zu entwickeln, kann es hilfreich sein, zunächst natürliche und problematische Ängste miteinander zu vergleichen. Natürliche Angst ist an jeweils bestimmte Entwicklungsphasen gebunden und damit altersabhängig. Zum Beispiel erleben manche Kleinkinder in der Kinderkrippe Trennungsängste. Im Kindergartenalter können Ängste vor Phantasiefiguren, Monstern oder auch dem Weihnachtsmann auftreten und die Kinder dann nachts schlecht träumen lassen; ein ums andere Mal kommen sie dann nachts zu ihren Eltern, weil sie Angst haben. Am Ende der Kindergartenzeit und zu Beginn der Schulzeit fangen Kinder an, die Fernsehnachrichten und die in ihnen gezeigten Bilder zu reflektieren, ebenso die Titelseite von Tageszeitungen, auf denen von Krieg und Terror berichtet wird. Dies kann eine natürliche Furcht und Angst hervorrufen, weil diese Eindrücke für das Kind schwer einzuordnen und zu verarbeiten sind. Eine als Beruhigung gemeinte Bemerkung, dass ein bestimmtes Land »weit weg« sei, hat auf sie keinen Effekt, wenn sie selber das Gefühl haben, dass etwa auch ihr Ferienquartier »weit weg« sei.

Die Anforderungen, die mit der Einschulung verbunden sind, sind ein Teil der sozialen und kognitiven Entwicklung. Die Unsicherheit, all den Ansprüchen, die in diesem Zusammenhang an sie gestellt werden, möglicherweise nicht gerecht werden zu können, kann beim Kind zu natürlicher Angst führen. Bin ich fachlich gut genug, passe ich zu den anderen, kann ich ein Teil der Gemeinschaft werden …? Kurzum: Angst ist eine natürliche, zur Entwicklung gehörende Reaktion, die alle Kinder erleben. Sie kann als eine Art Überlebensmechanismus verstanden werden, und sie umfasst einige der stärksten Gefühle, denen wir ausgesetzt sein können. Angst ist ein existenzielles Gefühl und letztlich ein Hilferuf; sie kann sich physisch äußern oder über Gefühle, Gedanken und Bilder zum Ausdruck kommen.

Bei jungen Menschen in der Pubertät können die großen, existenziellen Fragen des Lebens zu Tod, Liebe, Moral und Ethik dilemmatische Gefühle hervorrufen, begleitet von Sorge und Angst. Viele junge Menschen setzen sich mit Umweltproblemen und Fragen der ökologischen Nachhaltigkeit auseinander oder engagieren sich gegen Ungerechtigkeiten und Missstände, beispielsweise indem sie Amnesty International oder Greenpeace unterstützen. Junge Menschen können Furcht vor der steigenden CO_2-Konzentration in der Atmosphäre oder vor der Ausbreitung von Ebola in Afrika haben, und das alles kann mit guten Gründen Angst machen. Viele junge Menschen, vor allem Mädchen, beschäftigen sich mit Ernährung und Aussehen, und es bereitet ihnen Sorgen, in dieser Hinsicht eventuell den eigenen Erwartungen und denen der anderen nicht gerecht zu werden.

Die problematische Angst

Da wir alle Furcht und Angstzustände kennen, besteht unter Psychiatern eine Tendenz, sie für weniger schwerwiegend zu halten. Vielen Kindern und Jugendlichen, die eigentlich tief von Ängsten geplagt sind, gelingt es, äußerlich eine relativ ruhige Fassade aufrechtzuhalten und in der Schule vielleicht als still und in sich gekehrt, aber (vor allem wenn fachlich alles gut läuft) als unproblematisch erlebt zu werden. Oft können nur die Personen, die den Kindern wirklich nahestehen, erkennen, dass diese an psychischen Schmerzen und innerem Chaos leiden. Wenn Eltern dies wahrnehmen und zugleich beobachten, wie sich ein Kind isoliert und sozial einschränkt, stehen sie dem Problem dennoch oft machtlos gegenüber. Nicht selten wird diese Angst von physischen Reaktionen begleitet. Das Kind klagt dann über körperliche Probleme wie Bauch- oder Kopfschmerzen und nimmt daraufhin nur unregelmäßig am Schulunterricht teil. Aufgrund der langen Fehlzeiten kann das Kind seinen Platz in der Klassengemeinschaft verlieren, seine sozialen Fertigkeiten unzureichend ausbilden und gleichzeitig fachlich zurückfallen.

Ausgeprägte Ängste, unter denen ein Kind leidet, wirken sich auf seine ganze Familie aus. Dort wird möglicherweise auf das Kind Rücksicht genommen, und man bemüht sich, es vor allem, was die Ängste auslöst, zu schützen. So nimmt eine Familie beispielsweise auf die Flugangst eines Kindes Rücksicht und fährt mit dem Zug in den Urlaub. Es können aber auch drastischere Maßnahmen ergriffen werden, mit denen sich die Familie eines ängstlichen Kindes den Einschränkungen unterordnet. Es kann damit anfangen, dass Eltern, um die Angst eines Kindes zu minimieren, eine Situation bagatellisieren, indem sie sagen: »Zugfahren ist ja auch viel gemütlicher als Fliegen.« Damit kann man, ohne es zu wollen, krankhafte Angstzustände beim Kind fördern, indem man es im Glauben bestärkt, Fliegen sei gefährlich.

Mitunter heißt es, kindliche Angst verschwinde von alleine wieder. Das trifft auf die leichteren und die existenziellen Ängste, die mit den natürlichen Entwicklungsphasen verbunden sind, auch tatsächlich zu. Dagegen können schwere Angstzustände, die im Kindesalter auftreten und nicht behandelt werden, chronisch werden und sich zu einer Depression entwickeln, die außerdem das erhöhte Risiko einer Suchtgefährdung mit sich bringt.

Kinder sind unterschiedlich: Sie haben unterschiedliche Persönlichkeitszüge und unterschiedliche, angeborene Temperamente. Manche sind besonders sensitiv, empfindsam, zurückhaltend und ängstlich, während andere furchtlos voranstürmen, abenteuerlustig und aufgeschlossen sind. Ein kleines Kind kann verängstigt auf einen Clown reagieren, aber chronische, pathologische Angst ist bei Kindern vor dem Schulalter selten. Ab wann man es mit einer Form von Angst zu tun hat, bei der man besonders aufmerksam sein muss und bei der die Eltern Hilfe suchen sollten, hängt davon ab, wie lange das Kind beeinträchtigt worden ist, wie negativ sich die Angst auf sein Leben und auf die Familie auswirkt. Wenn die Angst über mehrere Monate besteht und so stark ist, dass das Kind in seiner altersgemäßen Entwicklung gehemmt wird oder an Aktivitäten seiner Altersgenossen nicht mehr teilnehmen kann, sollten Eltern nicht davor zurückscheuen, fachliche Hilfe in Anspruch zu nehmen.

Risiko- und Schutzfaktoren

Es gibt viele Ursachen für das Entstehen und für das andauernde Fortbestehen von Angst. Um die Zusammenhänge zu erfassen, sind zum einen die äußeren Bedingungen in den Blick zu nehmen (Familiäres, Soziales, Milieubezogenes), zum anderen die inneren Bedingungen (die eher erblich oder intellektuell bedingt sind). Jeder dieser Faktoren kann sowohl in positiver (schützender) als auch in negativer (risikobehafteter) Form vorliegen. Angst entwickelt sich aus ihrem langfristigen Zusammenspiel.

Dem Ausmaß dessen, wie die schützenden Faktoren auf das Kind einwirken, stehen stets die Risikofaktoren gegenüber. Kinder reagieren unterschiedlich auf dieselben Bedingungen und auf die Beziehungen, die sie zu ihren Eltern, anderen Erwachsenen oder anderen Kindern entwickeln. Zum Beispiel kann eine Mobbing-Situation sehr unterschiedlich erlebt werden und sich ganz unterschiedlich auf das Wohlbefinden und die Lernprozesse eines betroffenen Kindes auswirken. Für manche mündet dies in Angstzustände, während andere Kinder, die derselben Problematik ausgesetzt sind, in ihrer Entwicklung nicht weiter belastet werden.

Vielfältige Ursachen können zu ein und derselben Störung führen – eben auch Angst. Eine einzige risikofördernde Verhaltensmaßnahme von Seiten der Eltern oder anderer Bezugspersonen führt in der Regel noch nicht dazu, dass eine Angststörung entsteht. Diese entwickelt sich erst, wenn mehrere verschiedene Risikofaktoren zusammenkommen. Um Angst zu verstehen, ist es also notwendig, das Problem aus verschiedenen Blickwinkeln zu betrachten und die denkbaren, unterschiedlichen Risikofaktoren zu berücksichtigen.

Die häufigsten inneren Risikofaktoren für die Entwicklung kindlicher Angstzustände sind eine genetische Disposition und neuropsychologische Faktoren: Temperament, Gefühlsregulierung, kognitive Verzerrungen, Erfahrungen mit Kontrolle. Zu ihnen treten äußere Faktoren hinzu, die aus dem Verhalten von Eltern und anderen Bezugspersonen resultieren.

Beziehungen zwischen Angst und hoher Intelligenz

Hochbegabte Kinder leben mit ihrer Familie zusammen, gehen zur Schule, haben Schulkameraden und Freunde und bewegen sich in diesen Kreisen mit ihrer eigenen, einzigartigen Persönlichkeit. Wie alle Kinder sind auch die hochbegabten untereinander verschieden. Dennoch ähneln sie einander in wesentlichen Punkten, die im Hinblick auf die Entwicklung von Angst im Kindes- und Jugendalter Risikofaktoren darstellen. In einigen der Fallberichte dieses Buches treten sie klar hervor.

Hochbegabte Kinder zeichnen sich dadurch aus, dass sie Informationen schnell verarbeiten, eine besonders ausgeprägte Konzentrationsfähigkeit haben, sehr wissensdurstig sind, ein gutes Gedächtnis haben und andersartig bzw. kreativ denken. All dies bestimmt ihre Persönlichkeit und ihr Verhalten. Die frühzeitige neurologische Entwicklung* hochbegabter Kinder bringt mit sich, dass sie emotional früher reifen als Gleichaltrige. Auch dies prägt ihre Persönlichkeit, ihr Temperament und die Intensität ihrer Gefühlswelt.

Solchen Forschungsergebnissen, die die frühzeitige emotionale Reife hochbegabter Kinder zeigen, sind andere eng benachbart, aus denen Dabrowski seine Theorie der »overexcitability« entwickelt hat. Er fand heraus, dass unter hochbegabten Kindern überdurchschnittlich viele eine besondere emotionale Intensität, Sensitivität und hohe Energie zeigen, gleichzeitig eine besondere Begeisterung, einen besonderen »Drive«, Neugierde oder den Drang, sich Konformität und Selbstzufriedenheit entgegenzustellen. Diese Kinder sind zudem stärker empfänglich für alle nur erdenklichen Reize. Dadurch erleben sie das Leben tiefer, lebhafter und intensiver. Also erleben sie nicht nur quantitativ mehr, sondern alles zudem auch anders, und zwar in einer komplexeren und gewissermaßen besonders feinmaschigen Qualität. Diese besondere Sensitivität kann als eine spezielle Art der Wahrnehmung erscheinen, gewissermaßen so, als gäbe es für das Kind spezielle Aufnahmekanäle, durch die Farben, Töne, Formen, Verstehen, Gefühle oder experimentelle Energie einfließen (Daniels & Piechowski, 2009).

Eine höhere angeborene Sensitivität zu haben bedeutet, bildlich gesprochen, über eine größere Farbpalette zu verfügen, um mit ihr die Welt zu malen. Sie kann aber auch eine größere Verletzlichkeit mit sich bringen. Wenn ein Mensch mehr wahrnimmt, mehr hört und riecht oder die Eindrücke stärker empfindet als andere, wenn die Emotionen tiefer gehen und die Wahrnehmungsfähigkeit besonders intensiv ist und schließlich Mitgefühl und Pflichtgefühl eine

* Forschungsresultate aus Korea und den USA (Lee et al., 2006) belegen eine besondere Aktivität in dem posterioren Parietalcortex und einen schnellen Reifungsprozess der Frontallappen bei hochbegabten Kindern, Scans zeigen außerdem, dass eine frühere Myelinisierung der Nervenzellen im limbischen System stattfindet. Das bedeutet, dass hochbegabte Kinder emotional früher reifen als gleichaltrige normal begabte (Thompson et al., 2001).

große Rolle spielen, dann kann diese Person besonders leicht aus dem Gleichgewicht geraten, vor allem wenn sie mit den Widrigkeiten in der Gesellschaft und in der Welt konfrontiert wird. Als unmittelbare Folgen kann dies zu somatischen Symptomen, zu Unbehagen, Scham- und Schuldgefühlen, Gefühlen von Einsamkeit und nicht zuletzt zu Angst oder auch Depression führen. Wenn ein Kind zudem aus einer Familie kommt, in der hierzu eine genetische Disposition vorliegt, können Angst und Sorge der Eltern dazu führen, dass sie ihr Kind überbeschützen und damit das Risiko erhöhen, dass es selber Ängste entwickelt.

Für ein Kind kann es im Alltag Stress bedeuten, sensitiv auf akustische oder visuelle Eindrücke zu reagieren, denn in einer neuen, fremdartigen Umgebung können solche Eindrücke stark und einschüchternd wirken, selbst wenn die Situation an sich nicht bedrohlich ist. Wenn ein Kind in dieser Hinsicht stärker empfindet als andere Kinder (oder als Erwachsene), ist es Aufgabe der Eltern oder der anderen Bezugspersonen, dem Kind zu vermitteln, wie es seine Gefühle akzeptieren und mit ihnen umgehen könnte, um auf diese Weise Bewältigungsstrategien zu entwickeln. Wenn starke negative Gefühle unterdrückt, verdrängt oder vergessen werden, kann dies dazu führen, dass Ängste stärker werden. Damit aber werden auch die ursächlichen Gefühle letztlich intensiver, und als typische Reaktionen darauf treten erhöhte Sorge und verstärkte Selbstkontrolle (bzw. Kontrolle über andere) ein; ebenso wird alles vermieden, was die Angst auslösen könnte. Wenn sich ein Kind Sorgen macht, hat es das Gefühl, dass es sich damit auf die potenziell gefährliche, unausweichliche Situation vorbereitet. Damit wird das Angstgefühl vorübergehend gemindert, aber die Sorgen können dazu führen, dass das Kind durch sie – als langfristige Folge – nahezu handlungsunfähig wird.

Wenn ein Kind Gefühle stärker erlebt als andere, ist es wichtig, dass es lernt, wie es seine Gefühle regulieren kann. Möglicherweise denkt man dann gemeinsam mit dem Kind über die Situation nach, die die starken negativen Gefühle ausgelöst hat, und unterstützt das

Kind darin, das Geschehene in einem neuen Licht zu betrachten. Beispielsweise kann das Kind in seine Schulklasse kommen und feststellen, dass einer der Mitschüler ärgerlich ist. Das Kind nimmt diese Stimmung möglicherweise intensiv wahr und meint im ersten Augenblick, selber die Ursache für diese negative Stimmung zu sein. Das Kind denkt dann vielleicht: »Es stimmt ja auch, dass ich beim Fangenspielen schlecht bin.« Das Kind kann aber auch lernen, innerlich so zu argumentieren: »Vielleicht liegt es aber nicht daran; vielleicht ist die Stimmung einfach nur deshalb so, weil wir gleich Physik haben und alle diese Stunde hassen.« Damit findet das Kind eine Erklärung jenseits der eigenen Person, eine Erklärung, die sich weniger gefährlich und unangenehm als die ursprüngliche anfühlt. Eltern, Pädagogen und Lehrkräfte können das Kind dabei unterstützen, solche Strategien zu entwickeln. Gleichzeitig können Eltern den Alltag des Kindes so gestalten, dass schwierige Situationen nicht grundsätzlich vermieden werden, auch wenn sie starke Reaktionen hervorrufen. Solche Situationen lassen sich mit dem Kind durchsprechen, so dass es lernt, mit den Gefühlen umzugehen und sie neu zu bewerten. In der Fachsprache wird dies »reappraisal« genannt.

»Neue Meinungen sind immer verdächtig und werden gewöhnlich abgelehnt, allein aus dem Grund, dass sie noch nicht allgemein bekannt sind.«

John Locke

Aufmerksamkeit und exekutive Funktionen

Wenn, wie geschildert, die Forschung zeigt, dass hochbegabte Kinder neurologisch und emotional schneller reifen als Gleichaltrige und früher den Umgang mit symbolischen Systemen wie dem Sprechen, Lesen und Schreiben beherrschen, kann es dazu kommen, dass das Kind altersmäßig nicht mit den Informationen zusammenpasst, zu denen es Zugang hat. Schon als Kleinkind können sie am Zeitungskiosk Schlagzeilen über Tod und Unglücksfälle lesen oder sehr früh Fernsehnachrichten verstehen. Derartige Situationen können ein Gefühl von Kontrollverlust oder andere negative Eindrücke hervorrufen. Es ist menschlich, auf Überforderung mit Angst zu reagieren. Für ein Kind kann es aber eine Belastung sein, fortwährend mit Informationen und Situationen konfrontiert zu werden, die es nicht beherrscht, etwa Berichte von Bombenattentaten, Gewalt oder anderen Unglücksfällen. Dazu zählen auch Streitigkeiten, die das Kind miterlebt und von denen es mehr versteht, als es gefühlsmäßig verkraften kann. Es entwickelt möglicherweise nach und nach die Strategie, die Ereignisse in seinem Alltag als etwas aufzufassen, auf das es keinen Einfluss nehmen kann. Damit können negative Gefühle weiter verstärkt werden, so dass das Kind seine gegenwärtigen und zukünftigen Erfahrungen ausgehend von der Erwartung an diesen Kontrollverlust interpretiert. Das Kind erlebt, dass Dinge geschehen, ohne dass es Einfluss auf ihren Verlauf nehmen kann. Das wiederum kann Angstgefühle verstärken und das Bewusstsein für innere Kontrolle verringern (Chorpita, 2001).

Übertriebene Fürsorge

Eltern und weitere Bezugspersonen eines Kindes, also auch Pädagogen und Lehrer, können auf die Entwicklung von Ängsten großen Einfluss haben. Manche Eltern tendieren dazu, ihr Kind zu sehr zu behüten. In der Hoffnung, Ängste zu minimieren, greifen sie in den Alltag des Kindes ein und bestimmen umfassend, was gut für seine Entwicklung ist und was schlecht. Damit schränken sie die Selbständigkeit des Kindes ein und hemmen seine emotionale Entwicklung. Es besteht offensichtlich ein deutlicher Zusammenhang zwischen einer zu großen Einmischung der Eltern und kindlicher Angst.

Hochbegabte Kinder können bei Pädagogen und Lehrern Ablehnung erleben, weil sie anders sind als andere Kinder. Im Zusammensein mit anderen entstehen oft Probleme, weil sie nicht nur anders denken, sondern auch noch in einem schnelleren Tempo. Sie sind neugierig, fragen viel und werden bisweilen als störend oder zumindest als sonderbar empfunden. Doch damit sie sich entfalten können, müssen sie Herausforderungen geboten bekommen.

Wenn Eltern schon von der Zeit der Tagespflege an, später im Kindergarten und schließlich in der Schule Probleme mit ihrem Kind erleben, kann dies bei ihnen zu einem übergroßen Verantwortungsgefühl führen. Sie werden auf diese Weise regelrecht dazu erzogen, dass sie immer mit Erklärungen, Lösungen, mit Vorschlägen für Unterrichtsmaterial und vielem mehr kommen sollen. Gleichzeitig müssen Eltern Stoßdämpfer dafür sein, wenn das Kind sich überfordert und traurig fühlt oder psychosomatische Symptome zeigt.

Nicht selten wechseln hochbegabte Kinder mehrfach die Kindergärten und Schulen. Wenn Eltern auf diese Weise als Botschafter ihrer Kinder auftreten müssen und beständig Teil der Lösungen sind, die für das Kind ausprobiert werden müssen, und auch sonst sein Verhalten aktiv mitbegleiten müssen (zum Beispiel auch im Zwischenmenschlichen), kann es sehr schwerfallen, »loszulassen«, wenn es »stärker« geworden ist, und Zutrauen in die Selbständigkeit ihres Kindes zu haben. Wenn Eltern sich dann über diesen Punkt hinaus zu stark einbringen, vermitteln sie dem Kind die Botschaft: »Das kannst du nicht selber« und unterstützen das Gefühl von Kontrollverlust und Abhängigkeit, aus dem sich die Angstgefühle entwickeln können.

Lernen von Vorbildern

Als Vorbilder, an denen sich Kinder orientieren, spielen ihre Eltern eine wichtige Rolle. Daher bleibt es nicht ohne Folgen, wenn ein Kind erlebt, dass Eltern verunsichert oder verärgert reagieren. Eltern, die mehrfach bei pädagogischen Institutionen auf Ablehnung gestoßen sind und die Erfahrung gemacht haben, dass sie sich mit dem Wissen über ihr Kind nicht einbringen können, fühlen sich machtlos und frustriert; einige können auch Zorn und Ohnmacht gegenüber der Schule, der kommunalen Verwaltung usw. empfinden. Dies kann beide, sowohl Eltern als auch das Kind, in einen

Zustand konstanter Anspannung bringen. Wenn Kinder in einer Umgebung aufwachsen, in der Sorge und ein Gefühl von Bedrohung im Fokus der Eltern stehen, überträgt sich das Gefühl der Sorge auf das Kind. Die Eltern versuchen möglicherweise auch zu weitgehend, die unterschiedlichen Einflüsse, die auf das Kind wirken, zu steuern und ihm Ratschläge zu geben, die es beherzigen müsse. Für das Kind kann dies bedeuten, dass es in seinem Erleben zu stark dafür sensibilisiert ist, dass schwieriger zu durchschauende Lebenssituationen gefährlich oder gar unlösbar seien. Auf diese Weise können Kinder die Angstgefühle, Gedanken und Bewältigungsstrategien ihrer Eltern direkt nachbilden. Weil alle Eltern ihre Kinder gerne beschützen möchten, endet diese Entwicklung nur zu leicht in einer negativen Spirale, wo Eltern Ausnahmen zulassen, indem sie beispielsweise akzeptieren, dass das Kind der Schule fernbleibt. Auch dies kann letzten Endes die Ängste eines Kindes verstärken.

Andererseits ist es selbstverständlich wichtig, dass Eltern ihren Kindern zuhören, wenn diese von ihren Erlebnissen erzählen, auf Aggressionen oder Mobbing reagieren oder ein starkes Gefühl des Ausgegrenztseins und der Isolation aufzufangen versuchen. Man kann ein Kind nicht einfach abhärten oder es erziehen, so zu sein wie alle anderen. In einer Lerngemeinschaft sollte Platz für die unterschiedlichsten Kinder sein. Es liegt in der Verantwortung des Kindergartens und der Schule, eine solche Kultur zu schaffen, und zwar am besten in einer offenen Zusammenarbeit mit den Eltern.

Der kindliche Sozialisierungsprozess

Wie beschrieben, kann ein »normales« soziales Miteinander dadurch erschwert werden, dass hochbegabte Kinder als »anders« auffallen. Dies ergibt sich vor allem, solange sie noch jünger sind und der intellektuelle Unterschied zu Gleichaltrigen besonders groß ist. Umso wichtiger ist es, dass sie Kontakte zu solchen Kindern entwickeln, in deren intellektuellen Potenzialen sie sich wiedererkennen und mit denen sie sich auseinandersetzen können.

Aus den Berichten der Eltern geht hervor, dass das Empfinden, anders zu sein, für die Kinder besonders schmerzhaft ist. Sieht sich das Kind an den Rand einer Gemeinschaft gedrängt, schließt es daraus möglicherweise: »Mit mir stimmt etwas nicht.« Dieses »etwas« ist aber schwer zu erfassen, und das Wissen über Hochbegabung bietet, solange die Kinder jung sind, nur selten Trost. Sie wollen nicht anders sein, egal unter welchen Bedingungen.

Das Gefühl, anders zu sein, führt viele Hochintelligente in einen lebenslangen Kampf um Anpassung. Manche Kinder versuchen, sich eine Sprachform, Gewohnheiten oder soziale Verhaltensweisen zuzulegen, um dem zu entsprechen, was andere von ihnen erwarten. Die eigenen Interessen und Neigungen werden dabei vernachlässigt. Das, was sie sagen, entspricht nicht dem, was sie meinen und fühlen, und ebenso bleiben ihre Handlungen für sie ohne innere Bedeutung; sie fühlen sich fremdgesteuert. Das kann zu einem Gefühl von Leere führen, das sie gleichzeitig sehr abhängig davon macht, was andere von ihnen denken. Eine solche Art der Anpassung, bei der das Kind die Erwartungen anderer erfüllt, kann, wenn sie gelingt, kurzfristig die Angst und die Unruhe mindern, die das Kind aufgrund seiner Andersartigkeit empfindet. Es benötigt allerdings enorm viel Energie, sein eigenes Wesen und sein authentisches Verhalten zu unterdrücken, in anderen Worten, die eigene Persönlichkeit und sein Selbstverständnis auszublenden. Diese Form der Anpassung kann zu dem Empfinden von Sinnlosigkeit, Leere, Abscheu und insbesondere Angst führen.

Hochintelligente Kinder können sich, wenn sie in eine solche Rolle schlüpfen und etwas vorgeben, was sie nicht sind, zwar als handlungsunfähig erleben und Einsamkeit empfinden; dem steht aber auf der anderen Seite der Schmerz entgegen, aus der Gemeinschaft ausgestoßen zu werden, sobald sie jene Rolle aufgeben. Die existenzielle Angst davor, mit seinem Anderssein aufzufallen, kann eine offene Krise hervorrufen. Die meisten hochintelligenten Kinder und Jugendliche müssen durch sie hindurchgehen. Andernfalls bleiben die Angstgefühle bestehen.

Um »man selber« sein zu können und zu sich stehen zu können, muss man wissen, wer man ist. Dafür ist sowohl in der Kindheit als auch in der Jugend Selbstreflexion notwendig. Sie müssen ihre eigenen Stimmungen wahrnehmen und lernen, sie zu beschreiben, und eigene Persönlichkeitszüge auch bei anderen erkennen können. Auf diese Weise können die Angstgefühle ein Ausweg zur Persönlichkeitsentwicklung, zur inneren Befreiung und zur Selbstverwirklichung werden. Solange Kinder jünger sind, spielt die von den Eltern angeleitete Selbstreflexion eine wichtige Rolle. Kinder profitieren von diesen Gesprächen, die selten geplant werden können, sondern vom Kind ausgehen und sich meist im Laufe einer gemeinsamen Aktivität ergeben. Auch für Jugendliche sind solche Gespräche wichtig, um zu lernen, Gefühle in Worte zu fassen, aber auch um Erlebnisse zu interpretieren. Darüber hinaus ist es essentiell, dass Kinder sich als Teil einer Gemeinschaft sehen, in der sie einen organischen Platz haben und Verantwortung übernehmen. Dies kann sich über Freizeitbeschäftigungen entwickeln, bei denen sich Gemeinschaften über das gemeinsame Interesse bilden, oder über Treffen mit anderen hochbegabten Kindern. Letztere können von Schulen, Gemeinden oder Vereinigungen wie »Gifted Children« oder die »Deutsche Gesellschaft für das hochbegabte Kind« angeboten werden.

Dass hochbegabte Kinder sich oft in Gruppen mit anderen hochbegabten Kindern wohlfühlen, bedeutet aber keinesfalls, dass sie nicht auch in anderen Gruppen sehr gut zurechtkommen können. Wie sich in Untersuchungen zeigt, ist es von zentraler Bedeutung für ihre Entwicklung, die Erfahrung zu machen, dass sie »sie selber« sein dürfen, sich frei und unbeschwert mitteilen können und dass ihr Humor verstanden wird; Fürsorge und Anerkennung in einer Gemeinschaft zu erleben ist eine Grundlage dafür, Unsicherheit und Angst zu meistern und später selbständig Beziehungen aufzubauen (Rasmussen & Rasmussen, 2007).

Vieles deutet darauf hin, dass hochbegabte Kinder in der Begegnung mit Gleichgesinnten sich selber besser kennenlernen und daraufhin mit stärkerem Selbstwertgefühl Beziehungen eingehen können. Nach solchen Treffen kommen sie beispielsweise mit einem neuen Verständnis für ihre Klassenkameraden in ihre Schulklasse zurück. Oft werden sie erst aus dem Abstand zu ihrer Schulklasse heraus und aufgrund der Erlebnisse im Zusammensein mit anderen hochbegabten Kindern ein integraler Teil ihrer Klassengemeinschaft sein.

Wenn ein hochbegabtes Kind nicht die Erfahrung macht, andere hochbegabte Kinder kennenzulernen und dabei Gemeinsamkeiten festzustellen und Anerkennung zu finden, kann es sein, dass es sich »freiwillig« in eine virtuelle Welt zurückzieht und isoliert. Mit Computerspielen und Facebook-Freundschaften kann es sich eine Parallelwelt erschaffen, mit wirklichen Freunden in einer unwirklichen Welt. Es pflegt Beziehungen zu anderen Kindern, die es in der realen Welt nie träfe. Ein solcher Rückzug aus der Gemeinschaft kann also in die Abhängigkeit von einer virtuellen Welt führen. Vor dem Computer meint das Kind, sich entspannen zu können, fern von Herausforderungen, Niederlagen und dem Gefühl, nicht dazuzugehören. Die Konsequenz kann allerdings sein, dass es das Gefühl dafür verliert, wie es ist, Teil einer Gemeinschaft zu sein. Der Einfluss der virtuellen Welt kann dazu beitragen, die Wahrnehmung der eigenen Identität zu verfremden und damit Ängste zu schüren.

Alle Kinder lernen am besten im Dialog mit anderen Personen verbale und nonverbale Kommunikation zu deuten. Gleichzeitig ist es für Kinder wichtig, die Nähe zu authentisch auftretenden Erwachsenen zu erleben, indem sie mit ihnen kommunizieren oder auf andere Weise zwischenmenschliche Kontakte haben: zu Hause, in der Schule oder in der Freizeit.

»Erwirb neues Wissen, während du über das alte nachdenkst, so kannst du anderen ein Lehrer sein.«

Konfuzius

Jonas' Geschichte

Wir waren beide Ende 20, als wir zum ersten Mal Eltern wurden. Keiner von uns beiden hatte Erfahrungen mit Kindern, und so wussten wir nicht, welche Entwicklungsstufen für welches Alter typisch sind.

In seinem ersten Lebensjahr unterschied sich unser Sohn nicht auffallend von den anderen Kindern in der Krabbelgruppe. Er hatte nur einen deutlich niedrigeren Schlafbedarf als sie. Er war aber nicht der Erste, der mit Robben, Krabbeln und Gehen anfing. Aber im Unterschied zu den anderen war er sehr viel eigensinniger; wenn er in seiner Entwicklung auf eine neue Herausforderung stieß, wurde deutlich, dass er nicht einfach ausprobierte, mit ihr umzugehen, sondern er zeigte die jeweilige Fertigkeit erst dann offen, wenn er selber fühlte, dass er sie perfekt beherrschte. Somit lief er erst, als er sicher war, dass er tatsächlich laufen konnte – und als er anfing zu sprechen, hatte er einen sehr viel größeren Wortschatz als Gleichaltrige.

Als unser Sohn ein Jahr alt war, kam er in den Hort, und dort erlebten wir die ersten Anzeichen dafür, dass er nicht so war wie die anderen. Sein geringer Schlafbedarf kam mehr zur Sprache und wurde tatsächlich von den Pädagogen als Problem gesehen, weil sie es nicht gewohnt waren, dass ein Kind mittags nicht schlief.

Es zeichnete sich in dieser Zeit auch erstmals ab, dass er klare Strukturen und einen verlässlichen Rahmen brauchte. Das Einschlafritual musste in einer exakten Reihenfolge ablaufen, neu gekaufte Kleidungsstücke mussten mehrere Wochen offen sichtbar bereitliegen, bevor sie angezogen werden konnten, und wenn er das Startbild seiner Kinderserie verpasst hatte, weinte er ununterbrochen, während der Film gesendet wurde.

Die ersten Anzeichen für »besondere Voraussetzungen« im Kleinkindalter

Wir hatten im Laufe seines ersten Lebensjahres viele Erlebnisse mit unserem Sohn, bei denen wir dachten: »Das ist wirklich fantastisch und etwas ganz Besonderes.« Aber jedes Mal waren wir uns einig darüber, dass dies die üblichen und auch notwendigen Gefühle seien, die man als Eltern eben für seine Kinder hat.

In dem Sommer, in dem er zwei Jahre alt wurde, wurde uns zum ersten Mal wirklich klar, dass er nicht so war wie die meisten Kinder in seinem Alter. Wir gingen die Treppe in unsere Wohnung im vierten Stockwerk hoch und, um die Zeit abzukürzen, sangen wir das »ABC-Lied«. Als das Lied vorbei war, fragte er, ob wir damit fertig seien – und das waren wir. Daraufhin brach es aus ihm heraus, wir hätten geschummelt: Wir hätten das »W« übersprungen. Aber im Lied kommt das »W« nicht vor – ebenso wie im dänischen Alphabet, in dem der w-Laut mit »v« wiedergegeben wird. Das hatte er erfasst, obwohl er erst im Kinderhort war. Hier bemerkten wir zum ersten Mal, dass er etwas Besonderes konnte.

Der Kindergarten

Als er im Kindergarten anfing, kannte er das ganze Alphabet mit Klein- und Großbuchstaben. Mit knapp drei Jahren begann er Buchstaben nach Lauten zusammenzusetzen.

Es dauerte natürlich nicht lange, bis man dies im Kindergarten bemerkte, aber anstatt sein Interesse zu unterstützen, wurde uns eingeschärft, wir sollten ihn nicht pushen, nicht mehr auf seine Fragen antworten und ihm keine langen Erklärungen geben. Kurz gesagt, sollten wir so wenig wie möglich tun, um ihn zu stimulieren. Alles, was mit Buchstaben zu tun habe, gehöre in die Schule, und wenn wir sein Interesse daran unterstützten, werde alles für ihn sehr schwer, sobald er in die Vorschulklasse komme.

So nahmen wir die Buchstabenposter ab, die üblicherweise in Kinderzimmern hängen. Ebenso packten wir alle Würfel mit Buchstaben weg, nahmen Magnete in Buchstabenform vom Kühlschrank weg und versteckten die typischen ABC-Bücher von Halfdan Rasmussen (übersetzt ins Deutsche von James Krüss).

Wir wollten ja das Beste für unser Kind tun, und so hörten wir, als er drei Jahre alt war, bewusst damit auf, seine intelligenten und relevanten Fragen zu beantworten, um ihm für seinen Schulstart keinen Bärendienst zu erweisen.

Zu Beginn seiner Kindergartenzeit entwickelte unser Sohn eine große Vorliebe für Dinosaurier – genau wie viele andere Kinder auch. Als Vierjähriger kannte er über 600 Dinosaurierarten, ihre lateinischen Namen und ebenso die Zeit, in der sie gelebt hatten. Die anderen spielten mit ihren Plastikdinosauriern »Hier kommt ein Scharfzahn und frisst deinen Langhals«. Unser Sohn aber korrigierte sie, wenn sie einen Diplodokus von einem Staurikosaurus angreifen ließen. Für ihn war es wichtig, den anderen die korrekten lateinischen Namen beizubringen. Aber noch wichtiger war ihm die Feststellung, dass diese beiden Arten einander nie begegnen konnten, weil sie in verschiedenen Zeiten gelebt hatten. Und schon damit wurde das Spielen mit den anderen Kindern erschwert.

Unser Sohn spielte ohnehin nicht so wie andere Kinder. Wenn er eine Sammlung von Spielzeugautos bekam, ließ er sie nicht herumfahren; er stellte sie stattdessen in einer langen Reihe auf, nach Farben und Größe geordnet. Plastiktiere sortierte er nach ihrem Herkunftsland oder nach Arten. Insgesamt nahm er sich viel Zeit dazu, Dinge in Systeme einzuordnen oder Kategorien zu entwickeln.

Dasselbe Bedürfnis nach Ordnung hatte er für sich selber auch zu Hause, hier waren feste Routinen und Rituale wichtig für ihn. Er konnte beispielsweise nicht essen, wenn er nicht auf seinem Platz saß oder nicht die gewohnte Schüssel bekam. Es war so, als wenn die äußere Ordnung ihm innere Ruhe und Überblick gab, und wenn ausnahmsweise einmal das System in Unordnung geriet, brach seine Welt im Chaos zusammen. Daher kamen wir seinem Bedürfnis nach Struktur bewusst nach – auch wenn das, von außen betrachtet, aussah, als würden wir ihn verziehen oder uns nicht durchsetzen können.

Es war uns und den Pädagogen klar, dass unser Sohn nicht in die Beziehungen, die sich zwischen den Kindern im Kindergarten entwickelt hatten, einbezogen war. Er nahm an den wilden Spielen der Jungen nicht teil. Fußball, Kriegsspiele und Karatetritte waren nicht seine Welt. Das wurde so weit vom Kindergarten akzeptiert, aber an ruhigen Aktivitäten konnten sie nur Perlenstecken, Malen und Singen anbieten. Doch auch hierfür interessierte er sich nicht. Also zog er sich mehr und mehr von den anderen zurück; wenn er dann doch einmal mitspielte, blieb er am Rand des Geschehens und wusste nicht richtig, was er tun sollte. Wenn sein einziger Freund im Kindergarten nicht da war, verbrachte er immer öfter den ganzen Tag alleine auf der Schaukel, den Blick auf den Boden gerichtet.

Der Kindergarten empfahl, einen Psychologen hinzuzuziehen, der dann auch einige Male in den Kindergarten kam und unseren Sohn beobachtete. Im Winter, als unser Sohn fünf Jahre alt war, lag das Gutachten vor. Daraus ging hervor, dass er ein stiller, nachdenklicher Junge sei, der bald den Sprach-Code knacken werde. Es liege keine Aufmerksamkeitsstörung vor; er habe sich vielmehr deshalb zurückgezogen, weil er in Gedanken mit seinem Geschwisterkind beschäftigt sei, das bald geboren werden sollte. Kurz, der Psychologe meinte nicht, dass Anzeichen vorlägen, auf die man reagieren müsse – und dass Jonas mit der Zeit offener werden würde.

Im März 2001 wurde unsere Tochter geboren, und es ist vielleicht wichtig zu betonen, dass weder zu diesem Zeitpunkt noch irgendwann später ein Anzeichen von geschwisterlicher Eifersucht bei unserem Sohn auftrat. Doch die Geburt seiner Schwester wirkte sich auch nicht weiter positiv auf seine sozialen Kompetenzen aus.

Ein erschütternder Tag

Der 12. September 2001 wurde für unsere Familie ein erschütternder Tag. Es war der Tag nach dem Angriff auf das World Trade Center, und wir hatten uns zu diesem Zeitpunkt seit knapp zwei Jahren an den Rat des Kindergartens gehalten, das Interesse unseres Sohnes für Buchstaben und seinen Wissensdurst auf keinerlei Weise zu fördern. Wir hatten ihm in dieser Zeit vorgelesen, waren aber nicht auf seine Fragen eingegangen, wenn er nach Buchstaben oder der Schreibweise der Wörter fragte.

An jenem Mittwoch sagte unser fünfjähriger Sohn ganz ruhig: »Da steht: ›Tod allen Muslimen‹.« Er meinte damit eine Zeitungsüberschrift, die er, für ihn auf dem Kopf stehend, quer über den Esstisch gelesen hatte. Zunächst waren wir überrascht, dann entsetzt und dann wieder überrascht. Zum einen hatte er uns bis zu diesem Tag nicht gezeigt, dass er lesen konnte, zum anderen war das, was er vorlas, so schrecklich ernst.

Am Tag zuvor hatten wir in der Bibliothek Bücher ausgeliehen und holten nun die neuen, unbekannten Bücher aus der Tasche. Unser Gefühl schwankte zwischen Stolz und Furcht, als wir feststellten, dass er mit Leichtigkeit mehrsilbige Wörter wie »Lakritzpastillen« oder »Seifenkistenauto« lesen konnte. Aber unser Stolz wurde schnell zu Scham, als wir ihn genauer nach dieser – für uns neuen – Fähigkeit fragten. Er erzählte, dass er schon lange lesen könne und dass er es sich selbst beigebracht habe, indem er sich einen Platz neben den Pädagogen erkämpft hatte oder uns über die Schulter gesehen habe, wenn wir vorlasen. Aber das Schlimmste war, dass er ganz verschämt und entschuldigend hinzufügte: »Ich wollte euch davon nichts erzählen – ich weiß ja, dass ich nicht mit Buchstaben spielen soll.« Er hatte es also so lange vor uns geheim gehalten und versteckt, weil wir ihm deutlich gezeigt hatten, dass wir seine Fähigkeiten nicht wertschätzen. Er schämte sich so offensichtlich, dass es uns auch heute noch weh tut, wenn wir daran denken, aber er hatte seine Fähigkeiten gründlich versteckt und trat nun plötzlich als guter Leser hervor. Und das, obwohl er unser Missfallen darüber fürchtete, dass er sich mit etwas Verbotenem beschäftigt hatte.

Von diesem Tag an schlugen wir alle guten Ratschläge und pädagogischen Prinzipien in den Wind. Wir erlaubten uns selbst, auf alle seine Fragen zu antworten, und nahmen aktiv an seinen Denkexperimenten und Überlegungen teil. Rückblickend betrachtet, haben wir unserem Sohn in diesen zwei Jahren Lebensverhältnisse geboten, die so schwarz und selbstverleugnend waren, wie man es einem anderen Menschen kaum schlimmer antun kann. Wir hatten ihm seine geistige Nahrung vorenthalten, die so wichtig für ihn war, aber trotzdem hatte er sich selber Wege erschlossen, um weiterzukommen.

Weil wir alles getan hatten, um ihn am Lesenlernen zu hindern, hatten wir auch keinen Filter vorschalten und auswählen können, welche Informationen ihm zugänglich werden sollten und welche nicht. Als Folge hieraus hatte er viel zu lange und im Verborgenen von Themen gelesen, die für Kinder überhaupt nicht geeignet sind.

Natürlich informierten wir den Kindergarten, aber von dort kam nicht viel Unterstützung zurück. Sie sahen, dass er den Lese-Code geknackt hatte, nahmen sich aber nicht des Problems an, dass er lange Zeit über Themen gelesen hatte, für die er noch nicht reif gewesen war.

Vom 12. September 2001 an akzeptierten wir endlich, dass unser Sohn etwas konnte, das die meisten anderen Kinder nicht beherrschten. Es zeigte sich aber, dass es noch ein langer Weg war, bis wir uns trauten, mit ganzem Herzen zu seinen Fähigkeiten zu stehen. Dass wir seine Fähigkeiten nun anerkannten, brachte auch mehrere amüsante Episoden mit sich. Zum Beispiel kauften wir kurze Zeit später im Supermarkt ein. Zwei Mädchen im Teenageralter standen vor dem Regal mit den Sonderangeboten. Die eine nahm eine Dose in die Hand und sagte: »Iiih, hier steht, dass da Papamajaja drin ist.« Unser kleiner Sohn, der einen Regenoverall trug, warf einen kurzen Blick auf die Dose und sagte: »Da steht Papaya – und das ist eine exotische Frucht und überhaupt nicht eklig.« Darauf entgegnete die Freundin lachend, das Mädchen gehe auf ein Technisches Gymnasium; wir konnten nur antworten, dass der Junge den Kindergarten besuche. Dies war bestimmt keine nette Reaktion, aber wir hatten plötzlich ein großes Bedürfnis, der Umwelt und vor allem unserem Sohn zu zeigen, dass wir stolz auf ihn waren.

Schulstart?

Unser Sohn ist im Dezember geboren. Daher wäre er einer der jüngsten Schüler seiner Klasse gewesen; andernfalls hätten wir den Schulstart um ein Jahr aufschieben müssen. Wir waren, was das Fachliche betraf, absolut nicht im Zweifel darüber, dass er in der Schule mitkommen würde. Wir wussten, dass er mit seinem Wissen anderen um mehrere Jahre voraus war, aber wir wussten auch, dass er nicht die gleiche Robustheit mitbrachte, mit der viele andere – besonders Jungen – ausgestattet sind.

Er war viel mehr als andere auf einen festen Bezugsrahmen angewiesen, und da er außerdem klein war, entschieden wir uns dafür, mit der Schule noch ein Jahr zu warten. Wir waren uns darüber im Klaren, dass dies seinem Wissensstand überhaupt nicht entsprach, aber es erschien uns wichtig, dass er insgesamt mit den anderen Kindern mithalten könne und auch im Teenageralter mit den anderen Kindern auf einem Stand sein werde.

Als wir schließlich erfuhren, dass er einen Platz in einer Übergangsklasse zwischen Kindergarten und Vorschulklasse bekommen konnte, fiel uns die Wahl nicht schwer. Wir wussten, dass er sich in der Schule langweilen würde, unabhängig davon, ob er schon jetzt oder erst ein Jahr später eingeschult würde. Wir wollten ihm eben lieber ein Jahr mehr Zeit geben, um mehr Reife und Robustheit zu entwickeln, und entschieden uns dann, den Schulbeginn aufzuschieben. Viele konnten dies nicht nachvollziehen, weil sie von seinen fachlichen Fähigkeiten wussten – aber wir wagten nicht mehr, auf gut gemeinte Ratschläge zu hören, und wollten uns auf unsere eigenes Gefühl verlassen.

In der Mini-Gruppe der Nachmittagsbetreuung

Wir haben unsere Entscheidung, unseren Sohn später einzuschulen, nie bereut. Obwohl es keineswegs eine leichte Zeit war, wagen wir uns heute nicht auszumalen, was geschehen wäre, wenn er einer der Jüngsten in der Klasse gewesen wäre.

Bevor unser Sohn in der Mini-Gruppe anfing, hatten wir uns gründlich überlegt, inwieweit wir von seinen besonderen Fähigkeiten erzählen sollten, aber aus Sorge, als ehrgeizige Eltern abgestempelt zu werden, entschieden wir, die Pädagogen und Lehrer ihre eigenen Erfahrungen machen zu lassen. Wir wussten, dass es nur eine Frage der Zeit sein würde, bis sie selber bemerken würden, dass seine intellektuellen Fähigkeiten weit über den altersgemäßen Stand hinausgingen. Diese Entscheidung erwies sich als richtig.

Beim Spielen hielt sich unser Sohn zwar weiterhin am Rande des Geschehens auf, aber es gelang ihm, im folgenden Halbjahr erste nähere Kontakte zu anderen Kinder aufzubauen, und aus diesen Beziehungen wurden später echte Freundschaften, als die Kinder zusammen in die Vorschulklasse kamen.

Endlich auf einer »richtigen« Schule

An einem Augusttag kam unser Sohn, mit einem neuen Rucksack ausgestattet, endlich in die Vorschulklasse. Wir hatten beschlossen, kurz nach dem Schulstart mit der Schule zu besprechen, wie sich fachliche Herausforderungen für ihn gestalten ließen. Aber dazu kam es gar nicht.

Nach nur zwei Wochen wurden wir von seiner Lehrerin kontaktiert. Sie hatte bemerkt, dass seine Fähigkeiten sich völlig von denen der anderen unterschieden, und sie sagte uns, dass sie in den 25 Jahren ihrer Arbeit als Lehrerin noch nie einem Kind begegnet war, das in diesem Alter entsprechende Fähigkeiten gezeigt hatte. Sie bat uns, seine Lesefertigkeiten von einer Fachperson testen lassen zu dürfen.

Schon einen Monat nach Schulstart wurde der Test durchgeführt. Es zeigte sich, dass er auf dem Niveau eines Schülers der 3. Klasse las, und auch die Testung des logischen Denkens ergab ein überraschendes Ergebnis, denn unser Sohn hatte sogar keine Schwierigkeiten mit Aufgaben, die zuvor noch keines der getesteten Kinder gelöst hatte. Zum ersten Mal hatte damit ein Fachmann das bestätigt, was wir schon bemerkt hatten. Unser Sohn hatte besondere Fähigkeiten und Voraussetzungen – und wir waren gleichermaßen stolz und ängstlich, denn der Test gab uns eine Ahnung davon, dass der normale Unterricht nicht einfach für unseren Sohn sein würde.

Zum Glück hatte seine Lehrerin viel Erfahrung und ein Bewusstsein für die Verschiedenartigkeit der Kinder, und so durfte unser Sohn auf dem alten Computer in der Klasse arbeiten, während die anderen die Grundlagen des Lesens lernten.

Aber allein dadurch, dass die Schule seine Fähigkeiten anerkannte und den Unterricht darauf abstimmte, war das Glück noch nicht perfekt. Von Anfang an war uns klar, dass er sich so sehr von anderen Kindern unterschied, dass sie tatsächlich in unterschiedlichen Sprachen kommunizierten – und das löste viele Konflikte aus, in denen er letztlich »der Kleine« war. Zum Beispiel kam es dazu, dass er auf einem Plakat das Wort »Marienkäfer« las. Alle anderen Kinder waren sich einig, dass dort »Hundehaufen« stand; und ganz demokratisch erhielt die Mehrheit Recht. Und ein anderes Mal wollte er den anderen Kinder etwas über ein »Areal« erzählen, woraufhin die anderen ihm sagten, er könne nicht richtig sprechen, denn es heiße »Ariel«, und sie sei im Übrigen eine Meerjungfrau!

In dieser Zeit entwickelte unser Sohn ein Interesse für Nationalflaggen. Fast sofort konnte er 194 Nationalflaggen unterscheiden und kannte die geographische Lage von Osttimor im Verhältnis zu Mikronesien. Dieses unschuldige Interesse führte schnell weiter zu anderen Fragen: »Warum hat Südafrika die Flagge gewechselt? Warum war Deutschland geteilt? Ist Palästina ein Staat?« Es war jedes Mal ein Balanceakt, diese Fragen zu beantworten. Auf der einen Seite hatten wir einander geschworen, seine Fragen nie wieder zu übergehen, aber auf der anderen Seite waren einige der Antworten zu umfassend und zu ernst für einen siebenjährigen Jungen.

Wenn unser Sohn mit den anderen Kindern über Fakten diskutierte, war er leider noch nicht reif genug, etwas anderes zu empfinden als Machtlosigkeit, weil er die anderen nicht davon überzeugen konnte, wenn sie sich irrten. Diese Situationen frustrierten ihn, und wenn er dann in Tränen ausbrach, wurde er von den anderen als empfindlich und schwach wahrgenommen – und damit leider auch als ein ideales Mobbingopfer.

Der Umgang mit anderen Kindern wurde auch dadurch nicht besser, dass er einen sehr starken Gerechtigkeitssinn hatte und es ihm gleichgültig war, ob er selber von einer Ungerechtigkeit betroffen war oder nicht. Wenn die Klasse Anweisungen bekommen hatte, wie sie eine Aufgabe lösen sollten, und ein Schüler diesen nicht folgte, konnte er es nicht lassen, das zu beanstanden. Wenn es Regeln für ein Spiel gab und diese nicht eingehalten wurden, konnte er nicht wieder zurück ins Spielen finden. Oder wenn es zu einem Konflikt zwischen ihm und den anderen Kindern gekommen war, machte er sich zum »Richter« darüber, wer sich korrekt verhalten hatte.

Aber nicht nur seine Fähigkeiten und seine Frustrationen unterschieden ihn von den anderen Kindern, er war auch nachdenklicher und analysierte sehr viel mehr. Deshalb war er phasenweise sehr abwesend, und es konnte schwer sein, mit ihm in Kontakt zu treten. Es konnte abweisend und provozierend wirken, wenn man mit ihm sprach und er nur einen leeren, unaufmerksamen Blick auf einen richtete. Es war, als sitze er unter eine Käseglocke: Sie schirmte ihn von allen unerwünschten Kontakten ab, die seine Gedanken sonst gestört hätten.

Als seine Vorschullehrerin wegen seines Verhaltens in der Klasse unruhig wurde, vereinbarten wir, dass die Schulpsychologin die Klasse besuchen sollte. Im Dezember 2002 und im März 2003 kam sie für jeweils eine halbe Stunde in den Unterricht, um Jonas' Verhalten zu beobachten. Beide Male kam die Rückmeldung, dass er zwar am Rand der Klassengemeinschaft stehe, dass sie aber keine Probleme beobachten könne, die weitergehend untersucht werden müssten.

Der Sommer kam, und im August 2003 kam unser Sohn in die 1. Klasse. Seine neue Klassenlehrerin hatte die Schüler schon im vorigen Jahr begleitet und kannte daher seine Fähigkeiten und auch seine speziellen Bedürfnisse. Sie gab ihm alternative Aufgaben, wenn der Rest der Klasse Buchstaben übte: Während die anderen kleine Texte lesen lernten, las er richtige Bücher und entwickelte so seine Lesefertigkeiten weiter.

In derselben Zeit entdeckte er seine Liebe zu Sprachen, und wir waren in der Bibliothek bald dafür bekannt, weil wir die Erwachsenenliteratur nach Wörterbüchern für Arabisch, Thailändisch oder Slowenisch durchforsteten. Nie werden wir seine Freude vergessen, als er in der Abteilung für Sprachen, mitten zwischen Sprachführern und Reisebeschreibungen, voller Glückseligkeit sagte: »Ich glaube, ich bin im Paradies«, als ihm ein Bibliothekar die gewünschten Materialen herausgab – mit genau der Gewissenhaftigkeit, als habe er es mit einem Erwachsenen zu tun. Sein Interesse für Sprachen führte dazu, dass er einen Teil der Dänischstunden darauf verwendete, das griechische und das kyrillische Alphabet zu lernen, während die anderen Schüler Lesen übten.

Um die Herbstferien herum wurde es immer deutlicher, dass die Leistungsspanne zwischen unserem Sohn und den anderen Kindern Probleme verursachte. Wenn in der Klasse reihum vorgelesen wurde, weigerte er sich teilzunehmen. Es sagte von sich, dass er Schmerzen am ganzen Leib davon bekomme, wenn er ganz langsam vorlesen solle: »Alle Elefanten sind grau, nur einer hat Streifen: grün, gelb, blau.« Vielleicht war es ein Schutzmechanismus, denn er schlüpfte unter eine noch größere und undurchdringlichere Käseglocke; er zog sich entweder völlig aus dem Unterricht zurück oder brach weinend zusammen.

Im November 2003 lud uns seine Klassenlehrerin zu einem Gespräch, weil sie nicht mehr wusste, wie sie mit seinem Weinen, den Konflikten und seinem Rückzug aus der Klassengemeinschaft umgehen sollte. Da uns klar war, dass es in dem Gespräch nicht allein um pädagogische Fragen gehen werde, baten wir darum, dass auch die Schulpsychologin, die früher schon einmal hinzugezogen worden war, ebenfalls am Treffen teilnehme.

Bei dem Treffen berichtete die Klassenlehrerin, dass unser Sohn ein starkes Bedürfnis nach Struktur und Regeln zeige. Wir konnten nur bestätigen, dass wir dasselbe zu Hause festgestellt hätten, dass dort allerdings keine großen Probleme aufträten, weil wir mehr Zeit hätten, diesen Bedürfnissen entgegenzukommen, und so eventuelle Konflikte umgingen. So, wie wir dieses Treffen in Erinnerung haben, wurde nur über das gesprochen, was unser Sohn nicht konnte; seine positiven Seiten und Fähigkeiten spielten keine Rolle.

Gegen Ende des Gesprächs folgerte die Psychologin: »Nach dem, was ich über euren Sohn gehört habe, würde ich vorschlagen, dass er von einem Kinderpsychiater untersucht wird, um auszuschließen, dass er an Autismus oder Asperger-Syndrom leidet. Es gibt dann nämlich auch gute Schulen für diese Kinder, und mit der richtigen Unterstützung wird er zurechtzukommen lernen, vielleicht auch in einer Einrichtung für ›betreutes Wohnen‹«.

Wir gingen tief erschüttert aus diesem Gespräch heraus. Natürlich wollten wir unter allen Umständen das Beste für unseren Sohn, und wenn er autistisch wäre, hätten wir bereitwillig jede Hilfe entgegengenommen, die er dann bräuchte. Aber wir fühlten, dass diese vorläufige Schlussfolgerung auf sehr wackeligen Füßen stand und nur auf einseitigen Informationen aufbaute. Die Psychologin hatte unseren Sohn zweimal für jeweils eine halbe Stunde gesehen, und das letzte der beiden Treffen lag über acht Monate zurück.

Unser Vertrauen in fachliche Autorität, das bis dahin eigentlich in einem normalen Ausmaß vorhanden gewesen war, war weggebrochen, und wir fühlten uns wie in einem Niemandsland. Auf der einen Seite fürchteten wir, sowohl die grundsätzliche Zusammenarbeit mit der Schule als auch unseren Wunsch nach Extra-Herausforderungen für unseren Sohn zu gefährden, wenn wir das »Angebot« einer kinderpsychiatrischen Untersuchung ausschlügen. Andererseits stand der Vorschlag zu sehr im Gegensatz dazu, wie wir die Persönlichkeit unseres Sohnes sahen und was wir über Autismus gelesen hatten. Nach Rücksprache mit der Schule suchten wir daher von uns aus einen Psychologen auf, der sich auf hochbegabte Kinder spezialisiert hatte.

Der Psychologe stellte schnell fest, dass unser Sohn ein »Kind mit besonderen Voraussetzungen« sei, gleichzeitig ein Kind mit viel

Empathie und Einfühlungsvermögen in andere Menschen. Daher konnte er den Verdacht auf Autismus ausschließen. Er riet stattdessen, in der nächsten Zeit im Unterricht an der Entwicklung seiner sozialen Beziehungen zu arbeiten und dabei seine Stärken als Basis zu benutzen, darunter auch seine konkreten fachlichen Interessen.

Dieses Treffen war in jeder denkbaren Hinsicht für unseren Sohn und für uns ein bahnbrechendes Erlebnis. Für uns Eltern war es hart, bei dem Gespräch zwischen dem Psychologen und unserem Sohn dabeizusein; aber gleichzeitig war es eine ergreifende Erfahrung, die uns viele Einsichten vermittelte. Zum ersten Mal hörten wir unseren Sohn darüber sprechen, was in ihm vorging, und zum ersten Mal verstanden wir seine Einsamkeit und seine Frustrationen darüber, nicht so wie die anderen Kinder zu sein.

Es war zudem unübersehbar, wie sehr es ihn erleichterte, endlich einmal mit einer Person zu sprechen, die ihn voll und ganz verstand, und vielleicht kamen deshalb im Gespräch so viele Gedanken und unterdrückte Gefühle zum Vorschein: Dinge, die er mit sich alleine ausgemacht hatte und die ihn zwangsläufig sehr beschäftigt hatten.

Nach dem Treffen mit dem Psychologen waren wir alle drei müde, aber auch erfüllt von dem gemeinsamen Verständnis dafür, warum die ersten acht Lebensjahre unseres Sohnes so anders gewesen waren als bei anderen Kindern. Wie viel das Treffen unserem Sohn bedeutete, sahen wir daran, dass er auf dem Weg zum Auto aufrechter ging; nach diesem zweistündigen Gespräch ruhte er zum ersten Mal in seinem Leben in sich.

Ein wichtiges Treffen

Nach den Weihnachtsferien wandten wir uns an die Schule und berichteten, zu welchem Ergebnis die Untersuchung geführt hatte. Die Schulpsychologin, mit der wir bislang zu tun gehabt hatten, hatte ihre Stelle gekündigt. Ein Nachfolger war eingestellt worden; er reagierte sehr offen auf unseren Bericht und lud uns zu einem Gespräch in die Schule ein.

Da wir das letzte Treffen nicht vergessen hatten, bereiteten wir uns so gründlich vor, als stehe die wichtigste Prüfung unseres Lebens bevor – und das war es in gewisser Hinsicht ja auch. Dieses Mal wussten wir viel besser, womit wir es zu tun hatten und was das Richtige für unseren Sohn sei. Wir waren darauf gefasst, dass wir gegenüber der Schule viel Kraft und Überredungskünste brauchen würden, damit im Unterricht etwas für unseren Sohn geschehe, denn er habe ebenso ein Recht auf differenzierenden Unterricht wie Kinder mit Lernschwierigkeiten.

Unsere Sorgen erwiesen sich jedoch als völlig unbegründet. Die Schule hatte unsere Bitte nach einem Treffen sehr ernst genommen und deshalb ein großes Team versammelt: den Leiter des Lehrerteams, die Pädagogen aus der Nachmittagsbetreuung, den Schulpsychologen, den Leiter der Sonderpädagogik, den Verantwortlichen für die Einschulungsphase sowie den stellvertretenden Schulleiter.

Der Schulpsychologe eröffnete das Treffen damit, alle seien zusammengekommen, um die optimale Lösung für unseren Sohn zu finden. Keiner solle sich zurückhalten. Alle sollten unkonventionell denken, und keine Lösung sollte zu klein oder zu groß sein; wir sollten ein Brainstorming machen und jeden nur erdenklichen Ball in die Luft werfen.

Wir waren sprachlos. Wir waren zu diesem Treffen gegangen und hatten geglaubt, kämpfen zu müssen, und man begegnete uns mit Enthusiasmus, echtem Interesse und Wohlwollen. Tatsächlich brauchten wir etwas Zeit, bis wir völlig verstanden hatten, dass sie wirklich das Beste für unseren Sohn erreichen wollten und dass wir eine einzigartige Möglichkeit erhielten, dabei mitzuwirken, den Schulunterricht unseres Sohnes positiv und effektiv zu gestalten.

Einleitend wurde von Seiten der Schule gesagt, dass sie noch nie zuvor vor einer solchen Herausforderung gestanden hätte. Man sei sich schon seit längerem im Klaren darüber gewesen, dass es »Kinder mit besonderen Voraussetzungen« an der Schule gebe, und schon lange habe man überlegt, ein Programm für solche Kinder zu entwickeln. Sie hätten oft Besuch von ausländischen Schulen gehabt und jedes Mal, wenn sie gefragt worden seien: »And what are you doing about the gifted children?«, hätten sie zugeben müssen, auf diesem Gebiet nichts anbieten zu können. Sie hatten also keinerlei Erfahrungen, auf denen sie aufbauen konnten, und wussten daher nicht, wie die Lösung für unseren Sohn und andere, ähnliche Kinder aussehen könnte. Aber sie waren nun dazu bereit, viel Kraft in dieses Thema zu investieren und eine kleine Arbeitsgruppe einzusetzen, die das Unterrichtskonzept für unseren Sohn entwickelte. Die Erfahrungen, die sich daraus ziehen ließen, sollten daraufhin so formuliert werden, dass sie an der Schule auch anderen »Kindern mit besonderen Voraussetzungen« zugutekommen könnten.

Im Laufe des Treffens wurden verschiedene Aspekte und Gedanken auf einem Whiteboard notiert. Unter anderem wurde vereinbart, dass unser Sohn ab sofort vom gemeinsamen Vorlesen befreit werden solle, das für ihn so viele Frustrationen mit sich gebracht hatte. Stattdessen sollte er Bücher auf seinem Niveau lesen dürfen. Sein Extra-Unterrichtsmaterial sollte unter qualitativen, also nicht quantitativen Gesichtspunkten ausgewählt werden: Er sollte nicht noch mehr von dem abarbeiten, was er bereits konnte, sondern Aufgaben erhalten, die für ihn eine Herausforderung boten und bei denen er sich anstrengen musste. Und soweit das möglich erschien, sollten Themen aus seinem Interessengebiet, der Geographie, in die Fächer Dänisch und Mathematik integriert werden, um ihm punktuelle Erfolgserlebnisse zu verschaffen und damit seine Lust am Lernen zu stärken. Die ganze Klasse sollte analog zu Gardners Theorien »Schritt für Schritt« arbeiten, denn für seine Klassenkameraden ließe sich so verständlich machen, dass unser Sohn eben intellektuell begabt ist, ebenso wie andere ihre Begabungen im Fußballspielen oder im Zeichnen haben. Sein absolutes »Hass-Fach«, Gymnastik, wurde in Schwimmen umgewidmet; ein Lehrer würde dafür zur Verfügung stehen. Darüber hinaus ging es um Dinge des Alltags. Seine Lehrer und Pädagogen verstanden, dass die Käseglocke, unter die sich Jonas zurückzog, und seine Zerstreutheit nicht etwa als Provokationen ihnen gegenüber gemeint seien, sondern dass er mehr

Hilfe als andere dabei benötigte, beispielsweise Dinge aus seiner Schultasche hervorzuholen. Aber am allerwichtigsten war, dass alle sich darin einig waren, seine sozialen Kompetenzen verbessern zu können, indem sie sein Selbstwertgefühl durch Anerkennung seiner fachlichen Fähigkeiten stärkten. Abschließend wurden noch regelmäßige Folgetreffen besprochen, um sich etwa auch über neue, sinnvolle Methoden austauschen zu können.

Genauso wie das erste Treffen mit der Schule uns frustriert hatte, waren wir nach dem zweiten euphorisch. In den kommenden Monaten passierte viel Positives für unseren Sohn, sowohl zu Hause als auch in der Schule. Und diese Phase wurde zu dem wichtigen, positiven Wendepunkt für Jonas.

Die weitere Entwicklung in der Schule

Schon zwei Monate nach dem »Planungstreffen« fand das nächste Gespräch in der Schule statt, um den Stand der Dinge zu besprechen. Sowohl die Schule als auch wir hatten eine sehr positive Entwicklung bei Jonas beobachten können. Die Schule berichtete, dass er sich von einem verschlossenen Jungen, der zuletzt auch Anzeichen von Aggressivität gezeigt hatte, zu einem sehr viel glücklicheren Kind entwickelt hatte. Auch die Reibereien mit den anderen Kindern waren stark zurückgegangen. Ebenso hatten die Lehrer den Eindruck, dass die anderen Kinder ihn nicht mehr »irritierten«, wenn sie seine Fragen und seine Antworten nicht verstanden. Darüber hinaus erlebten sie nun, dass er bereitwillig anderen Schülern half – etwas, das ihm zuvor ferngelegen hatte, weil er geglaubt hatte, sie würden ihn zum Narren halten wollen, wenn sie behaupteten, die Aufgaben nicht verstanden zu haben.

Zu Hause wirkte er in dieser kurzen Zeit unglaublich gereift. Früher konnte seine Welt wegen Kleinigkeiten zusammenstürzen, aber nun war er viel mehr dazu in der Lage, Lösungen zu suchen. Seine Selbständigkeit und Reife hatten sich so weit entwickelt, dass wir ihm einen Hausschlüssel gaben und ihm die Entscheidung überließen, ob er nach der Schule zur Nachmittagsbetreuung oder nach Hause gehen wollte. Dieses Vertrauen ließ ihn noch mehr wachsen, und er genoss es, sich zurückziehen zu können, wenn ihm der Lärm oder die Unruhe in der Betreuung zu viel wurde.

Seitdem haben wir uns alle drei Monate mit den Lehrern getroffen. Zusammen mit der Schule haben wir das Konzept nach seinen Bedürfnissen weiter justiert. Weder für die Schule noch für uns gab es Inspiration von außen, aber wir alle waren uns im Klaren darüber, wie wichtig es war, eine passende Unterrichtsform für Jonas zu finden. Ebenso einte uns das Bewusstsein, dass keiner den »Stein der Weisen« kannte und wir alle uns auf demselben Wissensstand bewegten, was den Unterricht für »Kinder mit besonderen Voraussetzungen« anging.

Von Anfang an hatten wir der Schule gesagt, dass wir diesem Projekt ein halbes Jahr Zeit geben wollten. Wenn unser Sohn dann noch nicht wieder ein Funkeln in den Augen und den Lebensmut hätte, den wir als so wichtig ansahen, würden wir ihn auf der privaten Mentiqa-Schule einschulen müssen, betonten aber gleichzeitig, dass wir am liebsten im öffentlichen Schulsystem bleiben wollten. Denn wir fanden es wichtig, dass unser Sohn seine Kindheit in unserer unmittelbaren Nähe verlebte und mit den unterschiedlichsten Menschen zu tun hatte. Und trotz unserer Zurückhaltung gegenüber der Privatschule und unseres Vertrauens in das öffentliche Schulwesen wollten wir nicht die Kindheit unseres Sohnes, sein Selbstvertrauen und seine Freude am Lernen aufs Spiel setzen.

Fortlaufend entwickelte die Schule neue Initiativen, die unserem Sohn zugutekamen und die dazu beitrugen, dass er heute ein fröhlicher Junge ist, der mutig seine eigene Meinung vertritt und die Reife dafür besitzt, auf eigene Faust Lösungen zu entwickeln. Er hat wahre Freunde in der Klasse und im Unterricht ebenso wie im Zusammensein mit anderen Menschen ist er dazu in der Lage, sich einzubringen und auch Anregungen zu erhalten.

Seine Lehrer mussten am Anfang sehr viel Zeit und Energie darauf verwenden, Unterrichtsmaterial für ihn zu entwickeln, und zuallererst war es notwendig, Jonas die Lust am Lernen zurückzugeben. Gleichzeitig wurde in der Klassengemeinschaft ein Bewusstsein dafür geschaffen, dass alle Kinder verschiedene Dinge gut können. Damit wird er nun von den anderen als der akzeptiert, der er ist, und er muss nicht mehr täglich darum kämpfen, sich anzupassen.

In den letzten beiden Jahren hatte die Schule ihm die Möglichkeit gegeben, statt des Sportunterrichts Schwimmunterricht bei einem extra hierfür bereitgestellten Lehrer zu nehmen. Dieser Lehrer hatte einen besonders guten Zugang zu ihm. Deshalb hat derselbe Lehrer auch die Aufgabe übernommen, Jonas jeweils für zwei Stunden pro Woche aus dem regulären Unterricht herauszunehmen und mit ihm gemeinsam ausgehend von Ideen und originellen Gedanken, die Jonas durch den Kopf gehen, zu arbeiten. Wir nennen diese Stunden »Freak-Stunden«, weil es um Themen geht, die außerhalb des vorgegebenen Lernstoffes liegen. Stattdessen geben ihm diese Stunden eine Möglichkeit, seine Gedanken auszusprechen und zu vertiefen. Die Themen sind so vielfältig, wie sie sich bei seinen Besuchen in der Bibliothek ergeben, und reichen von der griechischen, römischen und nordischen Mythologie bis zum Disney-Universum. Aber diese Stunden boten auch Raum für praktische Tätigkeiten. Jonas hat handwerklich gearbeitet und auch eine Homepage programmiert und gestaltet. Kurzum, diese Stunden boten ihm die Freiheit, mit 480 km/Std. seine Gedanken zu äußern und sich mit einem Erwachsenen auszutauschen, der ihn verstand und ihm Feedback gab.

Diese Stunden bedeuteten ihm alles, und sie gaben ihm gewissermaßen den Rückhalt dafür, an den regulären Unterrichtsstunden teilzunehmen. Nach einem halben Jahr unter diesen Bedingungen waren sein Wohlbefinden, sein Selbstvertrauen und seine Freude am Lernen so weit gestärkt, dass die Administration die Extrastunden nicht mehr bewilligte. Nur kurze Zeit später erlebten sowohl die Schule als auch wir, dass sein Umgang mit Konflikten, seine Bereitschaft, sich in die Klassengemeinschaft einzubringen, und sein Selbstwertgefühl drastisch zurückgingen. Ebenso schnell, wie er sich zu einem fröhlichen und offenen Jungen entwickelt hatte, der mutig allen Herausforderungen entgegensah, stürzte seine Welt erneut bei Kleinigkeiten zusammen, die uns anderen nebensächlich erschienen.

Zum Glück sah auch die Schule den Zusammenhang und reagierte schnell. Seine »Freak-Stunden« wurden wieder eingeführt, und sofort ließ sich wieder an die vorherige positive Entwicklung anknüpfen. Und seitdem hat niemand mehr auch nur daran gedacht, diese Stunden zu kassieren.

In den beiden Jahren, in denen die Schule ein Extra-Angebot für unseren Sohn organisierte, entwickelte er sich von einem Zustand, der an Apathie grenzte und in dem er sich in der Schule beinahe ängstlich an der Wand entlangdrückte, zu einem Jungen mit Selbstvertrauen. Seine Welt stürzt nicht mehr zusammen, wenn ihm Kleinigkeiten in die Quere kommen; heute findet er selber Lösungen, an denen er sich orientieren kann. Er hat Lebensmut, Humor, Verständnis für andere, und er ist in Riesenschritten gereift. Unser Sohn ist also auf einem guten Weg, dank des sehr großen Einsatzes einer ganz unglaublich wunderbaren Schule, ihrer engagierten Lehrer und ihrer Leitung.

Epilog

Der vorausgehende Bericht endete im Januar 2007. Jonas war gerade 12 Jahre alt geworden und ging in die 4. Klasse der regionalen Schule. Die Aussichten erschienen positiv, und wir waren voller Zuversicht. Er hatte eine Schule, in der sowohl die Schulleitung, die Lehrer, seine Klassenkameraden und deren Eltern wussten, dass er hochbegabt ist. Er wurde im Unterricht respektiert, und die Gemeinde hatte auf der Grundlage der Erfahrungen mit ihm eine »Freak-Gruppe« eingerichtet, in der die hochbegabten Kinder aus den vier kommunalen Schulen für zwei Stunden pro Woche gemeinsam Unterricht mit besonderen Herausforderungen erhielten. Wir – vor allem Jonas – hatten alles Notwendige im Hinblick auf den Unterricht. Vielmehr: Wir glaubten, es sei so.

Dann, im Frühjahr 2007, kam Jonas eines Tages mitten während der Schulzeit nach Hause. Ich fragte ihn, ob es Streit oder eine Prügelei gegeben habe oder ob er geärgert worden sei. Aber er verneinte das alles. Und dann wandte er sich mir zu, sah mir direkt in die Augen, und mit erhobenem Zeigefinger sagte er ganz fest: »Wann wirst DU endlich verstehen, dass ich es nicht länger aushalte, mich so einsam unter so vielen Menschen zu fühlen?« Ein Gespräch mit Jonas' fantastischem Mathematiklehrer bestätigte das, was er so präzise auf den Punkt gebracht hatte. Ungeachtet dessen, dass er nicht geärgert wurde und dass die anderen Schüler ihn gerne unter sich hatten, fiel er durch das Raster. Er war nicht so wie die anderen – und wird es niemals sein.

Somit musste ich meine Einstellung zum Schulleben ändern. Ich hatte immer gemeint, dass die öffentliche Schule für alle da war und die ganze Vielfalt der Schüler dort zusammenfinden solle. Nun musste ich mir eingestehen, dass die Einstellung meines Sohnes zur Schule, sein Glück und seine Zukunft auf dem Spiel standen. Wir hatten als Eltern die Pflicht, ihm das zugänglich zu machen, was für ihn richtig war.

Daher besuchten wir im April 2007 die Athene-Schule, eine Privatschule für hochbegabte Kinder. Obwohl sie in Søborg lag und das einen mehrstündigen Schulweg bedeutete, war sie die einzige Alternative, die wir hatten. Im Vorfeld hatte ich mir viele Gedanken darüber gemacht, inwieweit es elitär und verkehrt war, hochbegabte Kinder an einer eigenen Schule zu sammeln und ihnen damit die Möglichkeit zu nehmen, mit anderen Kindern zusammen zu sein. Aber schon bei unserem ersten Besuch dieser Schule verschwanden die Zweifel. Selbst das sehr triste Äußere der Schule konnte nicht verdecken, wie viel echte Zuneigung, Fürsorge und Zusammengehörigkeitsgefühl zwischen den Schülern und den Erwachsenen herrschte.

Warm im Herzen und sicher, dass die Athene-Schule der richtige Platz für Jonas sein werde, ließen wir ihn probeweise in die kombinierte 3./4. Klasse einschulen. Leider war das Verhältnis zu einigen der Kinder nicht gut, und weil Jonas mehrere gute Freunde in der zweiten Klasse hatte, wurde entschieden, dass er seine Probezeit dort fortsetzen, also zwei Klassen zurückgehen sollte. Für uns war vor allem das Soziale wichtig, und wir wussten, dass gerade an der Athene-Schule differenzierender Unterricht beherrscht wurde. So fiel uns die Wahl nicht schwer.

Alles entwickelte sich besser, als wir zu hoffen gewagt hatten. Sogar der Sportunterricht war voller Erfolgserlebnisse, denn Jonas erzählte: »Hier klatschen wir jedes Mal, wenn jemand den Ball trifft, auf meiner alten Schule wurde ich jedes Mal ausgelacht, wenn ich es nicht schaffte.«

Nach der Probezeit wurde beschlossen, dass Jonas in der 2. Klasse bleiben sollte. Gleichzeitig wurde besprochen, dass er jederzeit eine oder mehrere Klassen überspringen könne, wenn er sich an der Schule und mit seinen neuen Schulkameraden eingewöhnt hatte.

Die Jahre auf der Schule vergingen – und sie vergingen besser als gut. Jedes Jahr sprachen die Schule und wir Eltern Jonas darauf an, dass er ja eine Klasse überspringen könne, aber jedes Mal reagierte er abwehrend und fragte, ob wir ihn denn von seinen Freunden trennen wollten. Und darauf waren natürlich weder die Schule noch wir aus. Wir antworteten ihm, dass er 18 Jahre alt sein würde, wenn er in der 9. Klasse seine Abgangsprüfung ablegen würde – und dass es bedeutete, dass er ein Jahr länger zur Schule gehen würde. Aber hierauf antwortete er nur: »Was macht das, wenn es einem gut geht?« Und so blieb alles, wie es war.

Die Schule gab ihm neben einer Menge Freunde und zwischenmenschlicher Erfolgserlebnisse auch einen Unterricht, der seine besonderen Begabungen förderte. Außerdem eignete er sich Arbeitsgewohnheiten an, die ihm an der öffentlichen Schule nie vermittelt worden wären. Aber die Schule gab ihm noch etwas anderes, das für ihn äußerst wichtig wurde. Der fantastische Musiklehrer der Schule erschloss ihm einen Zugang zur Musik – ein für Jonas unerschöpfliches Interessengebiet.

In der 8. Klasse sollte Jonas sich einen Platz für ein Wirtschaftspraktikum suchen. Am liebsten hätte er die Arbeit eines Musikjournalisten kennengelernt, aber das war nicht möglich. Zum Glück ergab sich ein Kontakt zu einer kleinen Radiostation, an der seine große Leidenschaft für Musik bemerkt wurde. So wurde vereinbart, dass er nach dem Wirtschaftspraktikum mit einem wöchentlichen Programm bei ihnen einsteigen könne. Im Februar 2013 begann Jonas damit, für das »Rolling Stones Magazine« etwas über die 500 besten Alben zu schreiben, und richtete gleichzeitig einen Musikblog ein.

Der Blog wurde von »Bibzoom«, dem Online-Dienst der Bibliotheken, promotet, und die Verantwortlichen wandten sich mit der Anfrage an Jonas, ob er seine Texte mit ihnen verlinken wolle. Und durch den Blog, die Programme und »Bibzoom« wurden noch weitere auf Jonas' Fähigkeiten als Musikjournalist aufmerksam.

Im Sommer 2014 verließ er die Athene-Schule mit einem überaus guten Abschlusszeugnis. Kurz zuvor war er 18 Jahre alt geworden. Viele verstanden nicht, dass dies alles für ihn genau richtig gewesen war; wir hatten daran aber nie gezweifelt. Er hat das Beste mit auf den Weg bekommen. Neben all dem fachlichen Wissen hatte er Kontakte geknüpft, die ein Leben lang halten können. Und das Wichtigste ist, dass er sich zu einem reifen jungen Mann entwickelt hat, der den Herausforderungen des Lebens mutig gegenübersteht.

Aufgrund seines großen Musikinteresses bewarb er sich für die gymnasiale Abschlusszeit um einen Platz am St.-Annæ-Gymnasium in Kopenhagen. Er hatte keine besonderen Fähigkeiten im Singen oder Instrumentalspiel, aber eben im Bereich Musikanalyse und Musikvermittlung. Und er wurde aufgenommen.

Im August 2014 begann er in der ersten Gymnasialklasse. Kurz darauf wurde er von der Schulzeitung gefragt, ob er in einer eigenen Kolumne über die musikalischen Ereignisse an der Schule berichten wolle. Ein Angebot, das er natürlich annahm. Im selben Zeitraum wurden auch Schüler gesucht, die Interesse daran hatten, bei der jährlichen »SAG-Show«, dem größten, von Schülern produzierten

Musical Nordeuropas, Regie zu führen. Aufgrund eines Auswahlverfahrens wurde Jonas zu einem der drei Regisseure im Team ernannt. Eine seltene Chance und besondere Perspektive, denn er hatte in den letzten Jahren davon gesprochen, dass ihn diese Berufsrichtung interessierte.

Die letzten acht Jahre waren also fantastisch, und Jonas ist auf dem Weg, sich sein eigenes Leben aufzubauen. Das, was er in den Jahren davor an der öffentlichen Schule erlebt hat, ist eine Wunde, die vermutlich nie heilen wird. Er reagiert noch immer zornig, frustriert und traurig, wenn er an das zurückdenkt, was er in seinen ersten fünf Schuljahren erlebt hat: Mobbing durch Schüler und durch Lehrer. Heute kann er diese Erfahrungen jedoch auf konstruktive Weise nutzen, und er setzt sich immer für die Sache der jüngeren, hochbegabten Kinder ein, um zu verhindern, dass sie das erleben, was er durchgemacht hat.

Als Eltern eines hochbegabten Kindes mussten wir Entscheidungen treffen, die andere nicht unmittelbar verstehen konnten. Wir gingen immer mehr dazu über, unserem Bauchgefühl zu vertrauen, als Konventionen zu folgen, und wir fanden richtige Lösungen für unser Kind.

Es ist uns immer wieder gelungen innezuhalten, um uns zu fragen, ob wir auf dem richtigen Weg seien. Das war ein langer Prozess. Sogar nach dem Schulwechsel zur Athene-Schule dauerte es mehrere Jahre, bis wir nicht mehr unruhig wurden, wenn wir von der Schule angerufen wurden oder Informationen zugeschickt bekamen; lange habe ich zunächst grundsätzlich mit schlechten Nachrichten gerechnet. Doch dann ging es zumeist nur um Geburtstagseinladungen, Hausaufgaben, Exkursionen usw. Erst mit der Zeit ließ bei uns Eltern die Anspannung nach: je sicherer wir wurden, dass Jonas am richtigen Platz war. Und an diesem »richtigen Platz« hat es für ihn so viele fachliche und soziale Erfolgserlebnisse gegeben, dass er sich in einen schönen Schwan verwandelt hat und flugbereit ist für das Leben und all die Möglichkeiten, die da draußen auf ihn warten.

Bei besonderen Voraussetzungen sind oft besondere Lösungen gefragt

- Wie erziehe ich ein sehr selbstbewusstes Kind?
- Wie gehe ich mit den Geschwistern um?
- Wie kann ich die Hochsensibilität meines Kindes besser verstehen und wie gehe ich damit um?
- Wie gehe ich mit dem Perfektionismus meines Kindes um?
- Ab wann ist es gerechtfertigt, dass ich mir Sorgen um mein hochbegabtes Kind mache?
- Unter welchen Bedingungen und wo bekomme ich Rat und Unterstützung?

Ist mein Kind perfektionistisch?

Kinder mit besonderen Voraussetzungen entwickeln leicht Perfektionismus: Dieser setzt genau die Fähigkeit zum abstrakten Denken voraus, ebenso Vorstellungskraft, wie etwas idealerweise sein könnte und wie die Wirklichkeit aussieht.

Im Grunde genommen ist es ja positiv, sich darum zu bemühen, Dinge zu verbessern. Gerade diese Einstellung ist es, die in unserer Gesellschaft Qualität und Weiterentwicklung sichert. Wenn wir aber befürchten, dass unsere Kinder sich im Netz des Perfektionismus verfangen, dann deshalb, weil Perfektionismus negative Folgen haben kann. Es ist nicht nur für sie selber schwierig, sondern oft auch für die Umwelt: wenn sie sich unrealistische Ziele setzen, wenn sie auch noch lange, nachdem die anderen aufgegeben haben, weiter an einem Ziel arbeiten und wenn sie ihren Ansatz fortführen, koste es, was es koste.

Asynchrone Entwicklung und Perfektionismus können miteinander zusammenhängen. In manchen Fällen wird der physisch oder gefühlsmäßig noch nicht ausgereifte Körper dem intellektuellen Funktionsniveau noch nicht gerecht; deshalb kann das Kind die abstrakten Ziele, die es sich setzt, nicht erreichen. Kinder müssen lernen, dass der

Körper und ihre Gefühle nicht immer mit ihren Gedanken mithalten können, weil sich ihr Körper, beispielsweise im Bereich der Fein- und Grobmotorik, in einer anderen Geschwindigkeit entwickelt als ihre Gedankenwelt. Daher sollte man immer die positiven Seiten der perfektionistischen Tendenzen hervorheben, die ein Kind zeigt.

»Es bleibt ein Mysterium, dass fürsorgliche Erwachsene, die nicht im Traum daran denken würden, ein Kind, das schneller wächst als der Durchschnitt, zu zwingen, in zu kleinen Schuhen zu gehen, dennoch darauf bestehen, dass ein Kind, das sich intellektuell schneller entwickelt als der Durchschnitt, einem Unterricht folgen soll, der für die Phantasie und den Intellekt ›kleinerer‹ Kinder bestimmt ist.«

Cathcart, 1999

Probleme, die mit den besonderen Charakteristika hochbegabter Kinder in Zusammenhang stehen können

Stärken	*Denkbare Probleme*
Hat die Fähigkeit, Dinge im Zusammenhang zu sehen, kann abstrakt denken, genießt es, sich mit Problemlösungen zu beschäftigen und intellektuell aktiv zu sein.	Lehnt es ab, Details in den Blick zu nehmen, oder versucht, dies zu umgehen. Widersetzt sich Übungen und Training, stellt Unterrichtsmethoden in Frage.
Kann ursächliche Zusammenhänge sehen.	Tut sich schwer damit, Unlogisches wie Gefühle und Traditionen zu akzeptieren oder etwas als schicksalsbestimmt hinzunehmen.
Liebt Wahrheit, Gleichheit und Fairplay.	Macht sich Sorgen über humanitäre Probleme und hat Schwierigkeiten bei der praktischen Umsetzung seiner Ideale.

Stärken	*Denkbare Probleme*
Hat einen ausgeprägten Sinn für Humor.	Kann zerstreut und unorganisiert wirken, ist frustriert über Zeitmangel. Sieht in Situationen Absurdität. Der Humor wird nicht von den Mitschülern verstanden; wird eventuell zum Klassenclown, um Aufmerksamkeit zu erhalten.
Denkt kritisch, hat hohe Erwartungen, ist selbstkritisch, kann andere Menschen einschätzen.	Kritisch und intolerant gegenüber anderen. Kann leicht demotiviert und deprimiert reagieren und Perfektionismus entwickeln.
Kreativ und einfallsreich. Mag es, für den Umgang mit bestimmten Dingen neue Zugangsweisen auszuprobieren.	Kann Pläne sprengen oder sich etwas widersetzen, das schon bekannt ist. Wird von anderen als »anders« wahrgenommen.
Möchte Dinge und Menschen ordnen oder strukturieren. Versucht zu systematisieren.	Entwickelt komplizierte Regeln und Systeme, kann herrisch, unverschämt und dominant wirken.
Hat einen großen Wortschatz und kann sich gewandt ausdrücken. Verfügt über ein großes Fachwissen.	Argumentiert, um eine Situation zu umgehen. Langweilt sich in der Schule und im Zusammensein mit Gleichaltrigen. Wird von anderen als Besserwisser wahrgenommen.
Beobachtet äußerst genau. Offen für ungewöhnliche Eindrücke und neue Erfahrungen.	Außerordentlich intensiver Fokus – manchmal leichtgläubig.
Intensive Konzentration, kann sich lange auf ein Interessengebiet konzentrieren, arbeitet zielgerichtet und ausdauernd.	Bringt Dinge unter allen Umständen zu Ende, vernachlässigt Pflichten und andere Menschen, um den eigenen Interessen nachzugehen, wirkt stur.

Stärken	*Denkbare Probleme*
Empfindsam und empathisch gegenüber anderen, möchte von den anderen akzeptiert werden.	Reagiert empfindlich auf Kritik oder Ablehnung durch Kameraden, erwartet, dass die anderen dieselben Werte haben, braucht Erfolg und Anerkennung.
Hohes Energieniveau, wach, eifrig, hält Phasen intensiver Anstrengung durch.	Reagiert frustriert auf Inaktivität, kann mit seiner Begeisterung andere bei ihren Aktivitäten unterbrechen, benötigt konstant Anregungen, kann als hyperaktiv wahrgenommen werden.
Unabhängig, zieht Einzelbeschäftigung jeder Gruppenarbeit vor, verlässt sich auf sich selbst.	Lehnt Input von Eltern oder Kameraden ab, passt sich nicht an, kann unkonventionell wirken.
Findet Informationen schnell und erinnert sich leicht an sie.	Ungeduldig gegenüber dem langsamen Tempo anderer, mag Routinen nicht, wehrt sich dagegen, grundlegende Fertigkeiten (z. B. Schreiben) zu üben, kann außergewöhnlich komplizierte Konzepte entwickeln.
Hinterfragt, ist intellektuell neugierig, zeigt Motivation aus sich selbst heraus, möchte Dinge verstehen.	Stellt störende Fragen, hat einen starken Willen, widersetzt sich der Führung anderer, ist im Hinblick auf seine Interessen sehr eifrig und erwartet dies auch von anderen.

Webb, 2004

Besondere Merkmale im Zusammenhang mit Perfektionismus

- Glaubt, dass das, was sie/er tut, wichtiger und wertvoller ist als das, was er/sie selber ist.
- Glaubt, dass der Wert eines Menschen davon abhängig ist, dass man perfekt ist.
- Setzt sich unrealistische Ziele.
- Hat viel Lob dafür bekommen, außergewöhnlich und »brillant« zu sein. Fürchtet, die Anerkennung zu verlieren, wenn er/sie nicht der/die Beste ist.
- Leidet unter dem Hochstapler-Syndrom – das Kind meint, dass es in Wirklichkeit nichts wert ist und seinen Erfolg nicht verdient.
- Widersetzt sich herausfordernden Aufgaben aus Angst davor, die anderen könnten sehen, dass er/sie sich dafür anstrengen muss.
- Arbeitet sehr langsam – in der Hoffnung, dass das Ergebnis perfekt wird.
- Wenn das Kind einen Fehler in seiner Arbeit entdeckt, korrigiert er/sie den Fehler so intensiv, dass womöglich ein Riss im Papier entsteht, knüllt das Papier dann zusammen und schmeißt es weg.
- Schränkt seinen Handlungsspielraum ein und vermeidet es, Chancen zu ergreifen.
- Ist nie zufrieden mit den eigenen Erfolgen.
- Weint möglicherweise leicht aus Frustration darüber, dass seine Leistungen in der Schule nicht perfekt ausfallen. (Dies wird oft als Unreife missverstanden oder darauf zurückgeführt, dass Eltern Leistungsdruck ausüben.)
- Schiebt Arbeiten so lange auf, dass das Risiko besteht, sie nicht mehr beenden zu können – oder sogar nicht einmal angefangen werden. Damit erreicht das Kind, dass niemand seine tatsächliche Leistung beurteilen kann, und vermeidet

so die Konfrontation mit dem Problem, dass die Arbeit nicht gut genug ist.

- Bittet um eine deutlich länger Bearbeitungszeit für die Fertigstellung seiner Arbeit.
- Erreicht weniger als seine Klassenkameraden. Weil das Kind überanalysiert und alles mehrfach überarbeitet, gelingt es ihm nicht, Einfaches zu erledigen.
- Erbittet vom Lehrer viel Hilfe und Bestätigung (»Ist das richtig?« – »Können Sie mir noch einmal sagen, was ich tun soll?«).
- Es fällt ihm/ihr schwer, Kritik oder Verbesserungsvorschläge anzunehmen, ohne zu meinen, sich rechtfertigen zu müssen, wütend zu werden oder zu weinen. Die Kritik ebenso wie ein Verbesserungsvorschlag bestätigt das Kind darin, nicht perfekt zu sein, und dies erscheint ihm unerträglich
- Es fällt ihm/ihr schwer, Komplimente und Feedback von anderen zu akzeptieren.
- Neigt dazu, unflexibel auf neue Initiativen oder Ideen zu reagieren. Fühlt sich am besten, wenn Dinge wie gewohnt erledigt werden.
- Tendiert dazu, seine Gefühle zu sehr zu kontrollieren. Möchte nicht, dass andere sehen, wie er/sie sich fühlt.
- Erwartet, dass auch die anderen perfekt sind – insbesondere Klassenkameraden, Lehrer usw.

»Du kannst ein Pferd zum Wasser führen,
aber du kannst es nicht zwingen zu trinken.«
Englisches Sprichwort

Manche Dinge regeln sich mit fortschreitendem Alter, wenn wir dabei den Perfektionismus im Blick behalten. Wir können den Kindern dabei helfen, Prioritäten zu setzen und realistische Ziele oder

Teilziele anzusteuern, zum Beispiel indem wir einen zeitlichen Rahmen dafür setzen, eine bestimmte Arbeit durchzuführen.

Lernen ist leichter, wenn wir experimentieren und einen Schritt nach dem anderen machen, als wenn wir, wie es oft geschieht, eher grundsätzlich beurteilen, was richtig und was falsch ist. Tatsächlich lernen Kinder, systematisch zu arbeiten und zielorientiert zu handeln. Wenn etwas nicht funktioniert, lernen wir aus unseren Erfahrungen, und auf diese Weise werden wir mit jedem Versuch klüger.

Ein Kind kann nicht überall gleich gut sein. Meistens liegt das Begabungspotenzial eines Kindes in spezifischen, abgegrenzten Bereichen. Gemeinsam mit dem Kind können wir Handlungspläne entwickeln, in denen Stärken und Schwächen gleichermaßen eine Rolle spielen. Wenn wir Ziele gemeinsam mit dem Kind formulieren, ist es hilfreich, auch kleine Erfolge wahrzunehmen, ebenso das, was das Kind gut kann.

Kritik sollte immer konstruktiv sein, spezifisch und auf etwas gerichtet, das das Kind selber ändern kann. Kinder mit einer Tendenz zum Perfektionismus ziehen sich gerne auf bekanntes Territorium und auf alte Gewohnheiten zurück. Sie benötigen Hilfe dabei, wie sie die Hemmschwelle zu einer neuen Aktivität überwinden können – über die sich das Kind möglicherweise später freut, obwohl es zunächst unmittelbar Widerstand gezeigt hat.

Kinder sollen unabhängig davon, welche Leistungen sie erbringen, mit der Unterstützung durch ihre Eltern rechnen können. Wir sollten unseren Kindern erklären, dass es einen Unterschied zwischen dem gibt, was wir tun, und dem, wer wir sind. Das, was wir tun, baut auf unserem Selbstvertrauen auf, und das, was wir sind, auf unserem Selbstwertgefühl. Auch hier gilt, wie in allen Lebensbereichen, dass Eltern möglicherweise ihren eigenen Perfektionismus auf ihre Kinder projizieren.

Es ist gut, darauf zu achten, dass langfristige Ziele auf kurzfristigen aufbauen. Es ist hilfreich, Kindern kreatives Problemlösen zu vermitteln und ihnen beizubringen, sowohl prozessorientiert als auch ergebnisorientiert zu denken. Manchmal tauchen die besten Ideen beim Brainstorming auf.

Beziehungen innerhalb der Familie und zwischen den Geschwistern

Heutzutage sind Änderungen in der Familienstruktur weit verbreitet. Elternteile können neu in eine Familie eintreten, ebenso weitere Kinder, gleichgültig ob es sich um Geschwister oder Halbgeschwister handelt. In jeder Familie ändern sich die wechselseitigen Beziehungen, wenn ein neues Familienmitglied hinzukommt; die Verantwortungen, Abhängigkeiten und Erwartungen aneinander werden wieder neu gewichtet.

Ein »Kind mit besonderen Voraussetzungen« kann die Dynamik einer Familie prägen und daran Anteil haben, dass es, abhängig von seinem Alter und seiner Reife, zwischen ihm und seinen Geschwistern zu Frustrationen und Spannungen kommt. Ebenso kann es ein großer Gewinn für das Familienleben sein und zu diesem auf außerordentlich positive Weise beitragen.

Befindet sich in einer Geschwistergruppe ein einzelnes »Kind mit besonderen Voraussetzungen«, dann haben oft mehrere der anderen Geschwister ähnliche Veranlagungen, auch wenn die Kinder in ihrem Verhalten und ihrer Persönlichkeit völlig anders sind. Zwischen den Kindern kann es zu Eifersucht und Konkurrenzgedanken kommen; diese werden aber mit zunehmendem Verständnis für ihre Unterschiedlichkeit abnehmen. Geschwister können letztlich auch stolz auf die besonderen oder außergewöhnlichen Talente eines Bruders oder einer Schwester sein, besonders in Familien, in denen man darauf achtet, die besonderen Eigenschaften jedes einzelnen Familienmitglieds zu respektieren.

Schlimmer ist es, wenn Geschwister miteinander verglichen werden oder wenn die Familie zu sehr darauf fokussiert, die Bedürfnisse und die Fähigkeiten des als besonders begabt identifizierten Kindes anzuerkennen. *Sehr viel konstruktiver, als Kinder zu verglei-*

chen, ist es, über ihre verschiedenen, individuellen Stärken zu sprechen und darüber, wie diese unterstützt werden können. Eltern können die herausragenden Qualitäten und speziellen Fähigkeiten ihres Kindes unterschiedlich einschätzen. Während beispielsweise das eine Elternteil mehr Wert darauf legt, was das Kind erreichen kann und wofür es seine besondere Begabung gebrauchen kann, hebt das andere Elternteil die persönliche Identität und Integrität des Kindes stärker hervor.

In einer Familie mit »Kindern mit besonderen Voraussetzungen« kann es wegen deren emotionaler Intensität, ihres perfektionistischen Drangs und ihres Eifers beim Argumentieren zu heftigen Gefühlsäußerungen und Debatten kommen. Weitere Familienmitglieder können, jedes auf seine Weise, im Ausdruck ihrer Gefühle ebenso intensiv sein. Starke innere Gefühle sind ein Stück weit in Ordnung und können Anzeichen einer gesunden Entwicklung sein.

Das erstgeborene Kind spiegelt oft das besondere Verhältnis der Eltern zu ihm. Dies kommt oft darin zum Ausdruck, dass es ernsthafter, empfindsamer und gewissenhafter ist und viel Anerkennung von Seiten der Erwachsenen braucht. Nummer zwei unter den Geschwistern orientiert sich oft mehr an Kameraden und setzt weniger darauf, Leistungen zu zeigen und sich den Erwartungen der Eltern anzupassen. Da Eltern gegenüber jüngeren Kindern oft entspannter sind als gegenüber dem erstgeborenen, sind die jüngeren Geschwister oft offener und sozial entgegenkommender. Ebenso wie das jüngste Kind möglicherweise verwöhnt wird, kann ein mittleres Kind gegenüber dem erstgeborenen in vielerlei Hinsicht zurückgesetzt sein. Aber wie sonst im Leben gibt es auch hier keine Regel ohne Ausnahme.

Viele Eltern erkennen ihre Charaktereigenschaften in denen ihrer Kinder wieder. Wir sollten uns aber bewusst sein, dass wir in einer anderen Zeit leben, unter anderen Lebensumständen aufgewachsen sind und sich diese permanent verändert haben. Und auch als Menschen entwickeln wir uns fortwährend und passen uns den jeweiligen Lebensumständen an. Die Zeit steht nicht still, wir sind nie dieselben. Ein griechisches Sprichwort beschreibt dies mit »panta rhei« – alles fließt.

Emotionale Entwicklung und Reife

»Kinder mit besonderen Voraussetzungen« können persönlich sehr integer sein und gut entwickelte emotionale Kompetenzen haben. Sie können über ein großes Einfühlungsvermögen für andere verfügen, hilfsbereit sein und in der Lage sein, auf Situationen angemessen zu reagieren.

Die Voraussetzung dafür, dass das Kind sein mentales Potenzial nutzt, ist seine persönliche, emotionale Entwicklung und Reife. Wie jede andere Form von Wissen kann auch dies durch Reflexion und Training erarbeitet werden. *Hierzu gehört, dass wir die Aufmerksamkeit auf die gefühlsmäßigen Reaktionen lenken, über sie sprechen und trainieren, sich der eigenen Gefühle bewusst zu sein – wann fühlen wir was und wie drücken wir das aus.*

Kinder sind auf die Lenkung und die Unterstützung von Erwachsenen angewiesen, um zu lernen, Übereifer zu regulieren bzw. sich zu motivieren. »Was bedeutet das für mich, wenn ich bei einer Sache bleibe, eine Aufgabe durchführe oder an meiner Meinung festhalte?« Oder: »Wie kann ich auf einfache Weise meine Impulse kontrollieren und auf Erfolgserlebnissen aufbauen?«

Es ist die eine Sache, Empathie und Mitgefühl für andere im »Hier und Jetzt« zu empfinden – und es ist eine andere Sache, Gefühle zu zeigen. Viele wissen, zu welchen Gefühlsregungen es kommt, wenn wir ein Buch lesen oder einen Film sehen und dabei unsere Vorstellungen und ältere Erfahrungen zu Hilfe nehmen. Es ist jedoch etwas ganz anderes, in einer konkreten Situation seine Gefühle gegenüber einer anderen Person auszudrücken. Kinder haben oft einen echten, spontaneren und intuitiveren Zugang dazu, der bis zu einem gewissen Grad der aktuellen Familiendynamik, ihren Lebensbedingungen und ihrer Kultur angepasst ist. Wir Erwachsenen dagegen neigen dazu, gerade frühere gefühlsmäßige

Erfahrungen und Reaktionen bewusst oder unbewusst zu bewahren und beizubehalten, darunter nicht selten körperliche Regungen, die uns in akuten Notsituationen zur Hilfe kommen. Doch diese Erfahrungen und Reaktionen hemmen zugleich die Art, wie wir unsere Gefühle im konkreten menschlichen Zusammensein ausdrücken.

Nicht zuletzt »Kinder mit besonderen Voraussetzungen«, die früh in ihrem Leben weitaus abstrakter denken können und deren Vorstellungswelt und Fantasie sich besonders farbig gestaltet, können sich auch unheimliche und angsteinflößende Szenarien besonders intensiv ausmalen. Sie können sich über grundlegende Themen wie Leben und Tod, das Böse in der Welt und über Umweltkatastrophen Sorgen machen.

Aus vielerlei Gründen kann es Kindern schwerfallen, ihre Gefühle, sowohl innerlich als auch nach außen hin zu kontrollieren. Perfektionismus oder auch akute und vorübergehende phobische Reaktionen können sich aufgrund ihrer tiefgehenden und intensiven Gedankenwelt stärker entwickeln. Verständlicherweise suchen Kinder darin Schutz, dass sie sich auf frühere, positive Erfahrungen besinnen und Routinen oder Regeln aufbauen, die gewissermaßen im Alltag als praktische Überlebensstrategien fungieren. Wenn Reaktionen ritualisiert werden, kann dies nicht nur die persönliche Entfaltung des Kindes hemmen, sondern auch die anderer im näheren Umfeld.

In dem Ausmaß, in dem viele Kinder hochsensibel reagieren, können sie auch Gefühle abblocken, die an zurückliegende, negative Erfahrungen geknüpft sind. Manche können geradezu eine »soziale Taubheit« entwickeln, die für das Kind zwar eine gewisse Logik hat, für die Umgebung aber schwer verständlich wirkt.

Wie lassen sich Probleme vermeiden?

Die Reaktionen auf »Kinder mit besonderen Voraussetzungen« können vielfältig sein, abhängig davon, wie sich das Kind verhält. Ob die Reaktionen letztlich positiv oder negativ ausfallen, hängt oft damit zusammen, wie gut das Unterrichtsangebot auf das Kind abgestimmt ist, ebenso von der Persönlichkeit des Kindes und von der Zusammenarbeit zwischen Schule und Elternhaus. Von außen betrachtet, kommen diese Kinder gut mit Kameraden und Lehrern zurecht, aber je ungewöhnlicher ihre Gedanken, Interessen und Handlungen sind, desto weniger fühlen sie sich wohl und desto schwieriger ist es für sie, sich als Teil der Gemeinschaft zu erleben. Manchmal scheint sich ein Kind nicht an Grenzen halten zu wollen, nicht genügend Situationsgespür aufzubringen und seine Umgebung zu stark zu beherrschen.

In einem Gespräch zwischen Eltern und den Lehrern und Pädagogen des Kindes kann es zum Beispiel darum gehen, wie das Kind mit den alltäglichen zwischenmenschlichen Situationen und mit praktischen Aufgaben umgeht.

Pädagogische Aspekte

- Wie löst das Kind eventuell entstandene Probleme?
- Wie meistert das Kind alltägliche Arbeiten?
- Wie kommuniziert das Kind mit anderen Gleichaltrigen und Erwachsenen, und wie drückt es seine Gefühle und Gedanken aus?
- Welche Kompetenzen hat sich das Kind angeeignet im Hinblick auf sein Alter, seine soziale Situation und sein Milieu?
- Wie gelingt es dem Kind, sich zu konzentrieren und sein Interesse an einer Aufgabe aufrechtzuerhalten?
- Wie aufgeweckt ist das Kind, und wie sieht es die Welt, die es umgibt?
- Hat das Kind besondere Interessen?

Je mehr sich ein Kind seiner Andersartigkeit gegenüber anderen bewusst ist, desto stärker werden seine Reaktionen auf die Umgebung wirken und Einfluss darauf nehmen, welchen Platz es erhält und wie es akzeptiert wird. Ob es sich nun isoliert und als eine Form von »Streber« eigene Wege geht oder eine Kompensation auf eine andere, letztlich unakzeptable Weise sucht, zum Beispiel durch Herumalbern oder offenes Stören, in jedem Fall muss es an eigenen Ideen, Plänen und Tätigkeiten festhalten und gleichzeitig einen Überschuss dafür haben können, sozial aktiv zu sein und sich Freunde zu suchen.

Ungeachtet dessen, wie weit ein Kind von einer »Norm« abweicht, ist es darauf angewiesen, dass wir es ernst nehmen und uns auf seine Weise, die Welt zu sehen, einlassen. *Wir müssen gemeinsam mit ihm darüber nachdenken und diskutieren, welche praktikablen Möglichkeiten des Zusammenseins es gibt, und zwar mit größerem Raum für positives Feedback und Stärkung des Selbstwertgefühls.*

Es ist eine gute Investition in die Zukunft eines Kindes, wenn Eltern mit ihm konkret darüber philosophieren, wie es in bestimmten Situationen seine Gedanken und seinen Blickwinkel auf die Welt ändern kann. Entsprechend ist auch sehr effektiv zu besprechen, welche Möglichkeiten es zur Steuerung der eigenen Gefühle gibt. Solche Gespräche machen es dem Kind viel leichter, sein Verhalten zu ändern. Denn wenn wir unser Verhalten ändern, nehmen andere, Erwachsene wie Kinder, uns auch anders wahr.

Anstatt anderen zu sagen, wie sie sein und wie sie sich zu verhalten haben, kommen wir also oft sehr viel weiter, wenn wir unser eigenes Verhalten ändern. Das gilt für die Kinder, ebenso aber auch für Erwachsene, deren Umgang mit Konflikten von Kindern als Vorbild genommen wird.

Wenn wir miteinander sprechen, können wir einander dadurch helfen, dass wir uns über Folgendes bewusst sind: 1. Was denken wir über uns selbst? 2. Was denken wir über andere? 3. Was denken wir in einer konkreten und aktuellen Situation über das Leben? Wir können unsere Gedanken verändern und dadurch die Art und Weise beeinflussen, wie wir reagieren. Mit der Änderung unseres eigenen Verhaltens erschließen sich uns Möglichkeiten, Einfluss auf das Verhalten anderer zu nehmen. Außerdem ist dies ein erster

Schritt dazu, unseren Kindern beizubringen, persönliche und soziale Mitverantwortung zu übernehmen.

Es ist für Kinder um ein Vielfaches leichter, ihre Gefühle und ihr Verhalten in konkreten Situationen zu ändern, wenn sie dazu von Erwachsenen in ihrer Umgebung unterstützt und ermuntert werden. Doch sie müssen die Erfahrung machen, es so weit wie möglich selbst erreicht zu haben. Unabhängig davon, welche Gründe Erwachsene haben mögen, stattdessen selbst einzugreifen, ist es viel motivierender, aus seinen eigenen Erfahrungen zu lernen, selbst wenn es mitunter auch beschwerlich sein kann. Zeigen Sie Interesse, geben Sie ein konstruktives Feedback zu den aufkeimenden Initiativen eines Kindes und ermuntern Sie zu weiteren Aktivitäten, die in die gewünschte Zielrichtung gehen. Dies stützt zusätzlich das Selbstvertrauen des Kindes.

Konkrete Lösungsvorschläge sind oft abhängig von einer Gesamteinschätzung der Situation: Welche Möglichkeiten sind erreichbar, und was kann dem Kind hier und jetzt zugutekommen? Vielleicht ist eine Kursänderung in Form eines Schulwechsels angezeigt, damit das Kind wieder mehr Kraft hat und sich sicher genug fühlt, dass es sein Verhalten und seine Rolle zu verändern riskiert. *Vielleicht sind es die Personen, von denen das Kind zu Hause, in der Schule und in weiteren Institutionen abhängig ist, die ihren Blick auf das Kind ändern müssen, um ihm die Chance zu geben, sich in die gewünschte Richtung zu verändern.*

Ob es klug ist, auf dem Weg zu einer Einschätzung die Hilfe außenstehender Personen einzubeziehen, muss von Fall zu Fall entschieden werden. Oft werden Familie und Freunde um Rat gefragt; sie sind jedoch in ihrem Urteil oft voreingenommen. Hilfreicher kann es daher sein, professionelle Hilfe hinzuzuziehen.

Mitarbeiter des schulpsychologischen Dienstes kennen die lokalen Institutionen und Schulen. Sie können jedoch ebenfalls befangen sein, sei es aufgrund persönlicher Überzeugungen, eines spezifischen fachlichen Hintergrunds oder auch im Hinblick auf lokale politische, ökonomische Prioritäten.

Wenn ein Mitarbeiter des schulpsychologischen Dienstes zu der Einschätzung gelangt, dass eine weitergehende Diagnostik durchgeführt werden sollte, überweisen sie die Kinder oft zu niedergelassenen Kinderpsychiatern oder in eine kinderpsychiatrische Ambulanz. Abhängig von der Problemstellung können sie auch eine Überweisung an Spezialisten geben, die Einblicke in die kindliche Entwicklung und die unterschiedlichen Bedingungen des Aufwachsens von Kindern haben.

Die Gutachten, die daraufhin erstellt werden, enthalten oft Äußerungen darüber, wie sich ein Kind in der Schule oder zu Hause verhält. Entsprechend kann auf der Grundlage einer Anamnese, die Details von der Geburt des Kindes bis zum aktuellen Zeitpunkt enthält, die Entwicklungsgeschichte des Kindes dargestellt werden. Es ist zwar nicht immer leicht, Ursache und Wirkung zu erkennen, aber es ist hilfreich, wenn für das Kind einige ehrliche und konkrete Beschreibungen mitgeteilt werden. *Je mehr Beschreibungen Psychologen erhalten, die mit Fakten der kindlichen Entwicklung hinterlegt sind, desto breiter ist die Grundlage, von der aus sie die Handlungen und die Reaktionen des Kindes verstehen können.*

Schlussfolgerungen lassen sich hieraus jedoch nicht ziehen, bevor nicht das Kind selber zu Wort gekommen ist, denn seine Sicht muss mit in die Betrachtung einbezogen werden. Manchmal ist es die Familie, die das Kind am besten kennt, weiß, wo der Schuh drückt und sich dafür einsetzt, dass das Kind zu Wort kommt. In anderen Fällen sind dies Fachleute. Ebenso werden unterschiedliche psychologische Tests eingesetzt, um einen Einblick in die intellektuellen und emotionalen Voraussetzungen des Kindes zu erhalten, ebenso in seine Reaktionsweisen und ihr Leistungsverhalten.

Dass Fachleute jeweils aus ihrer eigenen Lebenswirklichkeit heraus arbeiten und deshalb zu unterschiedlichen Einschätzungen eines Kindes gelangen können, ist mehr als verständlich. Gerade diese unterschiedlichen Blickwinkel können, wenn sie zusammengeführt werden, aber zu einer nuancierten Einschätzung des Kindes führen und Grundlage eines konstruktiven Gesprächs darüber sein, welche Maßnahmen für ein Kind gewinnbringend sein können. Entsprechend können Eltern und Fachleute unterschiedliche Positionen dazu haben, was dem Kind im Unterricht und in seiner Entwicklung am besten hilft. Diese Lösungsvorschläge müssen natürlich von den konkreten Gegebenheiten ausgehen, vom lokalen Schul- und Behandlungsangebot und davon, in welchem Ausmaß differenzierender Unterricht stattfindet. Außerdem sind die lokalen äußeren Bedingungen und die Beschaffenheit der Unterrichtsräume zu berücksichtigen. Schließlich haben auch die Erfahrungen der Mitarbeitenden, deren fachliche Fundierung, Einstellung und Arbeitsstil einen großen Einfluss. Vieles ist aufeinander abzustimmen und anzupassen, wenn es darum geht, einem Kind zu helfen, das Schwierigkeiten hat. Es ist immer ratsam, einen offenen, vermittelnden und vorurteilsfreien Dialog anzustreben, der in einer vertrauensvollen Atmosphäre stattfindet, in der es selbstverständlich ist, mehr von den Stärken als von den weniger starken Seiten eines Kindes auszugehen. Ebenso muss man sich gegenseitig über die jeweiligen Vorstellungen davon austauschen, welche Maßnahmen dem Kind am meisten nützen und seine Entwicklung optimal unterstützen.

Die Zusammenarbeit zwischen Schule und Elternhaus

Wir wissen, dass im Unterricht Personenkonstellationen und die konkrete Durchführung der pädagogischen Aktivitäten das Engagement und die Motivation der Kinder beeinflusst. »Kinder mit besonderen Voraussetzungen« sind oft wissensdurstiger, schneller, zielorientierter und suchen stärker nach einem Sinn, als es die Norm ist. Sie lieben es, auf andere, auch kreativere Weise zu arbeiten. Da manche von ihnen ein großes soziales Gespür haben und anderen gerne helfen möchten, droht ihnen bisweilen, dazu »missbraucht« zu werden, dass sie schwächere Klassenkameraden unterstützen. Das ist letzten Endes nicht hilfreich. *Ebenso wenig sinnvoll ist es, eine falsch verstandene soziale Anpassung zu fordern und deshalb von Schülern zu erwarten, dass sie fortwährend Dinge zu wiederholen hätten, die sie de facto längst gelernt haben, nur weil andere Schüler in einer Klasse noch weitere Wiederholungen benötigen.* Es sollte ein Gleichgewicht zwischen den Aktivitäten bestehen, so dass das Kind einerseits technische, manuelle Fertigkeiten trainiert, wie etwa Schreiben, und ebenso interessante und herausfordernde Aufgaben erhält.

Oft hört man, es sei gut für ein Kind, Rücksichtnahme zu lernen und zu warten. Aber unabhängig von der Erziehung oder der Kultur sind es wohl die Wenigsten, die es interessant finden, »in der Schlange zu stehen und geduldig zu warten«, am allerwenigsten ein ungeduldiges Kind. Das steht dem nicht entgegen, dass Kinder – im Klassenverbund – eben doch abzuwarten lernen, bis sie an der Reihe sind. Es sollte nur auf eine für das Kind verständliche und sinnvolle Weise praktiziert werden, und es ist nicht falsch, gemeinsam darüber nachzudenken, welche kreativen Wege es gibt, Wartezeit sinnvoll zu nutzen.

Es ist empfehlenswert, regelmäßig die wechselseitigen Erwartungen abzustimmen und den normalen Unterricht zu justieren; dabei sollte es wie ein Naturgesetz behandelt werden, die Erlebnisse und Sichtweisen des Kindes mit einzubeziehen. Hilfreich ist es, die Absprachen, die als Richtlinien für die Planung des Unterrichts gelten sollen, schriftlich zu fixieren.

»Schulen sollen alle Kinder unabhängig von ihren physischen, intellektuellen, sozialen, emotionalen, sprachlichen oder anderen Fähigkeiten aufnehmen. Das soll behinderte und begabte Kinder einschließen.«

Salamanca-Erklärung 1994, UNESCO

Differenzierender Unterricht

Für »Kinder mit besonderen Voraussetzungen« muss die Gestaltung des differenzierenden Unterrichts immer von ihrem spezifischen, individuellen Bedarf ausgehen; dies ist rechtlich verpflichtend. Die Planung des Unterrichts für den einzelnen Schüler muss auf den

Unterricht für die übrigen Schüler der Klasse abgestimmt werden. Es sollte Platz dafür gelassen werden, dass sich ein Kind sowohl in ein Thema vertiefen kann als auch im Lernstoff voraneilen darf. Das Kind kann im Zwischenmenschlichen davon profitieren, mit Gleichaltrigen zusammen zu sein, wenn es gleichzeitig intellektuell auf einem anderen und anspruchsvolleren Niveau gefordert wird, auch gemeinsam mit anderen, etwas älteren Schülern oder mit intellektuell gleichgesinnten Klassenkameraden.

Besondere Fähigkeiten eines Kindes in einem speziellen Fachbereich können, über den individuell abgestimmten Unterricht hinaus, mit der Teilnahme an Extrakursen unterstützt werden, die nach dem regulären Unterricht stattfinden. Dass jemand zur Teilnahme an solchen Kursen aufgefordert wird, muss keine negativen Konsequenzen haben – im Gegenteil, dies kann dazu beitragen, dass Schulkameraden und deren Eltern ein Verständnis für die individuellen Lernbedürfnisse eines bestimmten Kindes entwickeln.

Viele Kinder widmen sich ihren besonderen Talenten außerhalb des Schulunterrichts, zum Beispiel in Musikschulen, Sportvereinen usw. Für Eltern ist es bisweilen eine besondere Herausforderung, ihren Kindern dabei zu helfen, unter all den Angeboten, die sie interessieren würden, eine Auswahl zu treffen. Viele »Kinder mit besonderen Voraussetzungen« lieben es, sich intensiv mit einem Fachgebiet zu beschäftigen, und können darin unterstützt werden, ihre Energie genau dort einzubringen, denn dies ermöglicht die Talententfaltung in besonderer Weise. Häufig suchen sich Kinder auch eine Gruppe, in der ihre Interessen geteilt werden, erleben dort Zusammenhalt und Freundschaft und können damit ihre sozialen Kompetenzen ausbauen.

Eltern möchten ihre Kinder gerne fördern und sicherstellen, dass ihre Potenziale entwickelt werden. Die Erwartungen der Eltern können die Leistungen eines Kindes unterstützen, aber ebenso auch als Stressfaktor wirken, wenn das Kind einen zu stark beladenen Zeitplan hat, wenn der Ehrgeiz der Eltern mit den Möglichkeiten des Kindes kollidiert oder wenn er nicht mit dem Entwicklungsstand des Kindes Schritt hält. Zu hohe Erwartungen können psychische Barrieren wie Angst und Perfektionismus aufbauen. Die Sorge der meisten Eltern (vor allem gegenüber Kleinkindern) ist aber viel eher, dass sie aus Angst, das Kind zu sehr zu pushen, zu niedrige Erwartungen haben.

Wenn für ein Kind »besondere Voraussetzungen«, eine hohe Intelligenz oder ein herausragendes Talent vermutet oder auch identifiziert werden, braucht sich dies in keiner Weise unangenehm auszuwirken, wenn die involvierten Fachkräfte die Arbeit mit dieser Kindergruppe als etwas Selbstverständliches handhaben. Diese Kinder sind ohnehin aus verständlichen Gründen in der Minderzahl, und sie sind unglaublich verschieden.

Wie dem auch sei, für die Kinder ist es wichtig, sich eine gute und gesunde Arbeitseinstellung anzueignen. Sie brauchen – um ihre Motivation zu bewahren, aus dem Schulunterricht einen echten Nutzen zu ziehen und gute Arbeitsgewohnheiten zu entwickeln – unbedingt differenzierenden Unterricht, in dem es phasenweise zulässig ist, sich bald in ein Thema zu vertiefen und bald das Arbeitstempo zu steigern, und wo es normal ist, sich einen schnellen Überblick über das Pensum des kommenden Jahres zu verschaffen. Einzelnen Schülern kann es guttun, eine Klasse zu überspringen, sofern wir den Eindruck haben, dass sie auch sozial und emotional dazu bereit sind. Kinder entwickeln sich gerade dann, wenn sie mental und intellektuell gefordert werden. Die Erfahrung zeigt, dass Kinder fachliche Herausforderungen meistern, sie honorieren und dabei gleichzeitig Zeit für Fantasie und Spiel nutzen.

Viele Lehrer und Pädagogen weisen in Gesprächen mit Eltern darauf hin, dass sie aus Zeit- und Kräftemangel für »Kinder mit besonderen Voraussetzungen« keinen differenzierenden Unterricht geben können und dass ihnen dafür das Unterrichtsmaterial ebenso wie die Unterrichtsmethoden fehlen (Kyed, Baltzer & Nissen, 2006). Auch von administrativer und politscher Seite ist man diesen Kindern nicht immer gewogen. Im differenzierenden Unterricht wird auf den Bedarf dieser Kindergruppe noch nicht ausreichend eingegangen; dies lässt sich beispielsweise aus dem Bericht ablesen können, den das dänische Evaluierungsinstitut über differenzierenden Unterricht erarbeitet hat (Dezember 2004). Hier zeigte sich, dass Lehrer sehr unterschiedliche Vorstellungen davon haben, wie der Begriff Differenzierung zu verstehen ist und wie Differenzierung im Schullalltag konkret umgesetzt werden kann.

Ohne große Mühe kann man beispielsweise die Arbeitsmenge an den Bedarf der schnellen Schüler anpassen, ebenso das Arbeitstempo. Man kann außerdem berücksichtigen, welche bereits bekannten Lerninhalte sie überspringen können, und ihnen stattdessen anderes Lernmaterial zur Verfügung stellen. Ebenso lässt sich Unterricht so gestalten, dass er sich auf ihre Lerntechniken ausrichtet und die einzelnen Schüler Angebote erhalten, sich bestmöglich zu artikulieren. Man kann Themen auswählen, die sie besonders interessant finden, und von ihnen ausgehend zu den elementaren Grundlagen zurückgehen. Und man kann bei der Gruppenbildung darauf achten, sie mit Klassenkameraden zusammenarbeiten zu lassen, mit denen sie am besten zurechtkommen, und Unterrichtseinheiten ermöglichen, die sie mit anderen, im Lernniveau ähnlichen Kindern außerhalb des Klassenzimmers bearbeiten.

Auch bei all diesem kann es hilfreich sein, das Wissen der Eltern und der Fachleute, die das Kind kennengelernt haben, einzubeziehen, um zu erreichen, dass das Kind so viele Erfolgserlebnisse hat wie möglich, etwa im Übergang von der Kindertagesstätte zur Schule oder von der Vorschulklasse zur 1. Klasse.

Differenzierender Unterricht

- Inhalt
- Unterrichtsgestaltung
- Resultat
- Physisches Lernmilieu
- Rückmeldungen/Evaluierung

Der INHALT kann differenziert werden, indem man für »Kinder mit besonderen Voraussetzungen« weiterführende und komplexere Texte und andere Arten von Unterrichtsmaterial neben dem Grund-Unterrichtsstoff einsetzt. Der Unterricht kann komprimiert werden oder auch fachübergreifend stattfinden. Vielleicht können die Schüler gemeinsam mit anderen in einem Nachbarraum, in der Bibliothek, in der Mediathek usw. arbeiten. Sie können von einem älteren Schüler, also einer Art Mentor, angeleitet werden. Nicht immer ist es möglich, stundenweise Einzelunterricht anzubieten, es sei denn, dass unmittelbar Bedarf für Spezialunterricht besteht, wie es bei »doppelt außergewöhnlichen« Kindern der Fall ist.

Der Unterricht kann für diese Kinder inhaltlich auf zukunftsorientierte Fragestellungen ausgerichtet sein; ebenso lässt sich mehr Gewicht auf das Verstehen von Zusammenhängen legen als auf die reine Informationsvermittlung. Es ist interessanter zu erfassen, wie Informationen organisiert sind und wie die wesentlichen Fragen und Themen zustande kommen, oder einen Einblick darein zu bekommen, wie Untersuchungen und Experimente in der Wirklichkeit ablaufen. Ein fantastisches Modell, das Lehrer inspiriert, ist Blooms Taxonomie.

DIE UNTERRICHTSGESTALTUNG bezieht sich auf die Methode, mit der der Lernprozess des Schülers vonstattengehen soll; er berücksichtigt somit auch dessen Lernstil. Für »Kinder mit besonderen Voraussetzungen« sollte Wert auf kreatives und produktives Denken gelegt werden; ebenso sollten offene Fragen und Problemstellungen im Fokus stehen. Es sollte die Möglichkeit dazu bestehen, zu experimentieren und sein Wissen sinnvoll in einem fachlichen Austausch mit anderen zu teilen. Die Schüler sollten mehr Zeit darauf verwenden dürfen als ihre Klassenkameraden, mit komplexeren und abstrakteren Aufgaben zu arbeiten. Die Schüler können etwa lernen, experimentierend und forschend zu arbeiten und sich etwas professioneller mit dem Sammeln, Bewerten und Dokumentieren von Daten auseinanderzusetzen. Wie erwähnt, benötigt man hierfür eine flexible Unterrichtsgestaltung sowie eine offene und »inkludierende« Grundhaltung gegenüber der Art, wie der betreffende Schüler lernt und sich ausdrückt.

Es gibt viele verschiedene Möglichkeiten, ein fertiges RESULTAT zu präsentieren. Nicht alle Kinder sind gleichermaßen für schriftliche Darstellungen zu begeistern. Manche ziehen mündliche oder kreativere Formen vor, wie beispielsweise Comiczeichnen, Gestalten einer Ausstellung oder dergleichen. Viele Schüler »mit besonderen Voraussetzungen« haben Freude daran zu lernen, wie eine seriös durchgeführte Arbeit sich so präsentieren lässt, dass sie anderen vermittelt werden kann.

Die Qualität des PHYSISCHEN LERNMILIEUS hat für viele »Kinder mit besonderen Voraussetzungen« große Bedeutung. Da die Schüler Informationen oft aus anderen Quellen, auch außerhalb des Schulmilieus, beziehen, sind sie darauf angewiesen, dass wir flexibel genug sind, sie auch außerhalb des Klassenzimmers arbeiten zu lassen, wo ohnehin der Lärm sowohl das konstruktive Arbeiten als auch das individuelle Fortkommen behindert.

»Kinder mit besonderen Voraussetzungen« brauchen fortwährend RUECKMELDUNG zu ihrer Arbeit. Ebenso wichtig ist es für sie zu spüren, dass wir ihre Bemühungen und Leistungen unterstützen. Jedoch mögen nicht alle Kinder ihr Können zeigen. Vor allem in den jüngeren Klassen befürchten manche, dass dies nur weitere langweilige Arbeit nach sich ziehen könnte. Das führt oft dazu, dass Schüler ihr Engagement zurückschrauben und nicht zeigen, was sie in der Schule leisten könnten. Auch diese Reaktion zeigt, wie wichtig differenzierender Unterricht ist.

»A Child miseducated is a Child lost.«
John F. Kennedy

Katrines Geschichte

Katrines Fähigkeiten liegen auf ganz verschiedenen Feldern: Sie ist sowohl sprachlich als auch mathematisch stark, kennt sich in Astronomie aus, hat Talent zum Schreiben, auch für fiktive Texte, und ist gut im Zeichnen. Sie ist empathisch und aufmerksam gegenüber ihrer Umgebung, nicht selten auf Kosten ihrer eigenen Bedürfnisse und Interessen. An sich selbst stellt sie sehr hohe Ansprüche, lässt sich leicht verunsichern und an ihren Fähigkeiten zweifeln, auch wenn der Intelligenztest ihr ein bisschen Sicherheit verschafft hat. Geborgenheit und Akzeptanz sind für sie das Alpha und Omega: Nur unter diesen Voraussetzungen kann sie Leistungen erbringen.

Sie ist im Großen und Ganzen immer so akzeptiert worden, wie sie ist, sowohl im Kindergarten als auch in der Schule. Wir sind auf Unterstützung und Verständnis getroffen, die Lehrer haben ihr Raum dafür gegeben, sie selber zu sein, und haben ihr andere, herausforderndere Aufgaben gestellt als dem Rest der Klasse. Die Kameraden haben ihre Fähigkeiten als einen Gewinn für die Klasse empfunden, anstatt sie deswegen nur als »Abweichlerin« zu sehen.

Dennoch hat es seinen Preis, begabt zu sein, auch für sie. Etwas nicht näher Definierbares hat bewirkt, dass die Dinge oft schwerer für sie waren. Und als sie älter wurde, wurde ihr das immer stärker bewusst. Sie hat sich immer anders als die anderen gefühlt, und das kann schwer sein. Ich habe mich jedes Mal gefragt, warum Dinge, die für andere Kinder anscheinend unkompliziert sind, für Katrine kompliziert waren, und worin eigentlich die Ursache dafür lag, dass ich ihr nicht völlig zu helfen vermochte. Bis zu dem Zeitpunkt, als ich auf der Homepage von Mensa etwas über hochbegabte Kinder las. Damit war ich endlich von der schlimmsten Anspannung befreit.

Die Welt außerhalb der Familie

In der Tagespflege und auch im Kindergarten wurde Katrine als ein fröhliches, lebhaftes und lustiges Mädchen gesehen, dem es gut ging und mit dem der Umgang leicht fiel. Wenn sie Besuch von Spielfreunden hatte, bemerkte ich deutlich, dass die Gespräche, die wir innerhalb der Familie führten, manchmal anders waren, als es die anderen Kinder gewohnt waren. Das zeigte sich zum Beispiel eines Tages, als sie einen Spielkameraden fragte: »Findest du es nicht auch total bescheuert, dass wir keine vernünftige Antwort darauf haben, wie das Universum entstanden ist?« – und als Antwort nur einen starren Blick erhielt. Mir wurde klar, dass sie irgendwann lernen müsse zu unterscheiden, mit welchen Spielkameraden sie sich zu solchen Gedanken überhaupt austauschen könne. Ich hoffte einfach, dass sie möglichst lange genauso unvoreingenommen bleiben konnte wie andere in ihrem Alter.

Als sie mit drei Jahren in den Kindergarten gekommen war, entwickelte sich ihre Art zu zeichnen, so dass andere darauf aufmerksam wurden. Sie konnte ganz vertieft in ihre Beschäftigung mit Papier, Farbkreiden und Tusche sein, während um sie herum Trubel und Lärm herrschten und auch manchmal Bauklötze durch die Luft flogen. Und eine Gruppe von 2 Jahre älteren Schülern, die am selben Tisch saßen, sahen ihr bewundernd zu und, wie die Pädagogen erzählten, versuchten so zu zeichnen wie Katrine. Sie selber bemerkte davon nichts, sondern konzentrierte sich nur auf ihr Bild.

Manchmal war sie wie aus dem Nichts kritisch dem gegenüber, was sie tat. Unser sonst so fröhliches Mädchen konnte plötzlich ihre Malkreiden wütend und verzweifelt an die nächste Wand pfeffern, wenn die Zeichnung nicht so gelang, wie sie es sich vorstellte. Das bekümmerte die Pädagogen und uns Eltern. Wenn man drei Jahre alt ist, sollte Zeichnen Spaß machen, fand ich. Es war kein schöner Gedanke, dass sie in ihrem Alter schon damit anfing, sich damit unter Druck zu setzen, ob sie »gut genug« zeichnete oder nicht; was sollte nur werden, wenn sie älter würde?

Diese Frage war für uns der Anlass, über uns selbst nachzudenken, ohne dass wir aber eine passende Erklärung fanden. Wir verstanden ganz einfach nicht, woher ihre hohen Ansprüche kamen. Wir waren aber ganz sicher, dass die Beweggründe nicht in Lob und Anerkennung von unserer Seite oder von anderen lagen. Denn wenn sie selber unzufrieden mit einer Zeichnung war, dann war es ihr vollkommen egal, ob andere begeistert waren. Ihr Maßstab war, ob SIE ihre Idee so umgesetzt hatte, wie sie es sich vorgestellt hatte. Erst als ich viele Jahre später etwas über asynchrone Entwicklung las, fand ich eine mögliche Erklärung: Ihre Fähigkeit, sich ein Bild vorzustellen, war weiter entwickelt als bei Gleichaltrigen, aber immer dann, wenn ihre feinmotorischen Fähigkeiten nicht zur Verwirklichung ihrer Idee ausreichten, ergab sich eine Kluft zwischen Vorstellung und Wirklichkeit. Und das überforderte sie, denn die Bereitschaft, mit Frustrationen und Widerstand umzugehen, war bei ihr nicht weiter entwickelt als bei anderen 3- bis 4-Jährigen. Das ergab eine explosive Mischung!

Ihre Kreativität und ihre Fähigkeit, Spiele zu erfinden, sorgten dafür, dass andere Kinder sich gerne zu ihr gesellten. Denn oft fing sie einfach an, für sich alleine zu spielen; zum Beispiel begann sie etwas zu bauen, zu stapeln oder Dinge um sich herum zu organisieren, sich eine Geschichte auszudenken und alle Rollen selber zu übernehmen, woraufhin die anderen Kinder sich dafür zu interessieren begannen und gerne mitspielen wollten. Die Kehrseite der Medaille konnte sein, dass die anderen Kinder sich herumkommandiert fühlten, weil Katrine meistens die Erste war, die mit neuen Ideen kam. Oder die anderen zogen sich zurück, weil sie Katrines Ideen rein mental nicht folgen konnten: den Nebenhandlungen, den unsichtbaren Freunden, Monstern und Nebenfiguren sowie den immer komplizierteren Regeln, die sie fortwährend ergänzte, um das Spiel noch interessanter zu machen.

Dann war sie oft traurig, fühlte sich abgewiesen und konnte nicht verstehen, warum die anderen plötzlich nicht mehr mitmachen wollten – gerade in dem Moment, in dem das Spiel richtig in Gang gekommen war. Meine Erklärung, dass die anderen Kinder einfach etwas müde geworden waren, half kaum. Ihr zu sagen, dass sie aus der Sicht der anderen Kinder »zu viele« Ideen hatte, wäre ja auch keine hilfreiche Antwort für eine 3- oder 4-Jährige gewesen, denn was konnte daran falsch sein? Wie viel Selbstzensur konnte man von einem Kind in ihrem Alter verlangen? Ich schlug ihr vor, die anderen danach zu fragen, welche Ideen diese ins Spiel einbringen wollten. Das half manchmal, aber nicht immer.

Oft habe ich darüber nachgedacht, warum ich ihr nicht dabei helfen konnte, etwas mehr wie die anderen zu sein, damit sie nicht so oft abgewiesen wurde; ich konnte ja sehen, wie sehr dies an ihrem Selbstwertgefühl nagte. Sie geriet immer öfter in Situationen, in denen sie es sich nicht erlaubte, so spontan zu sein wie die anderen. Das beste Mittel dagegen war der Umgang mit Kindern aus unserem Umfeld, die sie von klein auf gekannt hatte. Die nahen und lang anhaltenden Bekanntschaften überbrückten den Graben, der sonst zu Gleichaltrigen entstehen konnte. Das Zusammensein war viel weniger belastet, die Unterstützung von Erwachsenen war viel weniger gefragt, und sie blühte wieder auf.

Ein Lichtblick, von dem ich glaube, dass er große Bedeutung hatte, war ein Mädchen in unserem Umfeld, dessen Fantasie mit genau derselben Tourenzahl lief wie Katrines. Dieses Mädchen machte ganz unbeschwert bei alledem mit, was den anderen Kindern zu schaffen machte. Sie gab beim Spielen ebenso die Initiative vor wie Katrine, war ebenso schnell darin, neue Elemente ins Spiel einzubauen, und genau wie Katrine hatte auch sie Empathie und Aufmerksamkeit gegenüber dem Kind, mit dem sie spielte. Seit dem ersten Mal, an dem die beiden zusammen gespielt hatten, waren sie auf einer Wellenlänge. Plötzlich machte mein Kind einen völlig normalen Eindruck – weder »zu intensiv« noch zu dominant. Denn hier ergaben sich für sie sowohl Gegenspiel als auch Zusammenspiel; es war nicht notwendig, irgendetwas zu erklären, auszubügeln oder wieder zu kitten. Plötzlich war sie wie »die anderen« – oder besser: wie »die andere«. Ich konnte meine Sorgen und Selbstvorwürfe zur Seite schieben: Katrine konnte

Beziehungen aufbauen, ohne alles steuern zu wollen, so wie es sonst für Außenstehende wirken konnte – wohlgemerkt, wenn sie mit jemandem zusammen war, der Fantasie und Initiative auf demselben Niveau entwickelte wie sie. Das ließ sie wachsen und etwas von ihrem verlorenen Selbstwertgefühl zurückgewinnen. Nur erlebte sie solche Art von Beziehungen nicht jeden Tag.

Es konnte auch zu Zusammenstößen kommen, wenn sie zum Beispiel ungehemmt ältere Kinder zurechtwies, sie darauf aufmerksam machte, dass sie irgendetwas falsch aussprachen, eine Regel nicht einhielten oder etwas auf einem Gebiet, auf dem sie sich besonders gut auskannte, falsch verstanden hatten. Ungeschriebene Regeln, etwa »den Großen« nicht zu widersprechen oder die Hierarchie einer Gruppe zu respektieren, existierten für sie nicht. Sie taktierte nicht, und das hatte seinen Preis. Ich sprach mit der Leiterin des Kindergartens, und sie sagte ungefähr: »Katrine ist ein Kind mit einem starken Ich-Bezug. Sie stürmt mit voller Fahrt auf die Dinge zu, meldet sich zu Wort und sagt ihre Meinung. Sie gehört nicht zu denen, für die die Sachen glattgehen, es wird immer wieder Kollisionen geben. Es gibt Kinder, denen es gelingt, sich durch das Leben zu manövrieren, ohne auf besonderen Widerstand zu stoßen. Aber wissen Sie was? Die lernen auch nicht annähernd so viel!« Für diese Worte bin ich ihr noch heute dankbar.

Jeden Mittwoch erhielten die ältesten Kindergartenkinder zwei Stunden lang schulähnlichen Unterricht und lernten etwas zu verschiedenen Themen, lösten Aufgaben oder beschäftigten sich ein wenig mit Zahlen und Buchstaben. Eines Tages nun kam Katrine traurig aus dem Kindergarten nach Hause. Sie hatte eine Meinungsverschiedenheit mit ihren drei besten Spielfreunden gehabt, weil diese nicht glauben wollten, dass es höhere Zahlen als neun gab. In der »Mittwochsstunde« (zwei Stunden, während denen die Kinder unter schulähnlichen Bedingungen etwas zu unterschiedlichen Themen lernen, Aufgaben lösen, sich spielerisch mit Buchstaben und Zahlen beschäftigen) hatten die Kinder nämlich gelernt, die Zahlen von 0 bis 9 zu schreiben, und ihnen war gesagt worden, dass die 9 die größte Zahl sei. Katrine hatte sich bereits für größere Zahlen interessiert und wusste, dass sie recht hatte und nicht die anderen, aber keines der anderen Kinder glaubte ihr, dass es größere Zahlen als 9 gebe. Wir sprachen die Kindergartenleiterin darauf an, dass Katrine Zahlen über 9 kannte und dass es daraufhin zu Unstimmigkeiten zwischen Katrine und den anderen Kindern gekommen war. Katrine erklärten wir, dass die anderen Kinder von den Ziffern sprachen, während sie an die Zahlen dachte. Aus diesem Grund hätten sie sich nicht einigen können.

»Dann ist doch alles in Ordnung«, meinte die Kindergartenleiterin. »Nächsten Mittwoch darf Katrine den anderen den Unterschied zwischen Ziffer und Zahl erklären, dann lernen sie dabei auch etwas.« Super! Katrines Weltbild fügte sich wieder zusammen, sie fühlte sich aufgerichtet, und die anderen Kinder lernten diesen Unterschied kennen.

In der Schule

Recht schnell stellte sich die Situation ein, dass Katrine jeden Morgen Bauchschmerzen bekam, wenn sie in die Schule sollte, und Kopfschmerzen hatte, wenn sie wieder nach Hause kam. Sie mochte die Schulstunden nicht. Es war die ganze Zeit lang laut, der Lehrer musste schimpfen, um sich Gehör zu verschaffen, die Kinder sollten eine ganze Seite lang, hinauf und hinunter, dieselbe Zahl schreiben, und sie lernten nur einen Buchstaben oder eine Zahl am Tag und mussten dann damit die Seiten in ihrem Schreibheft füllen. Katrine löste die Aufgaben pflichtbewusst und wartete danach – entweder darauf, dass es ruhiger wurde, oder darauf, dass sie eine neue Aufgabe erhielt. Doch sie bekam keine. Keiner durfte seinen Platz verlassen, weil die Klasse so unruhig war, und so konnte sie sich auch nicht auf eigene Faust etwas zum Arbeiten heraussuchen, so wie ich es ihr vorgeschlagen hatte.

Ich sprach mit beiden Lehrern darüber, dass Katrine dringend fachliche Herausforderungen benötige. Beide Lehrer waren entgegenkommend und hatten denselben Eindruck. Nur könne nicht sofort etwas für Katrine getan werden, erst müsse das Problem gelöst werden, dass die Klasse (25 Schüler) so unruhig sei. Wenn sich das gegeben habe und die Lehrer die Klasse besser kennengelernt hätten, könne man weitere Arbeitsformen einführen. Katrine fragte mich geradeheraus, warum man zur Schule gehen solle, wenn man dort nichts lerne. Ich blieb ihr eine Antwort schuldig.

Nach ein paar Monaten war Besserung in Sicht. Die Unruhe in der Klasse ging zurück. Das Unterrichtskonzept, nach dem die ganze Klasse denselben Lernstoff erhielt, wurde nach und nach offener, und es wurden schließlich Aufgaben auf unterschiedlichen Niveaustufen erteilt. Die Kinder begannen in kleinen Gruppen zu arbeiten, die nach Fähigkeiten und Interessen zusammengesetzt sein konnten. Katrine erhielt mehr Freiraum dafür, kleine Texte zu schreiben, etwa Briefe an ihre Großmutter, oder Texte zu lesen, deren Schwierigkeitsgrad auf ihre Fähigkeiten abgestimmt war. Gleichzeitig damit verbesserte sich ihre Einstellung gegenüber der Schule.

Die folgenden Schuljahre verliefen im Ganzen betrachtet ganz ordentlich. Man akzeptierte Katrine und ging verständnisvoll mit ihr um. In der Klasse wurde von Seiten der Lehrer darauf geachtet, dass sowohl starke als auch schwache Schüler ihren Platz bekamen.

Katrine hat so etwas wie ein »Helfer-Gen« und hat Klassenkameraden immer gerne bei fachlichen Problemen unterstützt. Das war etwas, das ihr Goodwill einbrachte. Doch wenn alle, die gerne ihre Hilfe in Anspruch nehmen wollten, sich an sie wandten, fiel es ihr schwer, jemanden zurückzuweisen. Die Klassenlehrerin erinnerte Katrine von Zeit zu Zeit daran, dass sie auch nein sagen und sich Raum für eigenes Arbeiten nach ihrem Tempo bewahren müsse – und lobte sie bei einem Gespräch mit uns, dass sie immer besser darin werde, solche Grenzen zu ziehen.

In der 5. Klasse, in der sich die Kinder mit einer freien Projektarbeit beschäftigten, arbeitete Katrine über die verschiedenen Theorien zur Entstehung der Welt – von der nordischen Mythologie und dem Christentum bis hin zu wissenschaftlichen Modellen, unter anderem Stephen Hawkings Theorie der Paralleluniversen. Um die Projektarbeiten der Klasse vorzustellen, hatte jedes Kind zehn Minuten zur Verfügung; Katrines Referat nahm schließlich fast eine Doppelstunde in Anspruch, weil die Klassenkameraden so viele Fragen stellten. Sie kam freudestrahlend nach Hause: »Weißt du, was das Beste war? Dass sie so viele Fragen gestellt haben! Sie haben mir nicht nur geglaubt, was ich ihnen erzählt habe, sondern sie hörten gar nicht auf, alles Mögliche zu fragen. Und dann habe ich die Theorie noch einmal auf eine andere Art erklärt, und sie haben weiter gefragt, bis sie es verstanden hatten.«

Ein paar Wochen später fragte der Sachkunde-Lehrer bei einem Gespräch mit uns und Katrine, ob sie sich zutrauen würde, der Klasse in den nächsten Woche, wenn das Thema Astronomie eingeführt werde, gewissermaßen als Hilfslehrer das Sonnensystem zu erklären. »Es soll nicht so schwer sein, aber du weißt ja ungefähr, wie viel du der Klasse zumuten kannst.« Katrine freute sich über diese Aufforderung – und kam anschließend grinsend nach Hause. »Am Ende war er der Hilfslehrer«, fasste sie den Unterricht zusammen.

In der 5. Klasse schlug die Klassenlehrerin vor, wir sollten versuchen, Katrine dabei zu unterstützen, mit anderen Kindern ihres Denkniveaus in Kontakt zu kommen. Sie hatte den Eindruck, dass Katrine sich in manchen Situationen einsam fühlte, weil sie anders dachte und reflektierte als ihre Klassenkameraden, und wies uns auf Mensa hin. Das führte zu unserer Mitgliedschaft bei »Gifted Children«. Ich weiß nicht, ob sich die Klassenlehrerin mit hochbegabten Kindern auskannte, aber sie hatte auf jeden Fall die richtige Intuition, dass Katrine auch im Zwischenmenschlichen Lernbedarf hatte, und es war außerdem eine große Erleichterung für Katrine, dass sie sich auch von anderen verstanden fühlen konnte als nur von ihren Eltern.

Sich anders fühlen

Das Gefühl, anders zu sein als die anderen, konnte Katrine nicht abstreifen, und dies hat sich auch im Laufe der Zeit nicht geändert. Verbunden damit ist auch, dass ihr Selbstwertgefühl leicht ins Wanken gerät. Mehrere Jahre zweifelte sie an sich selber und an ihren Fähigkeiten, und wie sie uns später erzählte, rumorte in ihr der heimliche Wunsch, einen Intelligenztest machen zu lassen. Als sie 12 Jahr alt war, nahm sie sich zusammen und bat darum. »Ich bin gar nicht so klug, wie die anderen glauben. Wenn sie das erst einmal verstehen, mögen sie mich nicht mehr«, sagte sie oft. Sie wollte einfach gerne wissen, wo sie stand, damit sie sich darauf vorbereiten konnte, wenn die anderen sie »entlarvt« hätten.

Der Test war für sie ein positives Erlebnis. »Das hat Spaß gemacht! Kann ich so etwas wieder einmal machen?«, war ihre erste Reaktion. Später fragte ich sie einmal, ob es etwas in ihrem Glauben an sich selber verändert habe, getestet worden zu sein. »Ja«, antwortete sie. »Vor allem weil mich jemand getestet hat, der mich nicht kannte.« Der Test hat ihr zweifellos geholfen, die gröbsten Zweifel an ihren Fähigkeiten zu überwinden, die sich auf sehr unterschiedlichen Leistungsniveaus zeigten, und ich glaube, dass dies den Druck, immer den eigenen Maßstäben gerecht zu werden, etwas abgemildert hat.

Dennoch ist es eine konstante Herausforderung, ihre Angst einzudämmen, nicht gut genug zu sein. Ich versuche ihr zu vermitteln, dass sie es sich erlauben kann, sich zurückzulehnen und jemand anderem die Führung zu überlassen, wenn die betreffende Person für eine bestimmte Aufgabe besser geeignet ist, und dass sie sich darüber freuen soll, jemanden vor sich zu haben, der ihr Hilfe, Wissen und Inspiration bieten kann. Rein verstandesmäßig kann sie dieser Argumentation folgen, aber die Realität lehrt sie etwas anderes: Vom ersten Schultag an ist ihr eingeimpft worden, dass Rücksicht auf die Schwachen genommen werden muss und dass die Starken den Schwachen helfen. Das setzt ihre Geduld auf die Probe. Im Prinzip teilt sie diese Einstellung, und so frisst sie ihre Frustrationen in sich hinein. Sie mag ihre Klassenkameraden und will niemanden kränken, dem die Dinge nicht so zufliegen wie ihr selber.

In den praktischen Fächern, die nicht zu Katrines Stärken gehören, hat sie auch andere Spielregeln kennengelernt: Im Fach Hauswirtschaft erlebte sie in der 6. Klasse, dass die Anleitung vor allem von einem der Lehrer darin bestand zu sagen: »Beeilt euch, dass ihr fertig werdet!« – wenn ihre Gruppe, die schwächste der Klasse, zeitlich zurückfiel. »Ihr seid langsam, alle anderen sind schon fertig, so geht das wirklich nicht!« – obwohl die gesamte Klasse oft eher fertig war und etwa eine halbe Stunde vor Unterrichtsschluss frei bekam. Sie durfte sich nicht von Klassenkameraden helfen lassen, denen die Aufgabe leichter fiel. »Jeder soll alleine arbeiten«, war das Motto. Katrine hatte nicht das Gefühl, dass sie und ihre Gruppe eine Anleitung bekamen, um besser zu werden, und darüber wunderte sie sich. Sie verstand nicht, welchen Sinn es haben sollte, sich zu beeilen, ohne etwas zu lernen, wenn am Ende auch noch Unterrichtszeit übrig war. Noch viel weniger konnte sie verstehen, warum die Klassenkameraden ihr nicht helfen durften, während von ihr in den anderen, theoretischen Fächer diese Hilfe erwartet wurde.

Zeitweilig war sie über die Sportstunden sehr unglücklich. Sie beschrieb den Unterricht so, dass es Lob und Schulterklopfen für diejenigen gab, die als Erste durchs Ziel kamen, und negative Kommentare über die Langsameren: »Ihr seid wirklich schlecht in Form!« Katrines Einstellung zu den Unterrichtsfächern war in dieser Zeit vollständig davon abhängig, ob es um ihre Stärken ging, denn dann hatte sie Erfolgserlebnisse und erhielt Anerkennung und Unterstützung, oder ob es Fächer waren, in denen sie, obwohl sie sich Mühe gab, nicht so gut war. Denn dann gab es negative Bemerkungen von allen Seiten. Der Einsatz wurde nur in Ausnahmefällen anerkannt.

Derartige Erfahrungen hatten nicht den Effekt, dass sie die hohen Ansprüche, die sie an sich selber stellte, etwas herunterschrauben konnte. Sie zog daraus viel eher ganz andere Lehren: Menschen wie ich bekommen keine Anerkennung dafür, wenn man sich Mühe gibt, aber das Resultat nicht spitzenmäßig ist. Menschen wie ich werden gestraft/vorgeführt, wenn sie nicht zu den Besten gehören. Menschen wie ich dürfen sich nicht von anderen helfen lassen.

Das nagte am Selbstwertgefühl und zementierte das Bewusstsein dafür, anders zu sein. Nur weil jemand begabt ist, bedeutet das nicht, dass der Bedarf an Unterstützung und Aufmunterung geringer ist als bei anderen Kindern. Ihre Stärken sorgen natürlich für Erfolgserlebnisse, aber sie führen auch zu dem Eindruck, dass für ihr Leben andere Regeln gelten.

Anders denken

Seit Katrine klein war, hat sie uns damit überrascht, dass sie Dinge aus einem unerwarteten Blickwinkel betrachten konnte und einen Schritt weiter dachte als erwartet. Das sollte eigentlich eine Stärke sein, aber sie erlebte das nicht immer so. Ein Beispiel: In einer Kunststunde sollte ein Fahrrad in den Klassenraum gestellt und gezeichnet werden. Katrine stellte bereitwillig ihr Fahrrad zur Verfügung und freute sich auf die Aufgabe. Sie trug es in den Kunstraum hinunter und stellte es so hin, dass alle es sehen konnten. Nach 20 Minuten war die Arbeitszeit vorbei, und alle sollten ihre Zeichnungen abgeben, um dann ein anderes Thema anzufangen. Katrine war noch nicht fertig und bat um etwas mehr Zeit, um ihre Zeichnung beenden zu können. Sie hatte den vorderen Teil, das Lenkrad und das Vorderrad, in den richtigen Proportionen gezeichnet und fotografisch präzise alle Details wiedergegeben. Der hintere Teil des Fahrrads war mit einigen Strichen skizziert, und sie wollte gerne zu Ende zeichnen.

Ihre Bitte wurde ausgeschlagen. Die Lehrerin ging von Tisch zu Tisch und sagte zu jeder Zeichnung, die ihr gegeben wurde, ein paar anerkennende Worte, mit Ausnahme von Katrines. Zu ihr sagte sie, sie solle nicht so langsam zeichnen.

Als Katrine einen Blick auf einige der Zeichnungen warf, die besonders gelobt worden waren, verstand sie die Welt nicht mehr.

Denn in keiner von ihnen war die gestellte Aufgabe nach ihrer Meinung gelöst worden. Sie erzählte mir später: »Alle hatten einfach nur ein beliebiges Fahrrad gezeichnet. Sie hätten das auch zeichnen können, ohne mein Fahrrad vor sich stehen zu haben. Wozu in aller Welt habe ich das Fahrrad denn dann hinunterschleppen sollen? Einfach ein Fahrrad zeichnen, das kann man in 20 Minuten. Ich war die Einzige, die ›das‹ Fahrrad gezeichnet hat, wie die Lehrerin es uns gesagt hat. Und es dauert mehr als 20 Minuten, wenn man nachher erkennen soll, dass es genau dieses Fahrrad ist – mit Gangschaltung, Kabeln, Fahrradcomputer, Logo und allem anderen. Das konnte man auf meiner Zeichnung erkennen, aber das war der Lehrerin egal. Sie hat es nicht einmal bemerkt. Ich verstehe nicht, warum wir ein spezielles Fahrrad zeichnen sollten, wenn es reicht, ganz allgemein irgendein Fahrrad zu zeichnen. Ich verstehe auch die anderen nicht. Machen sie Dinge einfach, ohne nachzudenken? Kommen die alle vom Mars? Warum bin ich die Einzige, die so denkt? Soll man denn gar nicht darüber nachdenken, was man eigentlich tut?«

In der Situation selbst hatte Katrine ihre Frustrationen wie so oft für sich behalten und die Lehrerin nicht gefragt, was es eigentlich mit dieser Aufgabe auf sich gehabt habe. Die Klassenkameraden hatten ja eine positive Rückmeldung dafür bekommen, dass sie sich nicht an die Aufgabe gehalten hatten.

Für jemanden wie Katrine ist es entscheidend, die Aufgabe, die sie lösen soll, zu verstehen. Nicht deshalb, weil sie versuchen würde, sich um etwas zu drücken, sondern weil sie sich fast Gewalt antun muss, wenn sie auf eine Art arbeiten muss, die sie nicht versteht – vor allem wenn sie ahnt, dass das Resultat letztlich schlechter ist als das, was sie eigentlich zu leisten in der Lage ist. Ich habe mehrere Male den Lehrern Begründungen und Erklärungen für ihre Aufgaben gewissermaßen unterstellt, einfach nur um Katrine dabei zu helfen, einen Sinn in ihnen und den Unterrichtsaktivitäten zu sehen.

Für Katrine ist es nicht nur wichtig zu verstehen, welchen Sinn der Unterrichtsstoff hat, sondern sie will auch den Sinn der Methoden und Arbeitsformen nachvollziehen können. Oder wie sie selber es ausdrückt: »Wenn ich nicht verstehe, warum ich etwas auf eine bestimme Weise erarbeiten soll, habe ich ja auch nichts vom Unterricht.« Sie braucht Lehrer, die ihre Frage nach dem »warum« ernst nehmen und ihr mit ein paar Worten erklären, weshalb der Stoff sowie Methoden und Arbeitsformen gewählt werden. Das gibt die Möglichkeit für Reflexion, und genau das ist es, was sie braucht.

Zusammenfassung

Wie unterstützt man ein Kind wie Katrine am besten? Ihr beizubringen, Rücksicht zu nehmen, war nicht schwer: Unsoziales Verhalten liegt ihr fern. Sie hat einen natürlichen Respekt für andere Menschen, den wir einfach nur gefördert haben. Im Gegenzug dafür habe ich viel Kraft darauf verwendet, ihr zu helfen, mit ihrem Perfektionismus zurechtzukommen, wenn ihre Frustration über Resultate, mit denen sie unzufrieden war, sie völlig ausfüllte. Ein weiteres wichtiges Thema war das Zusammenspiel mit der Umwelt: ihr beizubringen, auf sich selber aufzupassen, eigene Bedürfnisse wahrzunehmen und sie auch auszudrücken. Sie hat ein starkes Bedürfnis, die Gedankengänge der anderen zu verstehen, auch dann, wenn sie anderer Meinung ist, doch mit ihr wird nicht unbedingt auf dieselbe Weise umgegangen. Das zehrt an ihr.

Über die Mitgliedschaft in »Gifted Children« und das Zusammensein mit anderen hochbegabten Kindern sagt sie: »Als ich bei einem Feriencamp bei ›Gifted Children‹ andere in meinem Alter kennenlernte, war ich sicher, dass sie eine Menge Freunde haben und richtig beliebt sein müssten – anders als ich selber. Die waren einfach so nett und witzig, und es war interessant, mit ihnen zusammen zu sein. Und sie machten außerdem einen sehr selbstbewussten Eindruck. Aber dann fand ich heraus, dass sie zu Hause sogar noch mehr alleine waren als ich. Viele von ihnen hatten tatsächlich noch nie Freunde in der Schule gehabt.«

Und: »Wir können sowohl ernst miteinander reden als auch total rumalbern und Spaß haben. Und die anderen haben auf dieselbe Art

Spaß wie ich. Ich muss nicht die ganze Zeit darüber nachdenken, ob die anderen mich nun für merkwürdig halten. Es ist leichter, man selber zu sein.«

Oder: »Nachdem ich die anderen von ›Gifted Children‹ kennengelernt hatte, bin ich etwas gelassener damit geworden, wenn ich ausgegrenzt werde, zum Beispiel in der Schule. Denn jetzt, da ich die anderen kenne, weiß ich, dass mit mir nichts verkehrt ist.«

Epilog

Die 8. und die 9. Klasse waren nicht schön für Katrine. Der Umgang unter den Schülern in ihrem Jahrgang war geprägt von Kämpfen um Macht und Popularität. Für sie war in der Klassengemeinschaft kein Platz, und sie wollte und konnte ihre Identität nicht abstreifen, nur um von den anderen akzeptiert zu werden. Sie suchte ihre Freunde und Bekannten daher außerhalb der Schule.

Ab der 11. Klasse, im Gymnasium, wurde sie akzeptiert und konnte die Erlebnisse aus den Jahren davor bis zu einem gewissen Grad abschütteln. Nun, da sie nicht mehr ausgeschlossen wurde, entschied sie sich auch dafür, sozial aktiver zu werden: zu Veranstaltungen zu gehen, an Arbeitsgruppen teilzunehmen, zu einem Fest zu gehen, obwohl sie nicht sicher war, ob sie dazu passen würde. Ich glaube nicht, dass ihr das immer leichtfiel, aber sie lernte, dass sie neue Gemeinschaften kennenlernen und gute Erlebnisse außerhalb ihrer sozialen Komfortzone haben konnte.

Das Gefühl, »anders« zu sein, verschwand, als sie einen Fortbildungs-Aufenthalt der Erwachsenenbildung auf einer dänischen Højskole absolvierte. Hatte sie zuvor im Gymnasium erlebt, dass sie innerhalb der Gemeinschaft funktionieren konnte, war die Højskole ein Platz, an dem sie sich als ein Teil der Gemeinschaft fühlte. Diese Erfahrung war für sie prägend.

Die negativen Erlebnisse aus der 8. und 9. Klasse hatten bei ihr keine Auswirkungen aufs Fachliche. Die Klasse respektierte nach wie vor ihr Können. Die Lehrer gaben ihr den Raum für Extra-

Herausforderungen, aber es war oft ihrer eigenen Initiative überlassen, den nächsten Schritt zu tun – wofür ihr natürlich oft die Voraussetzungen fehlten.

Die besten Lernerfahrungen sammelte sie im Dänischunterricht, in dem für schriftliche Arbeiten ein individuelles und gründliches Feedback gegeben wurde. Die naturwissenschaftlichen Fächer konnten eine Quelle für Frustrationen sein. Sie bekam gute Noten, hatte es aber schwer damit, den Sinn hinter den Aufgaben zu verstehen. Dies kostete sie dann unverhältnismäßig viel Energie und beeinträchtigte ihr Zutrauen in ihre eigenen Fähigkeiten – trotz ihres hohen Leistungsniveaus und der Ermunterung durch die Lehrer.

Oft hatte auch ich es schwer, den Zusammenhang zwischen dem Stoff und den Aufgaben in den Lehrbüchern zu sehen, aber ich schrieb das dem Umstand zu, dass meine Fähigkeiten wohl »eingerostet« waren. Einmal, als die Hausaufgabensituation problematisch wurde, schlug ich Katrine vor, eine Freundin von mir anzurufen, die am Gymnasium Mathematik und Chemie unterrichtete. Nach einem kurzen Gespräch mit ihr waren Katrines Frustrationen verschwunden und die Aufgaben gelöst.

Ich sprach darüber mit Katrines Vater, der ebenfalls naturwissenschaftlich ausgebildet ist. Es stellte sich heraus, dass ihn die Lehrbücher ebenso frustriert hatten. Seiner Meinung nach fehlten den Schulbuchdarstellungen Klarheit, Sinngebung und Stringenz. Es sah so aus, als liege der Schwerpunkt darin, die Anwendbarkeit der Fächer zu zeigen. Katrine hätte wohl eher von einem exakteren Zugang profitiert. Das wurde deutlich, als ihr in der 11. Klasse des Gymnasiums der Sinn hinter den Aufgaben klarer wurde. Noch deutlicher wurde das, als sie später auf die Universität ging.

In der 8. Klasse organisierte ein Lehrer für Katrine und einige weitere Schüler aus umliegenden Schulen einen Schnupper-Aufenthalt an der Universität. In der Naturwissenschaftlichen Fakultät konnten sie eine Reihe Fächer kennenlernen, unter anderem Chemie, Geologie, Biologie und Informatik. Katrine verbrachte eine herrliche Woche mit Vorlesungen und Übungen im Labor unter der Anleitung von studentischen Mentoren. Am Ender der Woche stand für sie fest, dass sie Informatik studieren wolle.

Nach dem Abitur jobbte sie ein halbes Jahr in einem Online-Store. Sie war 19 Jahre alt – und die meisten ihrer Kollegen, fast alles Männer, waren mindestens 25 Jahre alt. Es gefiel ihr gut, und sie verdiente sich das Geld für ihren Højskole-Aufenthalt. Diesem Job verdankt sie eine wertvolle Erfahrung: Sowohl ihre Mitarbeiter als auch ihr Chef lobten ihre soziale Kompetenz – und damit etwas, das sie sich gerade nicht zugetraut hatte.

Der Aufenthalt auf der Højskole dauerte ein halbes Jahr und ließ ihr viel Zeit dafür, auch ganz anderen Interessen nachzugehen, unter anderem Karate, Japanisch, bildkünstlerisches Gestalten, Philosophie und Koreanisch. Die Freude, einfach etwas lernen zu dürfen, das sie interessierte, und dies gemeinsam mit anderen, die ebenso noch weiter hinaus wollten und Begeisterung zeigten, machten diesen Aufenthalt zu einem unschätzbar wertvollen Erlebnis.

In der 7. Klasse hatte Katrine mit Karate angefangen. Dieser Sport hatte etwas, was sie in der Schule vermisste: Man war zusammen mit anderen, aber es gab keine Konkurrenz, denn jeder arbeitete an sich selber. Und man bekam Anerkennung dafür, dass man sein Bestes gab – nicht dafür, der oder die Beste zu sein. Zwei fantastischen Trainern gelang es, ihr Selbstbewusstsein zu stärken und sie dazu zu bringen, ihr Allerbestes zu geben, ohne dass dies in negativen Perfektionismus umschlug.

Später wurde sie in ein Talentförderprogramm aufgenommen und erhielt Extratraining auf Eliteniveau. Es gefiel ihr, aber bei Leistungstests und Wettkämpfen war sie nervös. Der Elitetrainer gab ihr daraufhin eine einfache Vorgabe: Sie sollte an einem Wettkampf teilnehmen, und zwar mit dem einfachen Ziel, nicht nervös zu sein. Das gelang!

Der Kampfsport hat ihr Selbstvertrauen und gute Lernstrategien vermittelt. Sie sagt selber, dass sie beim Karate gelernt habe, mit Widerständen umzugehen. Sie lernte, weniger an sich zweifeln, wenn Dinge für sie nicht einfach waren. Das ist ihr in ihrem ersten Jahr an der Universität zugutegekommen.

Für uns Eltern war es immer entscheidend, Katrines Persönlichkeit zu respektieren – was nicht bedeutet, dass wir von unserer Erziehungsaufgabe abgerückt sind. Im Rückblick betrachtet, lag unser Fokus auf zwei Punkten: Der eine war, ihr zu helfen, ihren eigenen Platz innerhalb von Gruppen zu finden, und abzuwägen, welche Kompromisse für sie in Ordnung waren und welche nicht. Der andere war, ihr zu zeigen, dass das Gefühl, »anders« zu sein, oft viel mehr damit zu tun hat, in welchem Umfeld man sich gerade befindet, als damit, wer man eigentlich selber ist. Für Letzteres kamen mir meine eigenen Erfahrungen sowie Katrines Erlebnisse mit Gleichaltrigen bei »Gifted Children« zur Hilfe.

Heute ist Katrine 22 Jahre alt und studiert im dritten Jahr Informatik. Es geht ihr richtig gut. Die Unsicherheit, ob sie in Gemeinschaften akzeptiert werden würde, hat sich allmählich verflüchtigt, und sie hat gute Freunde sowohl innerhalb als auch außerhalb der Uni. Ihr Perfektionismus hat sich in eine gute Arbeitseinstellung gewandelt. Sie ist diszipliniert und ehrgeizig, kann aber bei Bedarf auch loslassen. Sie setzt sich nicht damit unter Druck, immer Spitzenleistungen abliefern zu müssen. Trotzdem liegen ihre Leistungen oft auf einem hohen Niveau.

Zusammenfassung

Die persönlichen Berichte in diesem Buch sollen dazu beitragen, das Leben intelligenter Kinder und die Bedingungen, unter denen sie sich entwickeln, zu verstehen. Die Berichte spiegeln eine weite Palette unterschiedlicher Persönlichkeiten und Lebenssituationen wider. Diese Vielseitigkeit führt uns vor Augen, dass wir als Eltern und auch als pädagogische und psychologische Fachleute mit einer Kombination von ganz unterschiedlichen Techniken arbeiten müssen. Neben der Aufmerksamkeit für die individuellen Situationen und die spezifischen Bedürfnisse des einzelnen Kindes benötigen wir zugleich umfassendes Fachwissen: Wissen darüber, was es individuell, fachlich, zwischenmenschlich und gesellschaftlich bedeutet, ein hochbegabtes Kind bzw. ein hochbegabter Jugendlicher zu sein.

Es ist ein Glücksfall, dass die Eltern mit der Zustimmung ihrer Kinder in dieser Neuausgabe berichtet haben, wie es ihren Kindern ergangen ist: seit Erscheinen der ersten Ausgabe 2007 bis 2015. Diese Texte sprechen ihre ganz eigene Sprache darin, dass es mit zunehmendem Alter nicht zwingend einfacher wird, hochbegabt zu sein: Jugendlichen können sich letztlich ähnliche Schwierigkeiten in den Weg stellen wie Kindern. Obwohl es seit einigen Jahren kein Tabu mehr ist, über hochbegabte Kinder zu sprechen, ist das notwendige Wissen zu diesem Thema noch nicht Teil des pädagogischen Alltags oder des pädagogischen Angebots geworden.

In den letzten Jahren sind immer wieder Konferenzen für Eltern, Lehrer und Psychologen abgehalten worden. Die skandinavische Zusammenarbeit zu diesem Thema ist intensiviert worden, und 2009 wurde das »Wissenszentrum« in Sorø (Mærsk McKinney Videnscenter) eingerichtet. An vielen Orten entstanden Kurse, Workshops und Talentklassen für hochbegabte Kinder. Die »Akademie für talentierte Jugendliche« (Akademiet for Talentfulde Unge, ATU) wurde 2008 initiiert, an der fachlich starke, besonders interessierte und motivierte Gymnasialschüler ab der 11. Klasse über zwei

Jahre hinweg in ihrer Freizeit Wissenschaftler und Geschäftsleute, Universitätsdozenten und Studierende, Nobelpreisträger und viele andere treffen. Dort wird ein Lernmilieu geschaffen, in dem die Jugendlichen Herausforderungen in Form von Referaten und Rollenspielen finden und dabei wichtige soziale Kompetenzen entwickeln oder Freundschaften schließen.

Aber wir sind von unserem Ziel noch weit entfernt. Aus den Elternberichten wird deutlich, dass es noch zu sehr vom Zufall abhängt, ob Kinder auf Lehrer und andere Bezugspersonen treffen, die über das notwendige Spezialwissen verfügen, um diese Kinder zu verstehen. Zufall und Glück spielen eine zu große Rolle. Noch immer ist es dringend notwendig, dass das vorhandene Wissen Studierenden, Lehrern, Psychologen, anderen Fachleuten und nicht zuletzt politischen Entscheidungsträgern vermittelt wird.

Darüber hinaus zeigen die Elternberichte den großen Bedarf, mehr Wissen darüber zu generieren, wie man diese Kinder am besten unterstützt. Hier rückt das »wirkliche Leben« in den Fokus. Wir müssen das Wissen erfassen, das wir aus Elternberichten und aus Interviews mit Kindern und Jugendlichen sowie anderen Involvierten erhalten. In diesem Bereich muss weiter geforscht werden. Die Erfahrungen müssen dokumentiert, verbreitet und in die pädagogische Praxis implementiert werden.

Die Elternberichte in diesem Buch werfen zudem Fragen auf, die nach einer Antwort verlangen. Wir müssen uns darüber Gedanken machen, zu welchen Bereichen des unverzichtbaren Wissens wir noch keinen Zugang haben. Wie kommt es beispielsweise, dass manche Jugendliche nach ihrer Schulzeit als Erwachsene sehr gut zurechtkommen, obwohl sie einen sehr schweren Start hatten, während hieraus bei anderen Kindern ein komplizierter Schulverlauf folgt und sie beispielsweise Stress, Angst und Depressionen entwickeln? Aus den Berichten kann man Vorschläge ableiten und beschreiben, welche Umstände eine Rolle spielen, so wie ich es in diesem Buch getan habe. Aber das ist nicht genug. In meinem beruflichen Alltag als Psychologe, bei meinen Vorträgen und auf Tagungen treffe ich auf Kinder, Eltern und Fachleute, die auf Antworten warten. Wie können wir es anders machen? Was wirkt? Und was wirkt definitiv nicht?

Wir sind auf einem guten Weg, aber es ist mein Wunsch und meine Hoffnung, dass dieses Buch, nicht zuletzt mit seinen so differenzierten Epilogen, deutlich macht, wie lang der vor uns liegende Weg noch ist. Das existierende Wissen muss vermittelt werden, und gleichzeitig sollte in Forschungen investiert werden, die neues Wissen und Einblicke eröffnen. Konkrete politische Visionen und Zielsetzungen könnten hierfür einen guten Ausgangspunkt bieten.

Fachbegriffe

ADS (Attention Deficit Disorder)
Aufmerksamkeits-Defizit-Störung ohne Hyperaktivität

ADHS (Attention Deficit Hyperactivity Disorder)
Aufmerksamkeitsdefizit-/Hyperaktivitätsstörung – Aufmerksamkeitsstörung mit Hyperaktivität und Impulsivität. In Einzelfällen kann die Aufmerksamkeitsstörung überwiegen, in anderen Fällen die Hyperaktivität und die Impulsivität, ebenso kann eine Kombination aus beiden vorliegen.

Analoges Denken
Denken, das zeitgleich auf mehreren Niveaustufen stattfindet.

Anamnese
Professionelle Erfragung von potenziell relevanten Informationen durch Fachpersonal, zum Beispiel über Geburt, frühe Entwicklung des Kindes, Verhältnis zu den Eltern, Geschwistern, Klassenkameraden usw.

Asperger-Syndrom
Wird als eine Erscheinungsform innerhalb des *Spektrums autistischer Erkrankungen* angesehen. Menschen mit dieser Autismusform haben Schwächen in Bereichen der sozialen Interaktion, der Kommunikation sowie in der Flexibilität im Denken.

Asynchrone Entwicklung
Entwicklung, die sich im intellektuellen, sozialen und physischen Bereich in jeweils unterschiedlichem Tempo vollzieht. Normalerweise verläuft die Entwicklung in diesen Bereichen synchron, d. h. in allen Bereichen altersgemäß. Liegt eine asynchrone Entwicklung vor, ist das Kind intellektuell weit entwickelt, aber im Vergleich dazu unreifer in anderen Bereichen.

Kognitive Fähigkeiten
Intellektuelle Prozesse wie zum Beispiel Wahrnehmung und Verarbeitung von Sinneseindrücken, Denken, Planen, Problemlösen, Imagination usw.

Digitales Denken
Denken, das in einer linearen, logischen Reihenfolge vor sich geht.

Doppelt außergewöhnliche Kinder
»Kinder mit besonderen Voraussetzungen«, die außerdem z. B. Lernschwierigkeiten aufgrund von Legasthenie oder Aufmerksamkeitsstörungen haben oder von Störungen des autistischen Spektrums betroffen sind.

Gilles-de-La-Tourette-Syndrom
Zu den besonderen Merkmalen des Tourette-Syndroms gehören unwillkürlichen Bewegungen, tick-artige Laut- oder auch Sprach-Äußerungen. Diese Erkrankung ist selten und wird mit Medikamenten behandelt.

WISC-Test (Wechsler Intelligence Scale for Children)
Ein psychologischer Test für Kinder zwischen dem 5. und dem 16. Lebensjahr. Im WISC-IV gibt es 15 Untertests, auf deren Basis sich fünf Kennwerte bilden lassen: Arbeitsgedächtnis, Sprachverständnis, Verarbeitungsgeschwindigkeit, wahrnehmungsgebundenes logisches Denken und der Gesamt-IQ-Wert.

Literaturliste

Baltzer, K., Kyed, O. & Nissen, P. (2014): Dygtig, dygtigere, dygtigst – talentudvikling gennem differentieret undervisning. Frederikshavn: Dafolo.

Beyer, J. & Gammeltoft, L. (2003): Aspergers syndrom – pædagogisk vejledning. Videnscenter for Autisme (oversat fra engelsk efter Aspergers Syndrome – Practical Strategies for the Classroom).

Bisgaard, S. (2010): De højt begavede børns skoleliv – et børneperspektiv. Danmarks Pædagogiske Universitetsskole.

Cathcart, J. (1999): The Acorn Principle. New York: St. Martin's Griffin.

Chorpita, B. (2001): Control and the development of negative emotion. In: M. W. Vasey & M. R. Dadds (ed.), The Developmental Psychopathology of Anxiety (s. 112142). Oxford: Oxford University Press.

Colangelo, N., Assouline, S. G. & Gross M. U. M. (2004): A Nation Deceived. How Schools Hold Back America's Brightest Students (Vol 1) Iowa. International Center for Gifted Education and Talent Development.

Columbus Group (1991, July): Unpublished transcript of the meeting of the Columbus Group. Columbus OH.

Dabrowski, K. (1964): Positive disintegration. Boston: Little, Brown.

Daniels, S. & Piechowski, M. (ed.) (2009): Living with Intensity. Great Potentiel Press Inc.

Danmarks Evalueringsinstitut (dec. 2004): Undervisningsdifferentiering i folkeskolen.

Fox, L. H., Brody, L. & Tobin, D. (1983): Learning Disabled/Gifted Children. Identification and Programming. Austin, Texas: ProEd Inc.

Freeman, J. (1991): Gifted Children Growing up. London: Cassel Educational Ltd.

Freeman, J. (1998): Educating the Very Able. Current International Research, University of Middlesex.

Garfield, E. (1980): Will a Bright Mind Make its Own Way? I Current Contents, nr. 51–515.

Gardner, H. (1984): Frames of Mind. The Theory of Multiple Intelligences. New York: Basic Books.

Globaliseringsrådet (2005): Verdens bedste folkeskole. Regeringens debatoplæg til Globaliseringsrådet, august 2005.

Guilford, J. P. (1967): The Nature of Human Intelligence. New York: McGrawHill.

Hansen, V. R. & Robenhagen, O. (1996): På det jævne og i det himmelblå – talenter i skolen. Danmarks Pædagogiske Institut.

Horn, J. L. & Cattell, R. B. (1966): Refinement and test of the theory of fluid and crystallized general intelligence. In: Journal of Educational psychology, 57 (5) 253270.

Janos, P. M. & Robinson, N. M. (1985): Psychosocial Development in Intellectually Gifted Children. In: F. D. Horowitz & M. O'Brien (ed.), The gifted and talen-

ted: Developmental perspectives. Washington, DC: American Psychological Association.
Kokot, Shirley J. (1999): Help! – Our child is gifted. Guidelines for parents. Lyttelton, S.A.: Radford House Publications.
Kokot, Shirley J. (2001): Understanding Giftedness – A South African Perspective. Lyttelton, Sydafrika: Radford House Publications.
Kreger Silverman, L. (1984): The Silverman/ Waters Checklist for Identifying Gifted Children. Denver, Colorado: The Gifted Child Testing Services.
Kreger Silverman, L. (2012): Asynchronous development: a key to counseling the gifted. In: T. L. Cross & J. R. Cross (ed.) Handbook for counselors serving students with gifts & talents. Development, relationships, school issues, and counseling needs/interventions (s. 261279). Waco, Texas: Prufrock.
Kyed, O., Baltzer, K. & Nissen, P. (2006): Skolens møde med elever med særlige forudsætninger. Lyngby-Taarbæk Kommune.
Lee, K., Choi, Y., Gray, J. et al. (2006): Neural correlates of superior intelligence: Stronger recruitment of posterior parietal cortex. In: NeuroImage 29 (2) 578586.
Lombroso, C. (1895): The Insanity of Genius.
Lovecky, Deirdre V. (2005): Different Minds – Gifted Children with ADHD, Aspergers Syndrome and Other Learning Deficits. London: Jessica Kingsley Publishers.
Marland, S. (1972): Education of the Gifted and Talented, U.S. Commission of Education, 92nd cong., 2nd session. Washington D.C., USCPO.
Mönks, F. & Yppenburg, Irene, H. (2005): Unser Kind ist hochbegabt. München: Ernst Reinhardt Verlag.
Nissen, P. (2014): Identifikation of begavede og talentfulde elever – hvordan gør man? In: Pædagogisk Psykologisk Tidsskrift, 51 (8592).
Nissen, P. (in press): På jagt efter talenterne. Et præliminært validitetsstudie af tjekliste til identifikation af højt begavede børn.
Nissen, P. & Baltzer, K. (2011): Effektundersøgelse af talentklasser. København: Univervisningsministeriet.
Nissen, P., Kyed, O. & Baltzer, K. (2011): Talent i skolen – identifikation, undervisning og udvikling. Frederikshavn: Dafolo.
Oldman, J. M. & Morris, L. B. (1995): The New Personality Self-Portrait: Why You Think, Work, Love and Act the Way You Do. Bantam.
Ostwald, P. & Deschamps Ostwald L. (2010): Schumann: The Inner Voices of a Musical Genius. Georgia: Atlanta Book Company.
Outlook: Minnesota Council for the Gifted & Talented, juli/august 2001, S. 12.
Rasmussen, A. & Rasmussen, P. (2007): Jeg har altid haft nemt ved det. Talentklasser i Hjørring Kommune 20062007. Rapport fra følgeforskningen. Forskningsrapport 18. Aalborg: Center for Uddannelsesforskning, Institut for Uddannelse, Læring og Filosofi, Aalborg Universitet.
Renzulli, J. & Smith, L. H. (1980): An Alternative Approach to Identifying and Programming for Gifted and Talented Students. G/C/T (nov./dec. 411).

Renzulli, J. S. (2004): Identification of Students for Gifted and Talented Programs. Essential Readings in Gifted Education. Thousand Oaks, California: Corwin Press.
Reynolds, C. R. & Kamphaus, R. W. (2011): RIAS – Reynolds Intellectual Assessment Scales. Intellectual Screening Test (RIST). Virum: Hogrefe Psykologisk Forlag.
Rogers, K. B. & Kreger Silverman, L. (1997): A study of 241 profoundly gifted children. Paper presented at the National Association for Gifted Children Annual Convention, Little Rock, Arkansas.
Ruf, Deborah L. (2005): Losing our Minds – Gifted Children Left Behind. Tuscon: Great Potential Press Ltd.
Spearman, C. (1923): The nature of »intelligence" and the principles of cognition. London: Macmillan and Co.
Sternberg, Robert J. (1988): The Triarchic Mind. A New Theory of Human Intelligence. New York: VikingPenguin.
Tannenbaum, A. J. (1983): Gifted Children. Psychological and Educational Perspectives. New York: MacMillan Publishing Company.
Terman, L. M. (1925): Mental and Physical Traits of a Thousand Gifted Children. Genetic Studies of Genius. vol. 1. Redwood City, California: Stanford University Press.
Thompson, P., Cannon, T., Narr, K. et al. (2001): Genetic influences on brain structure. Nature Neurosience p. 12531258.
Tolan, S. S. (1985). The Exceptionally Gifted Child in School, G/C/T 41, 2226.
Torrance, Paul E. (1977): Your Style of Learning and Thinking. In: The Gifted Child Quarterly, Vol. XXI, No. 4, Winter.
Undervisningsministeriet (2014): Folkeskolereformen.
Vail, P. (1979): The World of the Gifted Child. New York: Walker.
Walker, S. (2002): The Survival Guide for Parents of Gifted Kids. Minneapolis: Free Spirit Publishing Inc.
Webb, James T. (2004): MisDiagnosis and Dual Diagnosis of Gifted Children. Gifted and LD, ADHD, OCD, Oppositional Defiant Disorder. Tuscon: Great Potentia Press.
Webb, James T, Meckstroth, E. A. & Tolan, S. (2005): Guiding the Gifted Child. Scottsdale, Arizona: Gifted Psychology.

Wichtige Adressen im Internet

Deutsche Gesellschaft für das hochbegabte Kind e.V. (DGhK)	www.dghk.de
Asia Pacific Federation on Giftedness	www.apfgifted.org
California Association for the Gifted, USA	www.cagifted.org
European Council for High Ability, Tyskland	www.echa.info
MENSA Deutschland	www.mensa.de
National Association for Able Children in Education, England	www.nace.co.uk
World Council for Gifted and Talented Children, USA	www.worldgifted.org